KB181568

여기, 사람의 말이 있다

여기, 사람의 말이 있다

1판1쇄 | 2020년 11월 30일

지은이 | 구정은, 이지선

펴낸이 | 정민용
편집장 | 안중철
책임편집 | 윤상훈
편집 | 강소영, 이진실, 최미정

펴낸곳 | 후마니타스(주)
등록 | 2002년 2월 19일 제2002-000481호
주소 | 서울 마포구 신촌로14안길 17, 2층 (04057)
전화 | 편집_02.739.9929/9930 영업_02.722.9960 팩스_0505.333.9960

블로그 | blog.naver.com/humabook
트위터, 페이스북, 인스타그램 | @humanitasbook
이메일 | humanitasbooks@gmail.com

인쇄 | 천일문화사_031.955.8083 제본 | 일진제책사_031.908.1407

값 18,000원

ISBN 978-89-6437-362-0 03300

이 도서의 국립중앙도서관 출판시도서목록(CIP)은 e-CIP홈페이지(http://www.nl.go.kr/ecip)와
국가자료공동목록시스템(http://www.nl.go.kr/kolisnet)에서 이용하실 수 있습니다.
(CIP제어번호: CIP2020049559)

여기, 사람의 말이 있다

후마니타스

구정은 · 이지선 지음

차례

일러두기

1. 단행본·정기간행물에는 겹낫표(『 』)를, 시·노래·기사·연설문·보고서에는 홑낫표(「 」)를, 법령·영화·사이트에는 홑화살괄호(⟨ ⟩)를 사용했다.

2. 온라인 자료를 참고한 경우 자료명과 출처만으로 검색하기 어려운 경우에 한해 해당 사이트 주소를 병기했다.

3. 야드파운드법 도량형은 미터법으로 환산했다. 정확한 수치를 가리키는 경우가 아니면 가독성을 고려해 반올림해 표시했다.

1부

평화를
외치다

"이 나라는
우리 손에 달렸습니다

"

평화를 만드는 여성들

리마 보위

우리는 전쟁에 지쳤고, 도망 다니는 것에 지쳤고, 밀가루를 구걸하러 다니는 것에 지쳤고, 아이들이 강간당하는 것에 지쳤습니다. 내일 우리 아이들은 물을 겁니다. '엄마, 그 위기 때 엄마는 뭘 했어요?'라고.

오늘밤 나는 나 혼자만이 아닌 여러 여성들을 대표해, 은행에 돈도 별로 없고 비행기표를 살 여유도 없고 미국에 친척도 없는, 하지만 평화가 오기를 날마다 바라는 이들을 대표해 이 자리에 섰습니다.

지난 14년 동안 라이베리아는 최악의 내전에 시달려 왔습니다. 사람들은 내게 라이베리아 전쟁은 대체 뭐냐고 묻습니다. 나는 '내전'이라고 답합니다. 그러면 사람들은 이렇게 묻습니다. "무슨 내전인가요? 자원 다툼인가요?"

생각하고 또 생각했습니다. 우리는 어떤 종류의 전쟁을 치르고 있는 걸까. 몇 주 전에 방문한 마을에서 답을 찾았습니다. 우리는 부족적이고 정치적인 싸움, 특정 부족의 정치적 우월성을 위한 집단 우월주의 싸움을 치르고 있었습니다.

우리는 14년째 전쟁의 굴레에 빠져 있습니다. 복구하려면 100년은 걸릴 겁니다. 우리는 전기도 없이 지냈습니다. 1990년대 이후에 태어난 아이늘은 수세식 변기를 모릅니다. 전등을 켜는 법도 모릅니다. 텔레비전이 어떻게 생겼는지 모르는 아이들도 많습니다.

여성들은 육체적·심리적·정신적인 한계로 내몰렸습니다. 벽에 밀쳐진 우리에겐 두 가지 선택이 있었습니다. 나가서 싸우거나, 벽 뒤로 물러서거나. 후자는 선택지가 아니었습니다. 우리는 돌아서서 싸웠습니다. 2003년 4월, 기독교도와 무슬림을 가리지 않고 모든 계층의 여성들은 결심했습니다. "이제 그만 됐다"enough is enough. 우리는 평화 행동주의라 불리는 여정의 닻을 올렸고, 이 작은 나라의 운명을 우리 손으로 거머쥐었습니다.[1]

"이 나라는 우리 손에 달렸습니다"
리마 보위

오래전 아프리카 서쪽 대서양에 면한 시에라리온을 방문한
적 있다. 세계에서 가장 가난한 나라, 참혹한 내전을 겪은 나
라를 찾아가는 길은 험난했다. 가나의 수도 아크라에서 출발
한 비행기는 라이베리아의 먼로비아에 들렀다가 시에라리온
의 수도 프리타운으로 향했다. 비행기는 프리타운을 지나 세
네갈을 거쳐 종착점인 감비아로 가는 '완행 비행기'였다. 프리
타운과 작은 만을 사이에 둔 공항에 내렸지만 시내로 들어가
는 우회 도로는 막혀 있고 다리도 없어, 미군 수송기를 개조한
헬리콥터를 탔다. 언제 떨어져도 이상하지 않겠다 싶던 낡은
헬기는 두어 달 뒤에 결국 바다로 떨어졌고 탑승자 20여 명이
몰살당했다는 걸 외신 기사로 읽었다.

내전이 남긴 황폐함은 '잃어버린 10년' 따위의 말로는 형용
되지 않았다. 교육 시설의 88퍼센트가 파괴됐고 문맹률은 85
퍼센트에 이른다고 국제기구들은 파악했다. 전체 도로 1만 킬
로미터 가운데 포장도로는 10분의 1도 못 미쳐 프리타운 밖으
로는 나가기 쉽지 않았다. 전기와 수도는 사치였고, 그나마 번
듯한 건물들은 발전기를 돌리는 소리로 시끄러웠다.

내전 기간 시에라리온에서는 250만 명이 집을 떠나 피란길
에 올랐다. 그나마 있던 인프라는 무너졌고 다이아몬드 광산
은 군벌들 손에 넘어가 파헤쳐졌다. 삼림 남벌과 토양 침식,
물 부족 탓에 환경 재앙마저 일어났다. 내전의 상처에서 헤어
나려는 몸부림은 힘겨워 보였다. 시에라리온에 머문 닷새 내

내 프란츠 파농의 책 제목인 '대지의 저주받은 사람들'을 떠올렸다. 삶이 척박해서일까, 사람들의 표정은 어두워 보였다. 높은 문맹률, 산업도 공공서비스도 없는 곳, 폭력이 낳은 치유될 수 없는 상처를 안고 사는 사람들.

유엔난민기구를 따라 프리타운 외곽 그라프턴Grafton에 있는 난민촌을 취재차 찾았다. 제2차 세계대전 때 영국군이 쓰던 활주로의 흔적이 그대로 남아 있었다. 마틸다라는 아이는 내 손을 꼭 붙잡고 따라다녔다. 때가 꼬질꼬질한 손을 제 입에 넣었다가 내 손을 잡았다가, 잠시 떨어져도 어느새 다가와 손을 붙들었다. '내게도 너만 한 딸이 있어.' 아무것도 해줄 수 없어 미안했고, 한국에 돌아와서도 마틸다를 생각하면 우울했다. 마틸다와 난민촌 사람들은 내전이 끝나고도 돌아가지 못한 라이베리아인들이었다.

라이베리아는 아프리카 서부에 있다. 북서쪽에 시에라리온, 동쪽에 코트디부아르, 북쪽으로 기니가 있고 대서양에 닿아 있다. 인구는 500만 명이 채 못 되고 면적은 11만 제곱킬로미터로 한국과 비슷하다. 스무 종 넘는 토착어가 있지만 공용어는 영어다. 이 나라의 출발점은 1847년으로 거슬러 올라간다. 특이하게도 다른 아프리카 나라들과 달리 유럽 열강의 식민지가 아니었다. 미국은 흑인 노예들을 풀어 준 뒤에도 오랫동안 인종차별을 멈추지 않았고, 해방된 흑인들을 '아프리카의 고향'으로 보내 버리기를 바랐다. 그렇게 미국에서 아프리카로 돌아간 해방 노예들이 세운 나라였고, 수도인 먼로비아도 미국의 제임스 먼로 대통령에게서 따온 이름이다.

1848년 해방 노예 출신인 조지프 젠킨스 로버츠가 초대 대통령으로 선출된 뒤에도 미국의 간섭은 이어졌다. 미국에서 '귀환'한 사람들과 원주민들 간에, 원주민 부족들 간에 갈등이 반복됐다. 1980년대에는 새뮤얼 도가 이끄는 군사독재가 이어졌다. 쿠데타로 집권해 대통령이 된 그는 '미국계 라이베리아인'들을 권력층에서 내몰았지만, 집권 뒤에는 철저하게 미국 편에 서서 리비아 같은 '반미 국가'들과 맞서며 아프리카에서 미국의 대변인 역할을 했다.

1989년 찰스 테일러가 이끄는 라이베리아 국민애국전선이 도 정권을 몰아내자 내전이 시작됐다. 25만 명 넘게 숨졌다고 추정되는 이 '1차 내전'은 1997년까지 이어졌다. 나이지리아가 주도하는 서아프리카경제공동체 평화유지군, 유엔 평화유지군이 들어와 사태가 진정되는 듯했으나 2년 뒤 다시 '2차 내전'이 시작됐다. 두 번째 내전의 주역은 1997년 1차 내전이 끝나면서 권력을 잡은 테일러 대통령이었다. 그가 집권한 뒤에 이웃나라들에 근거지를 두고 있던 반군들이 본국을 공격해왔다. 시에라리온에 있는 라이베리아인들, 시에라리온의 군벌들까지 이 싸움에 끼어들었다. 그래서 2차 내전은 '라이베리아-시에라리온 내전' 혹은 서아프리카 전쟁으로 불린다.

시에라리온에는 다이아몬드 광산이 많았다. 테일러와 여러

무장 조직들은 서로 손을 잡거나 공격하며 자원을 판 돈으로 세력다툼을 벌였다. 특히 이 전쟁을 처참하게 만든 것은 '소년병'들이었다. 정부군이든 반군이든, 앞다퉈 마을을 공격해 어린 소녀들을 성폭행하고 성 노예로 삼았고, 사내아이들을 데려다 마약에 중독시킨 뒤 전투병으로 키웠다. 소년병들은 곳곳을 돌아다니며 주민들의 손목을 잘랐다. 시에라리온의 어느 마을에서 손목에 끼운 쇠 장치로 연필을 잡고 힘겹게 글씨를 쓰던 사람의 모습이 잊히지 않는다.

＼

2차 내전으로 라이베리아에서는 또다시 25만 명이 숨졌다. 경제 규모는 10분의 1로 줄었다. 공동체 파괴도 심각했다. 남자들이 전쟁터로 끌려가 죽어 가는 사이에 모든 짐과 고통을 짊어진 여자들의 삶을, 리마 보위(1972~)는 이렇게 설명했다.

특히나 가부장적인 사회에서 이 기간에 여성들이 겪은 고통은 엄청납니다. 어린 아들들이 군대에 끌려가는 걸 지켜봤습니다. 며칠 뒤 아이들은 마약에 취한 채 고향에 돌아와 자기 가족들을 처형합니다. 또 어린 딸들, 열 살밖에 안 된 아이들이 밤마다 전투원들의 성 노예가 되는 걸 지켜봤습니다. 강간은 전쟁의 유희였습니다. 남편과 아버지가 끌려가는 것도 지켜봤습니다. 끌려간 남성들은 대부분 죽거나 몸이 산산조각 났습니다.[2]

"이 나라는 우리 손에 달렸습니다"
리마 보위

＼

보위는 "우리는 전쟁에 지쳤고, 도망 다니는 것에 지쳤고, 밀가루를 구걸하러 다니는 것에 지쳤고, 아이들이 강간당하는 것에 지쳤습니다"고 했다. "내일 우리 아이들은 물을 겁니다. '엄마, 그 위기 때 엄마는 뭘 했어요?'라고." 2003년 도저히 참을 수 없던 여성들이 모였다. "과거에 여성들은 침묵했습니다. 죽임을 당하고 강간을 당하고 인간 이하의 취급을 당하고 질병에 걸린 뒤에, 전쟁을 통해 배웠습니다. 폭력엔 '아니오', 평화에는 '네'라고 말해야 미래가 있다는 걸."

보위가 주도했던 '평화를 위한 라이베리아 여성 대중행동' WLMAP은 루터파 기독교 모임에서 시작됐다. 하지만 이내 무슬림들을 비롯해 모든 종교, 모든 계층의 여성들이 참여하면서 '평화를 위한 여성들의 행동'으로 확대됐다. 여성들은 흰옷을 입고 먼로비아의 거리에서, 시장에서, 시골 읍에서 뙤약볕 속에 시위를 했다. 정부를 찾아가고 반군을 만났다. 반군과의 싸움에서 밀리고 있던 테일러 대통령과도 만나 휴전 협상을 종용했다. 폭력에 맞선 여성들의 싸움은 철저하게 평화적으로 진행됐다. 때로는 침묵으로, 때로는 대화로, 때로는 흰옷으로 여성들은 전쟁을 멈추라는 요구를 표시했다.

우리가 내세운 조건은 세 가지였습니다. 조건 없이 당장 휴전하고, 정부와 반군이 대화해 결실을 일구고, 개입군(국제평화유지군)이 주둔할 것. 그러나 테일러 대통령은 '마지막 한 명의 병사가 죽을 때까지' 싸움을 멈추지 않겠다고 했습니다. 2003년 4월부터 10월 사이에 우리는 연좌시위를 했고, 시에라리온의 반군 지역을 찾아갔고, 가나에서 휴전 협상이 열릴 때는 석 달에 걸쳐 저항했습니다.

여성들의 움직임은 세계에 반향을 불러일으켰다. 가나에서 협상이 벌어질 때에는 흰옷을 입은 여성들이 회의장을 에워쌌다. 반군과 정부 대표단이 성과 없이 자리를 뜨려고 하면 몰려들어 막았다. 창문으로 도망치려다 잡힌 협상 대표도 있었다. 테일러는 국제적으로 고립돼 있었으며 평화 협상은 타결됐다. 평화유지군이 먼로비아에 들어왔다. 테일러는 나이지리아로 도주해 3년을 숨어 지내다 붙잡혔다. 몇 년에 걸친 도주극과 체포, 수감을 거친 뒤 10여 건의 반인도 범죄 혐의로 기소돼 네덜란드 헤이그의 유엔 전범 재판소에 넘겨졌다.

＼

전쟁은 끝났지만 길은 보이지 않았다. 보위는 밀워키 연설에서 전후 평화 정착과 재건 과정에서 여성이 어떤 역할을 해야 하며, 왜 여성의 역할이 필요한지를 이야기했다.

지금 우리는 '결코 다시는'Never Again이라는 이름의 새로운 캠페인을 펼치고 있습니다. 우리 라이베리아 여성들은 결코 다시는 불구가 되고 강간당하고 학대당하고 죽임당하지 않을 것입니다. 결코 다시는

"이 나라는 우리 손에 달렸습니다"
리마 보위
＼

15

정치인과 군벌이 우리를 못살게 굴도록 놔두지 않을 것입니다. 결코 다시는 우리 아이들이 마약중독이 되고 성 노예와 살인 병기로 쓰이게 하지 않을 것입니다. 세상 모든 아이들처럼 미래를 갖게 해줄 것입니다.

우리는 마음먹었습니다. 우리와 우리 아이들은 기회주의자와 애국자를 구분하게 될 것입니다. 편견과 부족주의의 짐을 벗어던질 것입니다. 좋은 통치를 요구하고 지지하고 참여하는 사람이 될 것입니다. 정의가 있어야만 평화도 가능하다는 것을 우리는 압니다.

미국의 자유 투사 해리엇 터브먼[3]은 이렇게 말했습니다. "목이 마르면 걸어라. 배고프면 걸어라. 자유를 맛보고 싶다면 걸어라." 우리 라이베리아 여성들은 평화와 화해와 사회 정의를 향해 계속 걸어갈 것입니다.

여성들이야말로 전쟁과 분쟁에서 가장 큰 피해를 입는 집단이지만 재건 과정에서 이들이 목소리를 낼 통로는 적다. 국제기구들과 전문가들이 지적하듯이, 이런 상황에서 여성들의 교육 및 기술 숙련 수준을 높일수록 평화 유지나 지역 재건에 직접적으로 큰 효과를 낸다.

라이베리아는 이런 과정이 다른 지역보다 비교적 잘 진행된 경우였다. 협상이 타결되기 직전까지 테일러는 지식인들과 반정부 인사들을 감금하고 고문했다. 변호사, 기자, 지역 활동가 등은 가택 연금을 당하거나 정치범이 됐다. 9·11 테러 뒤 세계가 미국이 주도하는 '테러와의 전쟁'에 골몰해 있던 시기였고, 테일러 같은 독재자들은 그런 분위기를 활용해, 자신에게 반대하는 이들을 탄압하면서 '대테러 작전'이라 명명했다.

우여곡절 끝에 평화 협상 뒤 정부군과 반군 양측을 무장해제 하는 작업이 시작됐지만 당시 라이베리아 상황에서 이를 매끄럽게 처리하기는 어려웠다. 시민사회는 무너졌고, 그나마 배운 사람들은 힘을 잃었거나 다른 나라로 도망쳤다.

여성들의 두 번째 행동이 시작됐다. 산업화와 도시화가 덜 된 이 나라에서 정부군과 반군이 맞부딪친 주된 무대는 도시 변두리와 농촌 마을이었다. 보위의 표현대로 "젊은 세대 전체가 총을 손에서 놓으면 뭘 해야 할지를 모르는 상황"이었다. 가부장적인 사회라고는 해도 여성들은 마을 사람들을 잘 알았고, 어느 마을에든 대모 역할을 하는, 목소리 큰 여성들이 있었다. 이들이 반군을 설득해 무기를 내려놓게 했다. WLMAP가 기독교와 이슬람 양측 여성들로 구성돼 있다는 점도 도움이 됐다. 지역의 종교 지도자들은 우호적이었고 전쟁에 지친 모든 이들이 힘을 보탰다. WLMAP는 동시에 여성들에게 글과 기술도 가르쳤다. 여성이, 그 가족이, 마을이 살길을 찾아야만 분쟁의 싹을 뽑아낼 수 있기 때문이다.

보위야말로 이런 과정에서 단련된 사람이었다. 1972년 먼로비아에서 태어나 제1차 세계대전 때 청소년기를 보낸 그는 유니세프의 프로그램으로 글을 배웠다. 어린 나이에 결혼해 아이들을 낳았고 남편의 폭력에 시달리다가 헤어졌다. 내전을 피해 가나로 갔다가 다시 먼로비아로 돌아와 기독교 단체에서 교육을 받았다. 대학에 진학했고, 미국으로 유학을 가서 보건학과 평화학을 공부해 석사 학위를 받았다. 그러고는 고향에 돌아와 여성들을 조직하는 운동에 뛰어들었다. 보위는 '배움'이 여성들에게 얼마나 많은 길을 열어 줄 수 있는지를 알았다.

＼

여성들의 투쟁이 향하는 곳은 '마을'에 머무르지 않았다. 보위와 동료들은 유엔의 평화 유지 임무를 돕는 한편, 테일러를 축출하고 치를 민주 선거에 참여하도록 여성들을 설득했다. 결국 2005년 대선의 등록 유권자 가운데 절반을 여성들이 차지했다. 커뮤니티 안에서 쌓아 온 신뢰는 2006년 '아프리카의 첫 여성 대통령' 엘런 존슨설리프의 당선을 낳았다. 라이베리아뿐만 아니라 오랜 전쟁에 시달린 서아프리카 사람들 모두에게, 아니 아프리카 전체에 그의 당선은 평화와 희망의 신호였다. 존슨설리프는 여성입법회의를 만들어 여성들의 목소리를 담은 새 헌법과 법률을 제정했다. 공직에서 여성 비율을 늘렸다. 상속법을 고쳐 여성들이 재산을 물려받고 결혼 뒤에도 지킬 수 있게 했다. '네버 어게인' 캠페인은 정책과 입법으로 이어졌다. 전시戰時 성폭력을 저지른 이에게는 법정 최고형인 종신 징역형까지 선고할 수 있게 했다.

유엔 안전보장이사회는 2000년 결의안 1325호를 통해 전쟁으로 찢긴 사회를 재건하는 과정에 여성들이 개입해야 한다고 규정했다. 가장 많이 다치고 피해를 입은 이들이 목소리를 내고 스스로 공동체를 다시 세울 수 있게 하는 것은 당연한 일이다. 유엔의 지원 속에 '여성평화안보네트워크-아프리카'라는 기구가 가나의 아크라에서 2006년 출범했다. 보위는 이 기구에 주도적으로 참여해 2012년까지 사무총장을 지냈다.

라이베리아에서는 해마다 7월 26일 독립기념식에서 국가를 상징하는 인물이 기념 연설을 한다. 존슨설리프 대통령의 후임자인 조지 웨아 대통령은 2019년 독립기념식 연사로 보위를 지명했다.

지금 이 나라에 가장 중요한 통합의 언어에 대해 말하려 합니다. 이 통합의 언어는 이 나라를 세웠을 때 물려받은 것입니다.

나라는 지금 집권당, 야당, 무당파 등 세 갈래로 나뉘어 있습니다. 어떻게 해야 우리가 함께 강해질 수 있을까요. 첫째, 무당파는 가장 규모가 크지만 심리적으로는 소수파입니다. 여당 지지 세력과 야당 지지 세력 가운데 어디에도 속하지 않는 이들은 우리 사회에서 가장 고통받는 사람들입니다. 이들의 아이들은 엉망진창인 교육을 받고, 보건 체계도 열악합니다. 이들을 위한 정의는 존재하지 않습니다. 비참한 가난 속에서 하루 한 끼로 살아가는 이들에게는 모든 것이 어렵습니다. 삶은 힘겹고 늘 배가 고픕니다. 하지만 이 부류에 속한 이들은 "정부가 책임져야지"와 "사람들 사는 게 거기서 거기지" 사이를 오갈 뿐 국가의 이슈에 건설적이고 창의적으로 참여하려 하지 않습니다. 매일의 삶에 영향을 주는데도요.

둘째, 야권에는 재활용된 정치인들과 정치인 지망생 무리가 있습니다. 이들의 기억상실증은 심각합니다. 자신들이 이 나라의 위기를 초래하는 데에 어떤 몫을 했는지를 인정하지 않습니다. 권력을 너무나도 갈망한 나머지 살인자, 범죄자, 거짓말쟁이와도 기꺼이 손잡습니다.

셋째, 권력을 잡은 여권은 자기들 세상을 만났다며 승자 독식을 추구합니다. 비판을 용납하지 않고, 견해가 다른 사람들을 적대합니다. 맹목적인 충성만을 요구합니다. 동화 속 '벌거벗은 임금님'과 다를 바 없습니다. 업무 능력이 아니라 소셜 미디어 같은 플랫폼에서 반대파를 헐뜯는 능력으로 승부를 겁니다. 이런 분위기는 젊은이들 사이에서 '열심히 교육받고 경쟁력을 갖춰 봐야 처지는 나아지지 않는다'는 문화를 낳습니다. 여권의 기억상실증도 야권과 별반 차이가 없습니다. 자신들이 야권일 때에 했던 행위를 싹 잊은 겁니다.

나는 정치에 대한 견해를 설명하려는 것이 아니라, 함께 강해질 미래를 일구기 위해 가치관을 나누는 대화의 물꼬를 트고자 합니다. 함께 강해지려면 우리가 살아가면서 간직하고 미래 세대에게도 가르쳐야 할 집단적 가치가 무엇인지에 동의하는 것이 우선입니다. 그 가치는 투명성, 진실, 평등, 그리고 이 나라에 대한 사랑입니다.

라이베리아는 파당이 아닙니다. 모든 라이베리아인들을 위한 나라입니다. '자유의 땅'입니다. 우리의 집인 이곳에서 우리는 정부에 모든 걸 맡기는 대신 이 나라를 앞으로 움직여 갈 공동의 책임을 짊어진 시민입니다. 이 나라는 우리 손에 달렸습니다.[4]

맹목적 충성을 요구하는 집권당 지지자, 지난 과오를 싹 잊은 듯 행동하는 야권, 하루하루 살아가기 급급해 정치적·사회적 책임에서 스스로 멀어지는 사람들. 보위가 말한 라이베리아의 세 그룹이 보이는 모습은, 한국을 비롯해 모든 나라에서 마찬가지다. 양극화하는 정치, 포퓰리즘과 선동과 혐오의 언어들이 세계를 휩쓰는 시대엔 더욱 그렇다.

내전이 끝나고도 정치권의 갈등이 완전히 가시지 않은 상황에서 통합을 호소한 보위의 연설은 큰 울림을 던졌다. 현지 언론 『라이베리안 옵저버』는 아프리카 최초로 식민지에서 독립한 가나의 콰메 은크루마 초대 대통령, 남아프리카공화국의 넬슨 만델라 전 대통령, 미국의 사회개혁가 프레더릭 더글러스와 웹 두보이스, 버락 오바마 전 미국 대통령 등 '아프리카인들의 역사'를 빛낸 연설들에 빗댔다.[5]

＼

보위와 존슨설리프를 비롯한 라이베리아의 여성들은 전쟁과 다툼에 상처 입은 세계의 여성들, 독재와 억압에 시달리던 여성들을 일깨웠다. 일례로 코트디부아르에서 2010년 대선 뒤 분쟁이 일어났다. 패배한 대통령이 자리에서 물러나지 않자 승리한 후보의 지지 세력이 무기를 들고 맞선 것이다. 여성 평화운동가 아야 비르지니 투레는 보위와 라이베리아 여성들이 했듯이 비폭력 평화운동을 조직해 로랑 바그보 대통령의 퇴진을 촉구했다. 4만 명 남짓한 여성이 검은 옷을 입고 시위를 벌였고, 이어 '1000명 행진'이라는 이름으로 여성들이 흰 티셔츠 차림으로 집회를 열었다. 라이베리아, 시에라리온, 가나, 토고에서 온 여성들이 함께했다. 평화의 메시지는 국제사회의 지지를 받았으며 코트디부아르의 분쟁은 1년여 만에 종식됐다.

2011년 노르웨이 노벨 위원회는 보위와 존슨설리프, 그리고 예멘 여성 언론인 타우왁쿨 카르만에게 노벨 평화상을 수여했다. 보위가 오슬로에서 했던 수상 연설에는 힘겹게 싸우면서도 놓지 않은 희망이 담겨 있다.

2003년 초, 우리는 양심 외에는 아무런 무장도 없이 미국 돈 10달러를 가지고 라이베리아 여성 대중행동 캠페인을 시작했습니다. 매일 군벌들을 마주하고, 독재자를 만나고, AK47 소총과 로켓추진 수류탄RPGs으로 위협당하며 활동했습니다. 탈것도 없었습니다. 물조차 마시기 힘들면 금식했습니다. 위험 앞에서 손을 잡았고, 모두가 외교 협상을 거론할 때 진실의 힘을 이야기했습니다. 우리는 아무도 생각하지 못한 방법으로 성공했습니다. 우리는 정치적 지위나 권력을 쫓느라 양심을 잃은 이들의 양심이 되었습니다. 우리는 국가를 대변했습니다.

세상엔 우리처럼 싸우는 여성들이 많습니다. 이 상은 라이베리아와 예멘에서 치른 싸움뿐만 아니라 이집트, 콩고민주공화국, 코트디부아르, 튀니지, 팔레스타인과 이스라엘, 그리고 고통받는 세계의 모든 지역 풀뿌리 여성들의 싸움에 주어진 것입니다.[6]

이어 보위는 평화를 위해 싸우는 세계의 동료들을 호명했다. "고문과 체포에 맞서 용기를 보여 준 '짐바브웨의 깨어 있는 여성들', 끔찍한 성폭력에 시달리는 콩고민주공화국 여성들, 우간다 아촐리Acholi 지역에서 평화와 정의를 위해 싸우다 '신의 저항군'LRA이라는 무장 조직의 고문과 강간에 고통받은 이들, 강간을 당하고 때로는 '명예살인'[7]까지 당하는 아프가니스탄의 여성들"과 함께 받는 상이라고 했다. 그의 말대로 세상의 여성들은 계속해서 싸우고 있고, 평화를 위해 한 걸음씩 나아가고 있다.

"
전쟁에 반대하는
파업을 하십시오
"

우리가 몰랐던 사회주의자
헬렌 켈러

노동자들은 삶 전체를 다시 조직하고 다시 일으켜 세우기를 원합니다. 아직껏 어떤 정치인이나 정부도 시도해 보지 않은 일입니다.

얼마 전만 해도 미국에서 돈을 버는 방법은 노동자들에게서 뜯어내는 것이었습니다. 하지만 미국의 노동자들은 이제 착취의 한계에 이르렀고, 배분할 국가적 자원조차 남아 있지 않습니다. 하지만 이윤은 계속 쌓여 새로운 자본이 형성됩니다. 살인 무기 산업이 번창해 뉴욕의 은행들을 금으로 채웁니다.

현대의 모든 전쟁은 착취에 뿌리를 둡니다. 미국 시민전쟁(남북전쟁)은 남부의 노예 주인들과 북부의 자본가들 간에 '누가 서부를 착취할지'를 둘러싼 전쟁이었습니다. 미국-스페인 전쟁은 미국이 쿠바와 필리핀을 착취할 수 있도록 해준 전쟁이었습니다. 영국은 남아프리카 전쟁으로 다이아몬드 광산을 착취할 수 있었고, 러일전쟁은 일본이 한반도를 착취하게 해줬지요.[1]

제1차 세계대전으로 유럽이 전란의 소용돌이에 빠지자, 대서양 건너 미국에서는 오랜 고립주의를 벗어던지고 유럽 문제에 적극 개입해야 한다는 여론이 일었다. 하지만 세계대전 참전 및 유럽 전선 파병을 적극 반대하는 이들도 있었다.

미국 내 징병에 반대한 대표적인 인물 가운데 한 명인 헬렌 켈러(1880~1968)는 당대의 유명한 저술가이자 강연자이며 사회주의 운동가였다. 1916년 1월 5일 켈러는 여성평화연맹 등의 주최로 뉴욕 카네기홀에서 열린 포럼에 참석해 전쟁에 반대해야 하는 이유를 설명했다. 여성평화연맹은 1915년 제1차 세계대전 참전에 반대하며 결성된 여성 평화운동 조직이다.

미국 내에서 여성들의 운동 단체로는 처음으로 평화를 내걸고 대중 시위를 벌였다. 비슷한 시기 유럽 등지에서 결성된 국제 여성영구평화위원회²의 미국 지부 역할을 했다. 이 자리에서 했던 켈러의 연설은 단지 미국의 참전에 반대하는 데에 그치지 않는다.

저는 지금 우리가 살아가고 있는 경제체제, 전시 체제에 맞선 싸움을 시작했습니다. 반드시 끝을 내야 하는 싸움 앞에서, 저는 어떤 동정도 바라지 않습니다. 세계의 미래는 미국에 달려 있고, 미국의 미래는 8000만 명에 이르는 일하는 남성들과 여성들, 그리고 그 아이들에게 달려 있습니다. 여럿의 노동을 통해 이익을 얻는 몇 안 되는 사람들은 노동자들을 군대로 보내 자본가의 이익을 보호하려고 합니다. 이미 많은 짐을 진 당신에게, 거대한 군대와 더 많은 전함이라는 무거운 짐을 더 지우려는 겁니다.

대포를 나르고 드레드노트Dreadnought³를 움직이는 일을 거부하십시오. [저들의] 리무진과 증기 유람선과 시골 별장을 위해 짐을 져주는 일은 그만두십시오. 거부하는 것이 당신의 힘입니다. 창조하는 사람인 당신은 그 존엄성과 침묵만으로도 전쟁을 끝내고, 전쟁을 낳는 이기심과 착취의 체제를 끝낼 수 있습니다.

지금 우리는 나라를 지킬 준비를 하는 것이 아닙니다. 미국을 침공하겠다고 덤벼들 바보 같은 적은 없습니다. 독일과 일본이 공격해올 것이라는 얘기는 터무니없습니다. 독일은 유럽 전쟁이 끝난다 해도 그 뒤로 몇 세대 동안은 뒤치다꺼리에 바쁠 겁니다.

그럼에도 사방에서 무장을 강화해야 한다는 주장이 들려오고 공
포는 커져 갑니다. 예전에 읽은 우화를 떠올립니다. 한 남자가 말굽
을 주웠습니다. 이웃 사람이 그걸 보고 엉엉 울었답니다. 말굽이 생
기면 언젠가는 말을 구할 거고, 이웃집 아이가 말 가까이 갔다가 말
굽에 채여 죽을 것이고, 두 집안 사이에 분란이 일어날 것이고, 말굽
하나 탓에 결국 귀중한 생명을 잃는 이들이 생겨날 거라면서요.

우리가 마지막으로 치른 전쟁은 미국이 태평양 섬들을 노려서 일
어났습니다. 언젠가는 우리와 일본 사이에서도 분란의 원인이 될 겁
니다. 그 섬들을 지키는 전쟁에 나서느니, 차라리 섬들을 포기하고
잊어버리는 편이 낫습니다.[4]

켈러가 언급한 태평양 섬들과 관련된 침략전쟁은 1898년
의 미국-스페인 전쟁이다. 스페인령 쿠바가 스페인을 상대로
독립 투쟁을 시작하자 미국은 이를 빌미로 스페인과의 대결에
나섰다. 강국으로 성장한 미국 내에서는 당시 팽창주의가 힘
을 얻고 있었고, 중남미를 자신들의 '텃밭'으로 만들고 스페인
세력을 몰아내야 한다는 목소리가 정치적으로 커졌다.

쿠바 문제로 시작된 양대 세력의 대결 무대는 곧 태평양으
로 옮겨 갔다. 미국은 푸에르토리코와 괌 등 스페인이 가지고
있던 해외 영토에서 스페인을 몰아내고 병합을 가속화했으며,
아시아에서 스페인의 최대 영토였던 필리핀까지 점령했다. '지

는 해'였던 스페인은 결국 무릎을 꿇었고, 1898년 12월 파리 조약을 통해 쿠바·필리핀·푸에르토리코·괌의 지배권을 미국에 넘겼다. 이 전쟁은 미국이 제국주의 정책을 본격적으로 추진하는 계기가 됐다. 켈러는 미국의 팽창 정책을 두고 "언젠가는 우리와 일본 사이에서도 분란의 원인이 될 겁니다"라고 했는데, 실제로 태평양전쟁 중 일본은 필리핀을 점령하고 미국과 대치했다.

＼

헬렌 애덤스 켈러는 1880년 6월 27일 앨라배마주 터스컴비아Tuscumbia에서 태어났다. 스위스계인 아버지 아서 헨리 켈러는 지역신문 편집장으로 오래 일했는데, 스위스 쪽 친척 중에는 '취리히 최초의 교사'도 있었다. 켈러는 자서전에서 이를 언급하며 "왕들 중에는 조상 가운데 노예 하나 없는 이 없고, 노예 가운데는 조상 중에 왕 하나 없는 이 없다"고 적었다.

켈러는 생후 19개월에 성홍열이나 수막염으로 보이는 열병을 앓았다. 결국 청각과 시각을 잃고 훗날 "짙은 안개의 바다에 있는 것 같다"고 표현한 상태로 평생을 살았다. 1886년 어머니 케이트가 내린 결정이 그의 인생을 바꿨다. 시청각장애인을 성공적으로 가르친 교사의 이야기를 다룬 찰스 디킨스의 책[5]에 감명받은 케이트는 어린 딸을 데리고 볼티모어의 의사를 찾아갔다. 이 의사의 소개로 당시 농아들과 함께 일하던 전화기 발명가 알렉산더 그레이엄 벨을 접했고, 벨을 통해 장애인 교육을 연구한 퍼킨스 시각장애연구소와 이어졌다. 여기서 소개한 이가 갓 스무 살이 된 앤 설리번(1866~1936)이었다. 설리번이 세상을 뜰 때까지, 49년에 걸친 두 사람의 동행이 시작됐다. 1887년 3월 5일, 설리번이 집에 온 날을 켈러는 '영혼의 생일'이라 표현했다.[6]

스스로의 분투와 설리번의 도움 속에 고립을 벗고 사회와의 접점을 찾은 켈러의 인생사는 미국의 수많은 장애인을 격려했다. 켈러는 장애인 권익을 위해 일하는 연설가 겸 활동가가 됐다. 동시에 여성 투표권을 위해 싸운 참정권 운동가였고, 평화주의자이자 급진적인 사회주의자였다. 낙태할 권리와 인종 평등을 지지하는 인권 운동가였다. 1915년에 자신의 이름을 딴 국제 재단 '헬렌 켈러 인터내셔널'을 만들었고, 1920년에는 훗날 최대 인권 단체가 된 미국시민자유연맹 창립을 도왔다. 설리번과 함께 40개국이 넘는 나라를 다니며 장애인 인권과 평화를 얘기했다. 스티븐 그로버 클리블랜드, 린든 B. 존슨 같은 역대 대통령들과 만났고 찰리 채플린, 마크 트웨인과도 교류했다. 20세기 초반 미국 각 분야를 대표하는 진보주의자들의 네트워크에서 한 축을 담당한 셈이다. 다시 켈러의 연설로 돌아가 보자.

의회는 미국 사람들을 지킬 준비를 하는 게 아닙니다. 멕시코와 남미

"전쟁에 반대하는 파업을 하십시오"
헬렌 켈러

와 중국과 필리핀에 투자한 투기꾼들의 돈을 보호할 계획을 세우는 겁니다. 전쟁 무기와 총포 생산자들도 이익을 얻겠지요. …… 지금의 전쟁은 누가 발칸과 터키, 페르시아[지금의 이란], 이집트, 인도, 중국, 아프리카를 착취할지 결정할 것입니다. 미국은 전리품을 나눠 갖겠다며 칼을 갈고 있습니다.

전쟁 준비를 선동하는 사람들에겐 아주 중요한 목적이 하나 더 있습니다. 행복하지 못한 조건에서 살아가는 사람들의 관심을 다른 데로 돌리는 겁니다. 생활비는 높고 임금은 낮습니다. 고용은 불안정합니다. 쉴 틈 없이 일한들 삶은 나아지지 않을뿐더러, 생필품조차 손에 쥐기 힘든 이들도 많습니다. 매일같이 전쟁의 공포에 휘둘리면서 우리는 현실과 선동을 가늠할 수 없게 되었습니다. 저들은 루시타니아호 사건과 걸프라이트호, 앙코나호 사건을 빌미로 우리를 전쟁의 갈림길에 내몰았습니다. 그리고 지금은 페르시아호 침몰을 들먹이며 노동자들을 자극하려 듭니다. 하지만 노동자계급과 그 배들은 이해관계가 없습니다. 독일인들이 대서양과 지중해를 오가는 배를 가라앉히고 미국인 탑승자들을 죽인다 해도, 미국의 노동자들이 전쟁에 나설 이유는 아닙니다.

루시타니아호RMS Lusitania는 1915년 5월 7일 독일 잠수함에 격침된 영국 여객선이고, 걸프라이트호Gulflight는 미국 뉴욕조선회사가 제조한 5189톤 규모의 유조선이다. 1914년 8월 진수됐으나 이듬해 5월 유럽으로 향하던 중 어뢰 공격을 받았다.

앙코나호ss Ancona는 미국과 이탈리아를 오가던 여객선인데 1915년 11월 6일 나폴리를 출항한 뒤 시칠리아섬에 잠시 들렀다가 독일 유보트에 공격당했다. 당시 독일 측은 유럽 전선으로 무기를 나르는 선박들을 공격했다고 주장했으나, 선박회사 측은 앙코나호에 아무 무기도 없었다고 반박했다. 스코틀랜드 선적 여객선인 페르시아호도 1915년 12월 30일 유보트의 어뢰에 맞아 침몰했다. 당시 미국은 제1차 세계대전에서 중립적인 위치를 지키고 있었으나, 이 사건 뒤 미국 내에서 참전 여론이 높아졌고 결국 개입으로 이어졌다.

＼

켈러는 1909년 미국사회당 당원이 됐다. 민주·공화 양당 체제가 굳어진 미국이지만 미국에도 사회주의자 정당이 있었다.[7] 20세기 초반 다른 모든 산업국가들처럼 미국에도 노골적이고 약탈적인 자본가들이 판쳤고 노동자들의 권리는 법적으로 온전히 보장되지 않았다. 그래서 미국사회당은 노동조합과 농민들, 이민자들을 비롯해 여러 세력으로부터 적잖은 지지를 얻었다. 당시 미국의 사회주의자를 대표한 유진 뎁스는 1912년과 1920년 대선에 출마했고 소수 정당 후보로는 이례적으로 9만 표 넘게 득표하기도 했다. 미국사회당은 연방 하원 의원과 주 의원, 시장도 배출했다.

제1차 세계대전은 미국의 좌파들에게 찾아온 시련이었다.

전쟁 반대를 전면에 내세운 미국사회당의 목소리가 일부에게는 호소력이 있었지만, 결국 정부의 탄압을 불렀다. 1917년 러시아혁명과 2년 뒤 공산주의인터내셔널(코민테른) 결성 이후 미국사회당 안에서 노선 싸움이 벌어져 당원 상당수가 탈당했다. 민주·공화 양당 사이에서 독자적인 대선 후보를 낼지, 주류 정당과 연합할지를 놓고도 논란이 일었다. 대공황이 닥치고 1930년대에 프랭클린 루스벨트 대통령이 대규모 인프라 사업과 분배·복지 강화를 축으로 한 뉴딜을 시행하면서 미국사회당은 딜레마에 빠졌다. 당내에는 무정부주의적인 좌파 혁명을 꿈꾸던 트로츠키주의자들부터 복지 확대와 고용 안정을 바라는 온건 좌파, 소련에 반대하는 반스탈린주의자들까지 저마다 생각이 다른 이들이 모여 있었다. 당의 결속력은 갈수록 약해졌고 마지막 독자 후보로 1956년 대선에 출마한 달링턴 홉스의 득표수가 6000표에 못 미치자 미국사회당은 유명무실해졌다.[8]

켈러는 노동계급을 지지하며 당원으로 가입한 이후 1921년까지 사회당에서 활동했다. 이 시기 그의 글과 연설은 노동계급의 이익, 여성의 참정권, 전쟁 반대 등을 설파하는 데에 초점을 맞추고 있다. 유진 뎁스가 대선에 출마했을 때 지지 운동을 하기도 했다. 1912년에는 '세계의 산업노동자들'이라는 그룹에 합류해 '수렁에 빠진 정치를 구원할 의회 사회주의' 운동에 참여하기도 했다. 자신의 장애를 '어쩔 수 없는 문제'라고 생각한 그가, 열악한 노동조건 속에서 장애를 얻고 건강을 망치는 노동자들을 보면서 "고용주들의 이기심과 탐욕이 부른 잘못된 산업(노동)조건"[9]에 눈뜬 것이다.

체제를 움직이는 기계들이 모조리 가동되고 있습니다. "애국자들이여, 조국이 위험에 처했다! 사방에서 적들이 우리를 에워싸고 있다!" 저들은 이렇게 말합니다. 전쟁에 이겨 이스트강East River[10]을 거슬러 올라오는 독일군에게 비참하게 굴종하지 않으려면, 투정은 집어치우고 나가서 적을 맞설 준비를 하라고.

노동자들이 이 함정에 빠질까 봐, 또다시 바보스러운 짓을 할까 봐 저는 두렵습니다. 노동자들의 적은 자기네를 부리는 고용주들뿐입니다. 노동자들은 자기 자신과 배우자와 아이들의 안전을 지키는 데에 시민증 따위는 아무런 보증서가 되지 않는다는 것을 압니다. 그럼에도 그들은 어리석은 마음속 깊은 곳에 국가에 대한 신뢰를 간직합니다. 높은 곳에 있는 똑똑하신 분들은 노동자들이 얼마나 어리석고 어린아이 같은지 잘 알고 있습니다. 노동자들에게 라이플을 들려 카키색 군복을 입히고 군악을 울리고 깃발을 흔들면 노동자들은 자기네 진짜 적들을 위해 용맹하게 싸우러 간다는 것을.

당신이 목숨 걸고 지키려는 이 나라가 우리를 먹이고 입히고 재우고 따뜻이 감싸 주는 나라라면, 우리 아이들을 가르치고 보살피는 나라라면 희생할 만한지도 모릅니다. 이 세상에 완전히 자유롭고 민주적인 나라는 존재한 적이 없었습니다. 태고 이래로, 인류는 돈과 군대를 가진 강자들에게 맹목적인 충성을 바치며 살아왔습니다. 문명이 복잡하게 발달하면서 노동자들은 더욱더 노예가 되어 갔습니다. 그러다 오늘날에 이르자 노동자들은 자기네들이 작동시키는 기계 부품만도 못한 존재가 되었습니다.[11]

연설의 뒷부분에는 사회주의자 켈러의 참모습이 드러나 있다. 켈러는 말한다. 노동자들의 전쟁 대책은 '전쟁 준비'가 아니라 "삶 전체를 다시 조직하고 다시 일으켜 세우기"라고. 전쟁을 선동하는 자들, 그런 정부들 앞에서 노동자들이 해야 할 일은 그런 것이라고, 총 들고 전선에 끌려 나가는 대신에 진정 다른 싸움을 해야 한다고.

그러나 전쟁은 일어났다. 세계가 참화에 빠져들었다. 그 뒤에도 미국은 여러 차례 전쟁을 일으켰다. 자기네 '본토'는 전란에 휩싸인 적이 없을지 몰라도 베트남에서, 아프가니스탄에서, 이라크에서 공산주의를 막거나 테러리즘을 없앤다는 명분으로 침공을 감행했다. 21세기 들어 한국도 '국익'을 내세우며 여러 차례 한국군을 파병했다. 국익은 과연 누구의 이익일까. 켈러의 연설은 그런 고민과 자각의 필요성을 일깨운다.

노동자들은 삶 전체를 다시 조직하고 다시 일으켜 세우기를 원합니다. 아직껏 어떤 정치인이나 정부도 시도해 보지 않은 일입니다. 아이들이 제조 공장이나 광산, 상점에서 일하지 않게 하는 것, 노동자들이 불필요하게 사고와 질병에 노출되지 않게 하는 것은 여러분 몫입니다. 노동자들이 살아가는 도시를 깨끗하게 만들고 매연과 오염을 줄이고 인구 밀집을 해소하는 것은 여러분 몫입니다. 저들이 여러분에게 살 만한 임금을 주게 하는 것은 여러분 몫입니다. 모두가 유복하게 태어날 기회를 누리고 영양 공급을 충분히 받고 적절한 교육을 통해 지성을 쌓고 언제든 나라를 위해 일할 수 있는 날이 올 때까지, 정부의 모든 부처가 이런 준비를 하게 만드는 것은 여러분 몫입니다.

평화를 말살하며 전쟁의 광란을 이어가게 만드는 모든 포고령과 법과 제도에 반대하는 파업을 하십시오. 전쟁에 반대하는 파업을 하십시오. 여러분 없이 저들은 어떤 전투도 치를 수 없습니다. 산탄과 가스폭탄과 모든 종류의 살상 무기를 대량생산 하는 데에 반대하며 파업하십시오. 수백만 인류의 목숨을 앗아 가고 삶을 비참하게 만드는 그런 준비에 반대하며 파업하십시오. 파괴의 군대에서 아무 말 못하며 복무하는 굴종적인 노예가 되지 마십시오. 오직 건설의 군대에서 영웅이 되길 바랍니다.[12]

"
이 전쟁은
여기서 끝낼 것입니다
"

FBI의 수배자가 된 신부

대니얼 베리건

얼마나 많은 이가 죽어야 우리의 목소리가 울려 퍼질 수 있을까요. 얼마나 많은 이가 고문당하고, 흩어지고, 굶주리고, 미쳐 가야 할까요. 합법화된 살인을 하기 위해 세계의 자원이 얼마나 더 유린돼야 할까요. 언제쯤이면 이 전쟁에 대해 우리는 '아니다'라고 말할 수 있게 될까요.

1968년 미국 볼티모어. 가톨릭 신부 한 명이 법원의 선고를 기다리고 있었다. 신부는 1년 전 베트남전쟁 징병 서류에 피를 쏟아부었다가 기소됐다. 판결이 나올 때까지 얌전히 있지도 않았다. 자신처럼 신부인 형을 찾아가 큰일을 도모하자고 했다. 그 '큰일'이 무엇인지 들은 형은 나중에 이렇게 말했다. "그 용기와 담대함에 두 손 들었습니다. 며칠 생각할 시간을 달라고 했습니다. 기도를 시작했고, 그 일을 해야 할 이유와 하지 않아야 할 이유를 적어 내려갔어요. 동생의 선택과 초대에 응할 이유가 분명해졌습니다. 우리는 감행했습니다."[1]

그들은 무슨 일을 벌였을까. 형제를 비롯한 아홉 명의 활동가들은 1968년 5월 메릴랜드주 캐턴스빌의 징병 사무소로 갔다. 그리고 서류 수백 장을 들고 나와 불을 질렀다. 미군 특수부대 그린 베레Green Berets가 베트남전에서 쓰던 방식대로, 사제 네이팜탄을 만들어 서류를 불태웠다. 베트남의 시골 마을 사람들을 죽인 바로 그 폭탄이었다. 이 일로 이들은 모두 미국 연방수사국FBI에 쫓기는 신세가 됐다. 형은 4개월간 지하에 숨어 지내기도 했다.

FBI의 수배자가 된 신부. 가톨릭 사제로 제국주의에 맞서 평생을 반전·평화운동에 쏟았던 대니얼 베리건(1921~2016)의 이야기다. 그에게 동참하라고 권한 동생 또한 반전운동으로 잘 알려진 필립 베리건이다.

친구여, 아이들을 불태우는 대신 종이를 태우고 질서를 깨뜨렸습니다. 납골당 응접실에서 분노한 순례자들에게 사과합니다. 신이시여, 저희를 도우소서. 달리 방법이 없었습니다. 이 범죄에 저항하고 항의해야 합니다. 우리는 전 세계의 형제들에게 손을 뻗습니다. 성직자인 우리는 동료 성직자들에게, 세계의 가난한 사람들에게, 베트남 사람들에게, 희생자들에게, 명령을 따랐을 뿐이라는 잘못된 이유로 죽임을 당하거나 죽어 가는 군인들에게 손을 뻗습니다.

선한 사람이 침묵을 지킬 수 있는 시대는 지났습니다. 가난한 사람이 아무것도 못한 채 죽어 가는 때는 지났습니다. 얼마나 많은 이가 죽어야 우리의 목소리가 울려 퍼질 수 있을까요. 얼마나 많은 이가 고문당하고, 흩어지고, 굶주리고, 미쳐 가야 할까요. 합법화된 살인을 하기 위해 세계의 자원이 얼마나 더 유린돼야 할까요. 언제쯤이면 이 전쟁에 대해 우리는 '아니다'라고 말할 수 있게 될까요.

이제 우리는 말합니다. 폭력은 여기서 끝내고, 죽음은 여기서 끝내고, 진실에 대한 억압은 여기서 끝내고, 이 전쟁은 여기서 끝낼 것이라고.[2]

대니얼 베리건이 캐턴스빌 사건 뒤 발표한 성명이다. 무고한 생명을 죽이는 전쟁에 더는 가담할 이유가 없다며 징병 서류를 불태운 행동은 엄청난 파장을 일으켰다. 가담자들은 '캐턴스빌의 9인'이라고 불렸다. 역사학자 하워드 진은 "그들은 전쟁 자체를 재판에 회부했다"고 평가했다.[3]

베트남전쟁은 1955년에 시작해 20여 년간 남북 베트남 사이에 벌어진 내전이다. 그러나 냉전 시기 이념 대립과 맞물려, 인도차이나반도 신생 독립국가의 내전은 진영 간 대결로 확장됐다.

1954년 디엔비엔푸Dien Bien Phu 전투에서 프랑스군을 물리친 베트남은 제네바협약에 서명하며 남북 베트남으로 갈라진다. 북쪽에는 공산주의 정부가 들어섰으나 미국은 호치민이 이끄는 북베트남을 인정하지 않았다. 남베트남의 응오딘지엠 정부는 미국의 지지를 등에 업고 있었지만 내부에서는 야당 등 반대 세력을 탄압하는 정부에 저항하는 운동이 일어나고 있었다. 승려들은 분신을 통해 세계에 남베트남 정부의 부당함을 폭로하기도 했다. 이후 남베트남에서 '베트콩'으로 불리던 공산주의자들의 게릴라전이 벌어졌고, 북베트남이 이들을 지원하면서 내전이 본격적으로 시작됐다.

미국의 군사적 개입은 1964년 통킹만 사건으로 시작된다. 8월 2일 북베트남 해안에서 첩보 작전을 벌이던 미국의 구축함 매덕스USS Maddox가 통킹만에서 북베트남 어뢰정의 공격을 받았다. 미국은 며칠 뒤 북베트남을 폭격했다. 미국 의회는 통킹만 결의를 통해 린든 B. 존슨 대통령에게 베트남전에 전면적으로 뛰어들 권한을 줬다.

진실은 달랐다. 1971년 『뉴욕 타임스』는 미국 국방부의 「펜타곤 페이퍼」Pentagon Papers를 인용해 매덕스는 정찰이 아닌 정보 공작 임무를 수행했고, 북베트남이 공격했다는 증거가 없다고 보도했다. 하지만 전쟁은 계속됐다. 전쟁 기간 남베트남에 파병된 미군은 260만 명, 전투와 비전투 상황을 통틀어 사망한 미군은 6만 명에 달한다. 학살된 민간인은 100만 명으로 추정된다.[4]

베리건을 비롯한 가톨릭 사제들과 운동가들은 베트남전 초기부터 미국 정부의 제국주의적 행태를 비판하며 반전운동을 시작했다. 반전운동 물결은 해를 거듭할수록 거세졌고, 1968년이 되면 전쟁에 반대하는 목소리가 전국을 휩쓸었다. 남베트남의 미라이My Lai 마을에서 어린이·여성·노인 400여 명이 미군에게 살해된 사건이 알려지면서다. 미라이 학살의 생존자 하티뀌는 93세이던 2018년 다음과 같이 말했다.

고구마를 따는 철이었습니다. 잘라 말릴 곳을 찾고 있었어요. 군인은 없다고 미군들에게 말했는데 듣지를 않더군요. 제가 들고 있던 물병을 깨고, 냄비를 집어 던졌어요. 저와 엄마, 제 딸과 친척에게 총을 겨누고 들판으로 걸어가라더니 총을 쐈습니다. 시체 더미에 몸을 숨겨 살아남았어요. 한쪽 다리와 엉덩이를 다쳐 피를 엄청 흘렸죠. 저는 여러 냄새로 그날을 기억합니다. 덜 익은 쌀 냄새, 집이 불타는 냄새, 고구마 말리는 냄새, 고약한 피 냄새가 섞여서 말이에요.[5]

학살이 자행되기 몇 달 전인 1968년 1월, 북베트남의 구정 대공세가 시작됐다. 새해를 기념하는 베트남 명절인 뗏Tet 기간에 북베트남은 남베트남의 36개 도시와 마을을 공격했다. 양쪽 모두 사상자가 엄청났다. 미국은 더 많은 군인을 투입했고, 반전 여론도 거세졌다. 더 많은 군인, 더 많은 사상자, 더 많은 반대. 끝이 보이지 않는 악순환이었다.

공격과 동시에 북베트남은 화해의 제스처를 취했다. 구정 대공세를 지속하는 한편, 포로 세 명을 석방하겠다는 메시지를 미국 재야에 전달했는데, 이때 베리건과 하워드 진이 대표 격으로 하노이에 갔다. 정부가 특별 방문 허가를 내주겠다고 했지만, 이들은 "우리가 격렬하게 반대하는 정부로부터 여행을 승인받고 싶지 않다"며 거부했다. 그곳에서의 경험을 진은 이렇게 기록했다.

우리가 머문 일주일 동안 매일 공습이 벌어졌다. 하루에도 대여섯 차례 사이렌이 울렸다. 하노이 거리를 걷다 보면 행인들이 곧바로 뛰어들 수 있도록 원통 모양으로 파놓은 일인용 방공호가 곳곳에 있었다. 우리는 3년 동안 매일 공습 사이렌에 맞춰 몸을 숨기며 살고 있다는 게 어떤 일인지 이해하려고 애썼다. 이 도시에 아이들이 없다는 사실을 알아채기까지 그리 오랜 시간이 필요치 않았다. 거의 모든 아이들이 폭력을 피해 시골로 피난 간 것이다.[6]

미국의 피해도 컸다. 오랜 전쟁으로 재정을 소진했고 도덕적 위상이 추락했다. 하지만 그 피해를 '몸으로' 받아 낸 것은, 지구 반대편에 앉아 군인들을 보내고 폭격을 지시한 '사령부'나 정부 지도자가 아니라, 전장에 투입된 군인들이었다. 2015년 뉴욕대 랑곤메디컬센터의 연구에 따르면 27만 1000여 명의 미군 참전병이 전후 수십 년이 지나도록 여전히 외상 후 스트레스 장애를 겪고 있는 것으로 나타났다. 1980년 조사의 후속 조사격인 이 연구에는 이전 연구에 참여했던 1800명 중 1450명이 다시 참여했다. 이 가운데 7.6퍼센트는 심각한 외상 후 스트레스 장애를 겪고 있었으며 16퍼센트는 상태가 악화됐다.[7] 전쟁의 피해는 적군과 아군을 가리지 않는다.

시간이 흐르면서 미국의 베트남전 개입은 더 광범위해졌다. 1970년 4월 리처드 닉슨 대통령은 북베트남의 보급로를 차단한다며 캄보디아를 침공했다. 중립국인 캄보디아를 공격하자 반전 여론이 들끓었다. 그해 5월 오하이오주 켄트 주립대에서 캄보디아 침공에 반대하는 시위가 벌어졌다. 이 과정에서 학생들을 향해 주방위군이 총을 쐈다. 네 명이 숨지고 아홉 명이 다쳤다. 대학생들의 동맹휴학이 이어졌다.

전쟁이 길어지자 사람들은 지쳐 갔고 미국 정부도 발을 뺄수밖에 없었다. 1969년 닉슨 대통령은 '베트남전쟁의 베트남화'를 담은 닉슨 독트린을 발표해 철군 명분을 마련했다. 「펜타곤 페이퍼」가 공개된 것도 이즈음이었다. 매사추세츠공과대학 부설 국제관계연구소 선임연구원으로, 1964년부터 국방부 국제안보팀의 기밀 보고서 작성을 돕던 대니얼 엘스버그는 미국 정부가 베트남전에 개입하기 위해 얼마나 많은 정보를 왜곡하고 조작했는지를 알게 된 뒤 극비 문서를 몰래 복사해『뉴욕 타임스』에 제보했다. 1971년에 보도된 이 보고서 내용은 엄청난 파장을 낳았고, 결국 닉슨은 1972년 중국을 방문하며 베트남전의 배경이 된 냉전의 틀을 흔들기에 이른다.

＼

전쟁은 여전히 세계 곳곳에서 이어지고 있다. 그리고 명분 없는 전쟁에 대한 비판과 반전·평화를 요구하는 외침 또한 멈추지 않았다. 베리건은 목소리를 내는 데에 그치지 않고 '행동'에 나섰다. 1980년 베리건과 동료들은 펜실베이니아주에 있는 제너럴 일렉트릭의 핵미사일 제조 공장에 몰래 잠입해 마크12A 탄두를 망치로 내리쳤다.

새로운 무기가 생산된다는 얘기를 들었죠. 마크12A라는 그 무기는 핵전쟁이 시작되지 않는 한 쓸모가 없다고 생각했습니다. 선제공격용 핵무기였고 펜실베이니아주의 알려지지 않은 아주 큰 공장에서 제조되고 있었습니다. 반핵 운동의 역사상 이런 적은 없었습니다. 신무기 생산 과정에 개입한 경우는 말이죠. 데니얼 엘스비그와 동료들의 도움으로 우리는 이 무기가 히로시마 타입의 폭탄이 아님을 알 수 있었습니다. 공포의 새로운 장을 여는 전혀 다른 무기였어요.

정확히 공장 어디에 있는지는 몰랐지만, 일사불란하게 침투해야 했죠. 근무를 교대하는 노동자들과 함께 공장으로 들어갔는데 의외로 보안이랄 것도 없었습니다. 3분 만에 인류 최후의 날을 가져올 무기를 찾아냈어요. 우리 앞에 있었죠. 텍사스주 애머릴로Amarillo로 갈, 장착되지 않은 탄두였어요. 우리는 무기에 금을 내버렸습니다. 잘 깨지던데, 대기권으로 재진입할 때의 열을 견디도록 만들어졌다더군요. 진짜 달걀 껍데기 같았죠. 우리의 행동 모델은 「이사야서」2장에서 따왔습니다. "그들은 칼을 쳐서 보습(쟁기 날)을 만들 것이다." 우리는 그렇게 했고, 동그랗게 서서 기도했습니다.[8]

'보습 운동'으로 불리는, 무기를 부수는 반전운동의 시작이었다. 이들은 곧바로 체포되었고 10여 가지 죄로 유죄판결을 받은 뒤 3~10년을 복역했다. 군사기지에 잠입해 핵잠수함을 망치로 내리치고, 무기 없는 세상을 외치는 이들은 지금까지 활동을 이어가고 있다.

베리건 신부는 94세를 일기로 세상을 떠났다. 말년에는 뉴욕에서 에이즈 환자들을 돕는 데에 힘을 쏟았고, 2012년 극심한 불평등에 맞선 월가 점령 시위가 벌어졌을 때에는 맨해튼에 모습을 드러내며 끝까지 행동하는 양심으로 남았다.[9] 자서전을 비롯해 50권 넘는 책을 썼는데 그중 15권이 시집이었다. 폴 사이먼의 노래 「학교 교정의 나와 줄리오」Me and Julio down by the Schoolyard에 나오는 '급진적 사제', 영화 〈미션〉The Mission 에 나오는 예수회 사제 등 베리건을 모델로 삼은 작품들도 많이 나왔다. 감수성이 뛰어나면서도 담력이 세고 주저함 없이 행동한 베리건 자신이 영화 주인공 같기도 하다. 캐턴스빌 사건 뒤 FBI의 수배를 받고 4개월간 도피 생활을 할 때 그를 도운 하워드 진은 당시를 이렇게 회고했다.

그는 우리가 말리는데도 아랑곳하지 않고 로드아일랜드 남쪽 블록섬에 살고 있는 친구를 만나러 가겠다고 고집을 부렸다. 댄[대니얼 베리건]은 감옥에 있던 필에게 보낸 편지에서 이런 계획을 밝혔는데 그 편지가 FBI 정보원에게 건네졌다. 어느 날 아침 댄이 눈을 떠보니 엄청난 숫자의 남자들이 집 주변 수풀을 에워싸고 있었다. 뭘 하고 있느냐고 물었더니 그들은 '새를 관찰하고 있다'고 했다. 그들이 관찰하는 새는 대니얼 베리건 신부였다. 체포된 댄은 모터보트에 실려 본 섬으로 향했다. 거친 파도에 그와 함께 탔던 FBI 요원들은 멀미로 고생했다. FBI 요원 사이에 끼여 수갑을 찬 채 섬에 도착하는 댄의 모습이 담긴 우스운 사진 한 장이 있다. 붙잡힌 도망자는 만면에 미소를 띠고 있는데 그를 잡은 포획자들은 아주 괴로워하는 표정이다.[10]

" 아랍의 시는 손가락에서 흘러나온 눈물 "

시리아의 망명 시인

니자르 카바니

아들이 물감 통을 내 앞에 내밀면서
새를 그려 달라 한다.
나는 붓에 회색 물감을 떨구어
빗장과 자물쇠로 막힌 사각형을 그린다.
놀란 눈으로 아들이 묻는다.
"아버지, 이건 감옥이잖아요.
모르세요, 새를 어떻게 그리는지?"
나는 아들에게 말한다. "아들아, 용서해다오.
나는 새를 그리는 방법을 잊어버렸다."

낡은 단어는 죽었다.

낡은 책들도 죽었다.

닳아 버린 신발처럼 구멍 난 우리의 언어는 죽었다.

우리를 패배로 이끈 정신도 죽었다.

슬픔에 잠긴 내 조국,

섬광 속에서

사랑의 시를 써왔던 나를 변화시켰구나.

칼로 시를 쓰는 시인으로.

언어는 우리가 느끼는 것을 표현하지 못하는구나.

우리는 우리의 시를 부끄러워해야 한다.

동양적 호언장담에 휩싸여

파리 한 마리도 죽이지 못하는 과장된 오만함으로,

깡깡이와 북을 든 채

우리는 전쟁터로 나갔다.

그리고 패배했다.[1]

시리아 시인 니자르 카바니(1923~98)의 「패배의 서」Hawamish
'ala Dartar al-Naksah는 '아랍의 패배'를 애도하면서 쓴 시다. 이미
지난 세기에 세상을 떠난 그의 시는, 우리가 알고 있는 21세기

"아랍의 시는 손가락에서 흘러나온 눈물"
니자르 카바니

의 시리아 내전을 다룬 글은 아니지만, 그가 남긴 시의 구절들을 읽다 보면 참혹하게 유린된 최근의 시리아 상황과 그 이전에 켜켜이 쌓인 이 땅의 복잡한 역사를 생각하게 된다.

우리의 외침은 우리의 행동보다 더 크구나.
우리의 칼은 우리의 키보다 더 크다.
바로 이것이 우리의 비극이다.
요컨대 우리는 문명의 망토를 입고 있지만
우리의 영혼은 석기시대에 살고 있다.

시리아는 '낯선 나라'다. 이웃한 이라크는 1980년대에 이란과 긴 전쟁을 치렀고, 걸프전에 이어 2003년 다시 미국의 침공을 받으면서 전쟁과 테러와 혼란에 시달렸다. 하지만 그 서쪽에 있는 시리아는 이라크처럼 오랜 세월 독재 정권이 국민들을 짓밟았지만 세상의 눈길을 끌지 못했다. 한국에는 더욱 낯설다. 이란과 이라크를 비롯한 중동 국가들은 비록 미국과 적대적이거나 전쟁에 연루됐을 때조차 한국과 관계가 아주 끊어지지는 않았다. 하지만 시리아는 북한과 수교한 나라였기에 한국과는 몇 안 되는 '미수교국'이었고 지금도 그렇다.

국제 뉴스의 중심에 거의 등장하지 않던 시리아는 한순간 세계의 고민거리가 되었다. 이라크와 시리아 일부 지역을 장악한 극단주의 무장 세력인 이슬람국가IS[2]가 2015년 '국가 수립'을 선포하면서였다. 그해 11월 프랑스 파리에서 IS 테러범들이 일으킨 동시다발 공격에 130여 명이 목숨을 잃었다. 곳곳에서 이 집단을 추종하는 극단주의자들이 테러 공격을 저질렀다. IS는 '인류의 공적'이 됐고 각국이 싸움에 나섰다.

오랜 유혈 전쟁 끝에, 2018년 이후로 IS는 거의 무력화됐다. 미국의 도널드 트럼프 대통령은 2019년 10월 IS의 우두머리인 아부 바크르 알바그다디를 시리아 북부에서 사살했다고 발표했다. 하지만 시리아 독재 정권의 정부군, IS 같은 극단 세력, 쿠르드족을 비롯한 소수민족 민병대가 얽혀 싸운 아수라장에서 죽어 나간 것은 아이와 여성을 비롯한 그 나라 민간인이었다. 이미 시리아 인구 절반이 난민이나 유민이 됐다.

그러니 시리아를 알기 위해서는, 카바니의 오래전 시들을 이야기하기 전에, 21세기 세계가 짊어진 가장 무거운 짐이자 아픈 상처인 이 나라의 내전을 먼저 들여다봐야 한다. 2010년 12월, 북아프리카에 있는 튀니지에서 시작된 시위와 혁명은 '아랍의 봄'이 시작됐음을 알렸다. 이듬해 2월 이집트의 독재 정권이 축출됐으며 리비아에서는 시민혁명과 함께 내전이 벌어졌다. '봄바람'은 중동으로도 옮겨 갔다. 아라비아반도 남단의 예멘 정권이 무너지고 시리아로도 혁명의 불이 옮겨 붙었다. 바샤르 알아사드 대통령의 독재에 반대하는 시위가 시작된 것이다. 이 와중에 담벼락에 아사드를 비난하는 낙서를 한 소년들이 끌려가 무참히 고문당한 사실이 알려지면서 항의 시

"아랍의 시는 손가락에서 흘러나온 눈물"
니자르 카바니

49

위가 벌어졌다. 아사드 정권은 시위대를 체포하고, 강경 진압과 구금과 고문으로 대응했다. 시민들이 무기를 탈취해 정부군에 맞섰다. 반정부 시위는 '내전'으로 바뀌었다.

전쟁이 교착되자 산발적인 전투와 학살이 뒤이었다. 내전은 IS를 비롯한 이슬람 극단주의자들이 엮이며 변질되었다. 시리아는 정부군과 반정부군, 이슬람 극단 세력과 북쪽 쿠르드족 무장 조직이 복잡하게 엉켜 싸우는 전쟁터가 되었다. 2013년 8월에는 유례없이 끔찍한 일이 벌어졌다. 수도 다마스쿠스 외곽에 있는 구타Ghouta에서 아이들을 비롯해 수백 명이 화학무기 공격에 목숨을 잃었다. 흰 천에 덮인 아이들 시신 수십 구가 누워 있는 장면은 충격적이었다. 국제 인권 단체 휴먼라이츠워치는 정부군 소행일 가능성이 높다는 보고서[3]를 냈으며 유엔 조사단이 조사를 벌였다.[4] 유엔 조사단은 화학무기가 쓰였음을 인정하면서도 누가 사용했는지는 명시하지 않았다.

화학무기 사건 뒤 시리아를 공습해야 한다는 여론도 있었다. 하지만 버락 오바마 당시 미국 대통령은 거부했다. 아사드 정권은 재빨리 유엔 사찰단을 입국시켜 화학무기를 내주고 폐기하게 함으로써 공습을 피했다. 화학무기 사찰과 폐기를 맡은 화학무기금지협약기구가 그해 노벨 평화상을 받았다는 것은 한 편의 코미디였다. 민주화 투쟁으로 시작된 시리아 내전은 이렇게 이슬람 극단 세력과의 전쟁으로 변해 버렸다. 인류 문명이 싹튼 비옥한 초승달은 학살과 폐허의 초승달이 됐다.

모르가나에서는 아직도 수공업을 대물림한다. 이발사, 보석 세공인, 제과 기술자 들은 거의 대부분 중세 때부터 같은 직업에 종사하고 있었다. 수백 년 동안 매일 지녁 찻집에서 이야기를 하며 살아온 집안도 있다. 하덱 대통령의 가문도 700년 전부터 같은 직업에 종사해 왔다. …… 하덱은 아랍어로 '당연하다'는 뜻이다.[5]

독일에서 활동하는 시리아 출신 작가 라픽 샤미가 쓴 소설 『1001개의 거짓말』에 나오는 구절이다. 주인공 사딕이 살고 있는 곳은 '모르가나'라는 도시다. 어느 날 인도에서 서커스단이 찾아오는데 하필이면 독재자 대통령과 쿠데타군과의 전쟁 때문에 이 작은 도시에 갇혀 서커스단이 떠나지 못하게 됐다. 이야기꾼 사딕은 어느새 마을 사람들과 이웃이 되어 버린 서커스단에서 여러 친척들의 이야기를 해주는 사람이 된다. 인용한 것은 그중 한 토막, 대대로 이름이 똑같은 '하덱'이라는 독재자의 이야기다. 하덱이 비유하고 있는 인물은 바샤르 알아사드의 아버지인 하페즈 알아사드(1930~2000)다. 북한처럼 시리아 정권도 세습 독재 정권이다. 바샤르는 갑자기 사망한 아버지를 뒤이어 대통령이 됐다.

지금은 내전과 난민이 시리아의 대명사처럼 됐지만 이 나라의 역사는 세계에서 손꼽힐 정도로 길다. 서쪽은 지중해에

"아랍의 시는 손가락에서 흘러나온 눈물"
니자르 카바니

면하고 있고, 남쪽에는 레바논과 요르단이 있다. 북쪽에는 터키가, 동쪽에는 이라크가 있다. 남서쪽 일부 국경은 이스라엘과 닿아 있다. 이 나라들에 둘러싸인 시리아는 비옥한 평원과 높은 산들, 그리고 사막으로 이뤄진 곳이다.

수많은 민족과 종교와 문명이 이 지역에서 탄생하고 사라져 갔다. 그 기나긴 역사가 시리아의 복잡성을 구성한다. 민족집단만 해도 아랍계와 그리스계, 아르메니아계, 아시리아계, 쿠르드족, 투르크멘 등 다양하다. 종교도 마찬가지다. 사실상 시리아에만 존재하는 시아파의 분파인 알라위파가 아사드 정권의 주요 지지 기반이다. 드루즈파라는 소수 종파도 있고, 살라피라 불리는 수니 근본주의도 있다. 이라크와 접경한 산악지대에는 야지디라는 소수 종교 공동체도 있다. 하지만 다른 아랍국들과 마찬가지로 수니 무슬림이 다수를 차지한다.

고대 아시리아 제국 뒤에는 로마제국이 이 땅을 가졌다. 비잔틴 시절에는 동방정교가 꽃피웠다. 유럽에서는 이 지역을 레반트(아랍어로는 '알 샴'), 즉 '동방'이라 불렀다.[6] 다마스쿠스는 여러 종교와 문화가 겹쳐진 동방의 중심이었으며 이슬람제국이 세워진 뒤에는 우마이야왕조의 수도였다. 그러다가 시리아는 오스만튀르크 땅이 됐고, 오스만이 유럽의 압박에 쪼그라들면서 제1차 세계대전 뒤 잠시 프랑스의 통치를 받았다. 1945년 독립했으나 군사 쿠데타가 이어졌다. 하페즈는 몇 차례 쿠데타 뒤 1971년 대통령이 됐다. 하페즈는 냉전 시절에 소련과 관계를 강화하고 이스라엘과 대립했다. 이 과정에서 이스라엘이 시리아 남부의 골란고원Ramat HaGolan을 불법 점령한 뒤 유엔의 결정을 어겨 가며 아직까지 반환하지 않고 있다.

하페즈는 철권통치를 펼쳤다. 이집트나 리비아, 이라크의 독재자들은 철저한 세속주의자들이었고 자신들의 권력에 대항하는 모든 세력을 억눌렀다. 하페즈의 절대 권력 아래에 있던 시리아에서도 종교의 영향력은 발붙이지 못했다. 시리아 북서쪽에는 '물레방아의 도시'로 알려진 하마Hama가 있다. 이슬람 조직이 이 도시에서 반정부 시위를 일으키자 하페즈는 피도 눈물도 없이 저항 세력을 짓밟았다. 1982년 하마 학살은 아랍 역사를 통틀어 유례를 찾기 힘들 정도로 잔혹했다. '탱크와 불도저로 도시 전체를 엎어 버린' 하페즈 정권의 진압으로 1만~4만 명이 숨졌다.

하페즈가 갑자기 숨을 거두고 아들 바샤르 알아사드가 집권했을 때만 해도 외부에서는 오래 가지 못할 것으로 관측했다. 하지만 아사드는 예상을 뛰어넘는 정치력을 보였다. 아버지와 달리 어느 정도나마 민주화와 개혁 조치를 실시할 것이라는 기대도 나왔다. 극도로 형식적이었지만 집권 뒤 대선이라는 요식 절차를 거치기도 했다. 또 미국 오바마 정부가 처음 출범했을 때에는 관계 개선을 꾀했다. 그러나 중동의 독재 정권들이 아랍의 봄에 밀려나는 상황에서 그 역시 국민의 저항에 부딪쳤고 결국 자국민들을 상대로 전쟁을 벌였다.

"아랍의 시는 손가락에서 흘러나온 눈물"
니자르 카바니

2015년 9월 2일 터키 서부 보드룸 해안에서 지중해를 건너려던 세 살 난 아이 알란 쿠르디의 주검이 발견됐다. 알자지라 방송은 이 참극을 이렇게 표현했다. "이 사진이 유럽을 바꾸지 못한다면 무엇이 세상을 바꿀 수 있을까."[7]

시리아 난민 문제가 세계의 이슈로 떠올르자, 내전 상황에도 세계의 이목이 다시 쏠렸다. 사실 시리아인들에게 최대의 적은 IS도, 외국군도 아닌 정부였다. 영국에 사무실을 두고 시리아의 인명 피해와 인권침해를 기록하는 시리아 인권관측소는 전쟁이 10년째에 접어든 2020년 3월 기준으로 시리아의 내전 사망자 수를 38만 명으로 추정했다. 그럼에도 국제사회의 대응은 시리아 사람들보다는 IS와의 전쟁에 쏠렸고, 아사드는 기사회생했다. 사실 외국 탓만 하기에도 힘든 측면이 있었다. 사담 후세인 독재 정권을 제거하고 '레짐 체인지'(정권 교체)를 하겠다던 미국 조지 W. 부시 정권의 이라크 침공이 어떤 결과를 남겼는지 모두가 알기 때문이다. 민주화는 그 나라 국민들이 피땀 흘려 일구는 것이지, 남의 나라가 총칼로 해주는 게 아니다. 어쨌든 국제사회 지원군과 쿠르드군이 IS와 싸우는 사이에, 아사드 정권은 러시아와 이란의 도움을 받아 되살아났다.

정권은 생존했는지 모르지만 전쟁은 시리아 사람들의 삶을 무너뜨리고 역사조차 빼앗아 갔다. IS는 고대 유적 도시 팔미라를 장악한 뒤 2000년 된 신전을 폭파했다. IS의 본부가 있던 락까ar Raqqah는 기원전 3세기 셀레우코스 왕조 시절 중심지였던 오래된 도시였다. 북서부의 알레포는 시리아 최대 도시이자, 도시 전체가 유적이다. 선사시대 유적부터 고대 그리스 문명의 흔적과 비잔틴의 시가지, 십자군 요새, 오스만튀르크 유적과 이슬람 사원들, 근대 이후 프랑스 점령 통치 시절의 건축물들이 섞여 있다. 알레포의 구시가지는 유네스코 세계문화유산이기도 하다. 하지만 정부군과 반정부군이 격렬하게 교전하면서 이 도시는 거의 폐허가 됐다.

요르단 북부는 시리아 난민 수십만 명이 밀려들면서 세계에서 가장 큰 난민촌이 됐다. 2015년 유엔난민기구는 당시 열두 살이던 이브티하지라는 소녀를 사이트에 소개했다 시리아 서부 도시 홈스에서 태어나 자란 그는 2011년 내전의 포화를 피해 국경을 넘어 난민촌으로 왔다. 유엔난민기구는 집을 잃고 고향을 떠나 마음을 다친 아이들을 위해 유럽의 화가들을 불러 미술을 가르쳤다. 이브티하지를 비롯한 난민촌의 어린 화가들은 커다란 천막을 캔버스 삼아 그림을 그렸다.[8]

아이들은 주로 두고 온 집을 그리지만, 때로는 상상하지 못한 멋진 작품이 튀어나온다. 화가를 꿈꾸는 이브티하지와 난민촌 아이들은 글머리에 소개한 시리아 시인 카바니의 시와 구스타프 클림트의 작품을 모티브로 한 작품을 탄생시켰다.

카바니는 전쟁과 억압이 어떻게 삶과 예술을 무너뜨리는지 노래한 시인이지만 그의 시를 그림으로 담는 아이들에게 미술은 '평범한 나날들'로 돌아가는 길이자, 상처받은 내면을 표현하고 치유하는 방법이었다.

＼

아랍의 '망명 시인'으로 유명한 카바니는 1923년 3월 21일 시리아의 다마스쿠스에서 태어났다. 스물한 살 무렵부터 시를 쓰기 시작했다. 다마스쿠스 대학 법학과를 졸업하고 1945년 외교관의 길에 들어섰으나 시에 대한 열정 때문에 그만뒀다. 카바니가 아랍어 신문인 『알 하야트』에 실었던 기사와 시는 뒤에 12권짜리 묶음으로 나왔다. 그의 시들은 발표됐을 때만 해도 아랍어권 문학계에 충격과 논란을 안겼다고 한다. 일상의 언어로 쓴 그의 시들은 당시 문학계에서 싸구려 취급을 하던 로맨스를 많이 담았고, 이 때문에 대중적인 인기를 끌었지만 평단의 혹평을 받기도 했다. 시간이 흐르면서 카바니는 권위주의를 비판하는 시들을 발표했다. 아랍 세계 전역에서 애송된 2행시 「술탄」에는 독재 혹은 공포정치에 대한 저항 정신, 그리고 아랍인들이 공유했던 좌절감 등이 그대로 담겼다. 카바니가 '술탄'이라 부르며 비판한 것은 하페즈 알아사드였으나, 이 시를 발표한 뒤 카바니는 시리아뿐만 아니라 아랍 전역에서 숭배의 대상이 됐다. 시리아든 이집트든 상황은 비슷했

기 때문이다.[9]

카바니의 시에서 아랍 지도자들에 대한 비판이 본격화된 것은 1967년 이스라엘과의 '6일 전쟁'에서 아랍권이 대패한 뒤부터다. 이 전쟁 이후 카바니는 연애담 대신 아랍-이스라엘 분쟁 같은 정치적인 주제로 눈을 돌렸다. 그는 이 패배의 원인을 아랍의 무능한 지도자들에게서 찾았다.[10] 이스라엘을 향해 목소리를 높이지만 정작 아랍인들은 자기 땅에서 생각을 말할 자유도, 자발적으로 형성되고 자유가 보장된 시민사회도 없었다. 이런 문제를 직접적으로 들고 나온 카바니의 시는 아랍 문학계에 엄청난 논쟁을 불러일으켰다.

어떤 비평가들은 "사랑 얘기 따위나 써온 사람이 국가의 문제를 논할 자격이 있느냐"고 공격했고, 어떤 이들은 이슬람 세계의 '점잖은 기풍'에 맞지 않게 관능적이고 감각적이었던 그의 시가 청소년의 도덕에 부정적인 영향을 미친다는 고리타분한 비난을 퍼붓기도 했다. 또 다른 사람들은 카바니가 패배의 상처에 괴로워하는 아랍인들에게 손가락질이나 해대는 사디스트이자 '아랍 군대의 사기를 더욱 떨어뜨리는 이적 분자'라며 깎아내렸다. 이집트의 작가들이 카바니를 비난하는 캠페인을 벌이기까지 하자, 카바니는 가말 압델 나세르 이집트 대통령에게 편지를 써서 위협에서 보호해 줄 것을 청원했다. 결국 카바니가 아랍인들에게 사랑받은 동시에 지탄받았던 것은, 그가 패전의 원인으로 아랍 내부의 문제를 꺼냈기 때문이었다.

그러나 그는 아랍의 비극을 만든 이스라엘의 존재와 그 뒤에 서서 구조적인 적대를 유지시키는 미국을 비판하는 것도 서슴지 않았다. 「나는 테러리즘 편이다」라는 시는 "테러리즘으로 고발당한다. 장미와 여인들과 위대한 문학과 푸른 하늘을 보호하려 들면"이라는 구절로 시작한다.

테러리즘으로 고발당한다.

우리 땅을 찢고 우리 역사를 찢고

우리의 복음을 파괴하고 쿠란을 찢고 예언자들의 무덤을 파헤치는

이스라엘의 불도저 밑에서 죽기를 거부하면.

그것이 우리의 죄라면

그렇다면, 보라, 테러리즘은 얼마나 아름다운가.

테러리즘으로 고발당한다.

미국이 히브리인의 옷을 입고

더욱 바보스럽고 부유해지고 강력해져 가는

이 시대를 거부하면.

테러리즘으로 고발당한다.

전력을 다해 시의 유산과 화려한 문명과

산들 사이로 흐르는 피리 소리와

거울처럼 비치는 검은 눈을 지키려 들면.

나는 테러리즘 편이다.

테러가 사람들을 독재자의 폭정에서 구해 줄 수만 있다면.

인간의 잔인함에서 인간을 구해 주고

레몬과 올리브, 레바논 남쪽의 새들과

골란고원의 웃음을 돌려줄 수 있다면.

나는 테러리즘 편이다.

아메리카와 이스라엘이 이 새로운 세계 질서를 나눠 쥐고 있는 한,

도살자들이 이 새로운 세계를 손에 쥐고 있는 한,

내 모든 시와 내 모든 말과 내 모든 이[齒]를 걸고

나는 테러리즘 편이다.[11]

   물론 정치적 자유를 논한 시인은 카바니 이전에도 아랍 세계에 많았다. 정부의 박해를 피해 다른 나라로 망명한 시인들과 작가들이 넘쳐 났다. 망명 시인의 시대였다. 그러나 카바니는 정치적 억압을 고발하는 데에 그치지 않고 아랍 문화의 금기들을 건드렸다. 그는 몇 세기 동안 이어져 내려온 억압적인 규율로부터 육체와 영혼을 해방해야 한다고 주장했고, 특히 여성들의 섹슈얼리티와 신체를 풀어 줄 것을 요구했다. 사회의 금기로부터 여성들을 빼내어 여성들이 잔인한 성적 차별을 자각할 수 있어야 한다고 외쳤다. 이집트의 소설가 가말 엘기탄티는 "엘리트들뿐만 아니라 모든 사람이 시를 향유할 수 있

도록 했다"고 카바니의 업적을 평가한다.[12] 또 다른 이집트 소설가 모나 헬미는 "카바니의 위대함은 로맨스뿐만 아니라 지배자와 피지배자, 압제자와 피압제자의 관계를 묘사할 때조차 아름다운 시어들을 구사했다는 점이다"라고 평했다.[13]

안타깝게도 다마스쿠스는 여전히 카바니가 비판했던 하페즈의 아들 아사드 정권 치하에 있다. 카바니의 시에는 고향인 다마스쿠스가 많이 나온다. 「다마스쿠스의 재스민 향기」가 대표적이다.

우마이야 모스크 마당에 들어서면
모두가 서로 인사한다.
모퉁이는 모퉁이에게
타일은 타일에게
비둘기는 비둘기에게.
쿠피 경전이 새겨진 정원을 걷는다.
신의 말로 이뤄진 아름다운 꽃들을 잡아당겨 보고
기도하는 이들의 마노 구슬을,
모자이크의 소리를 눈으로 듣는다.
미나레트의 계단을 오르면 내게 와닿는 소리
재스민꽃으로 오세요.
재스민꽃으로 오세요.[14]

시인은 오랜 세월 떠나 있던 고향의 땅콩, 자두, 아몬드를 노래하면서 베르사유도, 런던의 버킹엄궁도, 베네치아의 산마르코 광장도 우마이야 모스크보다는 못하다고 썼다. 그의 또 다른 시 「다마스쿠스의 달」은 "다마스쿠스로부터 영원이 시작된다"는 구절로 시작한다. 1998년 숨을 거둔 카바니가 훗날의 다마스쿠스를 봤다면 얼마나 아파했을까. 정부군이 폭발물을 집어넣은 트럼통인 '통폭탄'이 시장 골목에 떨어져 사람들의 팔다리가 잘려 나가고, 극단 조직이 사람들을 죽이고, 외국군이 공습하는 모습을 봤다면.

카바니의 시 「그림에서 얻는 교훈」은 시리아를, 아니 전쟁에 휩싸인 모든 아랍을 위한 애가다.

아들이 물감 통을 내 앞에 내밀면서

새를 그려 달라 한다.

나는 붓에 회색 물감을 떨구어

빗장과 자물쇠로 막힌 사각형을 그린다.

놀란 눈으로 아들이 묻는다.

"아버지, 이건 감옥이잖아요.

모르세요, 새를 어떻게 그리는지?"

나는 아들에게 말한다, "아들아, 용서해다오.

나는 새를 그리는 방법을 잊어버렸다."

"아랍의 시는 손가락에서 흘러나온 눈물"
니자르 카바니

아들은 스케치북을 내 앞에 놓고
밀을 그려 달라 한다.
나는 펜을 쥐고
총을 그렸다.
아들이 무식한 아비를 타박하며 말한다.
"아버지, 밀과 총의 차이도 모르세요?"
나는 아들에게 말한다. "아들아,
한때 나도 밀 줄기가 어떻게 생겼는지,
빵이 어떻게 생겼는지,
장미가 어떻게 생겼는지 알았었다.
그러나 이렇게 어려운 시절에는
숲속의 나무들도 시민군이 되고
장미도 방탄복을 입는단다.
무장한 밀의 시대엔
새들도 무장을 하고
문화도 무장을 하고
종교도 무장을 한단다.
숨겨진 총을 찾아내지 못하고서는
빵 한 덩어리 살 수 없단다.
얼굴에 생채기를 내지 않고서는
들판의 장미를 꺾을 수 없단다.
손마디가 폭탄에 날아가지 않고서는

책 한 권 살 수 없단다."

아들이 내 침대 맡에 앉아

시를 들려 달라 한다.

내 눈에서 눈물이 떨어져 베개를 적신다.

아들이 놀라 눈물을 닦으며 묻는다.

"아버지, 이건 시가 아니라 눈물이잖아요."

나는 아들에게 말한다.

"아들아 네가 자라서

아랍의 시를 읽게 되면

말과 눈물은 쌍둥이라는 것을,

그리고 아랍의 시는 손가락에서 흘러나온 눈물이라는 걸

알게 될 거란다."

아들이 펜을 내 앞에 놓인 필통 안에 내려놓고는

고향을 그려 달라 한다.

붓을 쥔 손이 떨려

나는 주저앉아 울고야 만다.[15]

> **"**
>
> # 우리의 실수로
> # 세계가 대가를 치렀습니다
>
> **"**

철의 장막을 걷은 개혁가

미하일 고르바초프

1990년은 전환기입니다. 부자연스럽게 분리된 유럽이 끝나는 것을 의미합니다. 독일은 다시 합쳐졌습니다. 우리는 군사적·정치적·이념적 대립의 물질적 토대를 허물기 시작했습니다. 그러나 아직 제거되지 않은 중대한 위협이 있습니다. 잠복한 갈등과 이를 언제 분출할지 모를 원시적 본능, 공격성과 전체주의입니다.

저는 소련과 미국이 기회를 놓쳤다고 말하며 연설을 시작하려 합니다. 양국은 새로운 원칙에 기반해 관계를 수립하고, 전쟁 전에 존재하던 것과는 다른 세계 질서를 만들 기회를 놓쳤습니다. 지난 몇 년 동안 저는 수차례 스탈린 지도부의 외교 정책을 비판해 왔습니다. 전쟁의 경험과 결과를 반영해 전후의 역사적 논리를 재평가하지 못했을뿐더러, 파시즘에 대한 민주주의의 승리를 사회주의의 승리와 동일시하고 사회주의를 퍼뜨리려 한 것은 심각한 오류였습니다.

그러나 서방, 특히 미국도 마찬가지입니다. 소련이 군사 공격을 결코 일으킬 수 없었음에도 미국은 비현실적인 결론을 내렸습니다. 1939~41년에도 그랬지만 스탈린은 전쟁을 두려워했습니다. 전쟁을 원하지 않았거니와, 결코 큰 전쟁을 벌이지도 않았을 겁니다. 무엇보다 소련은 이미 전쟁으로 수천만 명이 목숨을 잃었고, 지칠 대로 지쳤습니다. 국민들은 전쟁을 싫어했습니다. 사람들은 집으로, 정상적인 생활로 돌아가기를 바랐습니다.

'핵'이라는 요소가 세계 정치에 들어오면서 엄청난 군비경쟁을 촉발했습니다. 저는 서방에서 이를 먼저 시작했다고 생각합니다. 운명적인 실수였습니다. 양쪽 모두 이를 이념으로 정당화했습니다. 갈등은 선과 악의 피할 수 없는 대립으로 보았습니다. 물론 언제나 상대방을 악이라고 규정했습니다. 틀림없이 수십 년에 걸쳐 양측이 깊은 수렁으로 빠져들고 있었습니다. 제가 이런 사실을 언급하는 이유는 역사의 전환점에서 우리가 저지른 실수로 세계가 큰 대가를 치렀기 때문입니다.[1]

1992년 5월 6일 미국 미주리주 풀턴의 웨스트민스터 칼리지. 동유럽 사회주의가 무너지고 냉전의 막을 내린 지 얼마 안 되었을 때였다. 1990년 노벨 평화상을 수상한 미하일 고르바초프(1931~), 옛 소련의 마지막 공산당 서기장이고 최초이자 최후의 '소련 대통령'이던 그가 연단에 섰다. 1946년 3월 5일 윈스턴 처칠 영국 총리가 '철의 장막'이라는 표현을 쓰며 냉전의 시작을 알린 바로 그곳이었다. 당시 처칠은 이렇게 말했다.

발트해의 슈체친Stettin[2]에서 아드리아해의 트리에스테Trieste[3]까지, 대륙을 가로지르는 철의 장막이 드리웠습니다. 그 선 뒤에는 바르샤바, 베를린, 프라하, 빈, 부다페스트, 베오그라드, 부쿠레슈티, 소피아 등 고대 중부 유럽과 동유럽의 모든 수도가 있습니다. 이 유명한 도시들과 그 주변에 사는 사람들은 소련의 영향권에 있으며, 모스크바가 이 곳들을 통제할 여러 상황들이 일어나고 있습니다.[4]

제2차 세계대전을 승리로 마친 처칠이 국제 질서에 대해 냉혹하게 판단한 이 연설은 냉전의 시작을 알렸다. 무기를 들고 직접 맞부딪힌 '뜨거운 전쟁'은 아니지만, 파괴력이 엄청난 무기의 전략적 배치를 둘러싼 군비경쟁과 선전전으로 제2차 세계대전 이후 수십 년간 세계를 짓누른 '차가운 전쟁'이었다. 냉전 체제는 결국 무너졌고, 그 질서의 한 축이던 소련의 지도자 고르바초프가 냉전이 끝났다고 선언하는 연설을 했다.

46년 전 윈스턴 처칠이 풀턴에서 연설했습니다. 제 조국에서는 '냉전'을 공식 선언한 연설로 받아들였습니다. '철의 장막'이라는 말이 처음 등장했고, 서구 사회가 똘똘 뭉쳐 소련과 공산주의의 팽창에 따른 폭정의 위협에 맞서야 한다는 과제를 제시했기 때문입니다. 그 연설에는 전후 상황에 대한 처칠의 분석, 제3차 세계대전을 막기 위한 생각, 진보에 대한 전망, 전후 세계를 재구성하는 방법 등도 있었습니다. 그러나 이런 내용은 소련 사람들에게 알려지지 않았습니다.[5]

2만여 명의 청중이 환호하며 맞이한 고르바초프는 45분간 러시아어로 연설했다. 「시간의 강과 행동 강령」은 46년에 걸친 냉전 종식을 선언하고 국제 관계가 과거와는 전혀 다른 평화의 시대로 진입하고 있음을 선포한 연설로 받아들여진다.

'냉전'이라는 단어는 1930년대부터 유럽에서 쓰였다고 한다. 그러나 이후 널리 쓰인 동서 진영 간의 대립을 뜻하는 것은 아니었다. 1945년 일본 히로시마에 핵폭탄이 떨어졌을 때 영국 작가 조지 오웰은 이 폭탄의 등장이 앞으로의 국제 관계에 어떤 의미를 지닐지를 설명하면서 '냉전'을 언급했다. 오웰은 핵의 위협 속에서 "평화가 아닌 평화를 무한정 연장하는 대가를 치르더라도 대규모 전쟁은 끝내는 편이 낫다"[6]고 적었다. 대규모 전쟁을 벌이지는 않지만 핵을 쥐고 긴장 속에 살아가면서 힘 대결을 벌이는 '평화가 아닌 평화'가 실제로 이후 반세기 넘게 지속됐다.

자본주의와 공산주의의 대립이 피할 수 없는 긴장을 낳는다는 사실은, 미국과 소련이 함께 독일에 맞선 제2차 세계대전을 전후해 드러났다. 냉전은 20세기 들어 가장 파괴적인 전쟁인 제2차 세계대전이 끝나자마자 시작됐고, 세계는 미국과 소련의 체제 경쟁에 빨려 들어갔다. 1948년까지 소련은 '붉은 군대'가 해방한 동유럽에 공산당 정부를 세우기 시작했다. 긴장한 미국은 마셜플랜이라는 대대적인 유럽 원조 프로그램을 실시해 유럽 경제의 재건을 지원했다. 동시에 트루먼독트린으로 반反공산주의 진영에 군사적·경제적 원조를 퍼부었다.

두 진영의 대립은 때로 '냉전'이 아닌 '열전'熱戰으로 불거졌다. 1950년 유라시아의 동쪽 끝에서 일어난 한국전쟁, 인도차이나반도의 공산화를 막겠다며 미국이 무리하게 개입한 베트남전쟁이 그랬다. 미국은 봉쇄정책을 내걸고 공산주의가 확장되지 못하게 적극적으로 막았다. 세계 각지에서 대리전을 비롯한 직간접적 군사 충돌은 물론이고 우주 프로젝트나 세계 각국으로의 영향력 확대 등 모든 분야에서 전선이 형성됐다.

수십억 인구가 사는 지구를 하나의 선 혹은 장벽으로 가르고 서로를 공격하는 상황이 영원히 지속될 수는 없다. 수십 년 동안 냉전은 끝나지 않을 듯 공고해 보였지만 균열은 계속 일어나고 있었다. 중국과 인도, 이집트처럼 덩치 큰 개발도상국들은 이미 1950년대에 '비동맹 회의'를 만들어 미국과 소련 양쪽 모두와 거리를 두겠다고 선언했다. 1960~70년대에 소련과 중국 사이에 분열이 생기자 공산주의 진영의 결속력이 느슨해졌으며 동유럽에서는 소련의 강압에 대한 불만이 커졌다. 전선의 서쪽에서는 서유럽과 일본이 경제적으로 크게 성장하며 미국과의 격차를 줄였다. 미국 대 소련 구도의 양극체제가 다극 체제로 변해 가는 조짐을 보이며 '데탕트'(긴장 완화) 시대가 도래했다. 유가가 하락했고 소련 경제는 휘청거렸다. 소련과 동유럽 국가들은 식량을 자급하기 힘들어졌다. 폴란드에서 시작된 자유를 향한 외침이 세계에 반향을 불렀다. 소련 내부에서도 변화가 움텄고, 공산당 지도자인 고르바초프가 그 앞에 서있었다.

＼

고르바초프는 모스크바 대학 재학 중 공산당에 입당했다. 지역 당에서 활동하다 1978년 당 중앙위 서기, 1979년 정치국원 후보를 거치며 승진을 거듭했으며 1985년 54세의 나이로 서기장에 선출됐다. 젊기도 했지만 무엇보다 고르바초프는 소비에트 혁명 이후에 태어난 첫 공산당 지도자였다. 스탈린의 철권 독재 시절에 어린 시절을, 니키타 흐루쇼프 시절에 청년기를 보낸 고르바초프는 스탈린 사후 집권한 흐루쇼프의 유화 조치들을 적극 지지했다. 고르바초프가 공산당에서 기반을 다진 1960~70년대는 레오니트 브레즈네프의 시대였다. 브레즈네프가 서기장이던 18년 동안 소련은 정치적 안정을 누렸고

국제사회에서도 미국과 어깨를 견주는 양대 축으로 위상을 과
시했다. 그러나 동시에 부패와 비효율성이 공산당과 정부와
국영기업을 갉아먹었으며 서방과의 기술적·경제적 격차가 벌
어지고 있었다. 1982년 브레즈네프가 사망한 뒤 유리 안드로
포프와 콘스탄틴 체르넨코가 연달아 서기장이 됐지만 재임 기
간이 2년, 1년에 불과했다. 모스크바의 혼란기였다.

반면에 워싱턴에서는 1981년 로널드 레이건이 집권하면서
어느 때보다 '강한 미국'의 시대를 구가하고 있었다. 훗날 도
널드 트럼프 대통령이 '미국을 다시 위대하게'라는 구호를 내
걸며 제시한 '좋았던 옛날'이 바로 레이건의 시대였다. 소련이
서방에 뒤처지고 동유럽 공산권의 반발을 사며 위상이 무너지
던 시기, 무리한 군비경쟁과 1979년 아프가니스탄 침공으로
국력을 소진해 나날이 가난해져 가던 시기에, 레이건은 첨단
무기 개발 경쟁을 선도했으며 소련을 전방위로 압박했다. 중
동과 남미와 아시아와 아프리카에서 소련의 영향력을 없애기
위해 우익 정권이나 게릴라를 지원하면서 미국을 '세계 경찰'
로 만들었다. 1983년에는 대륙간탄도유도탄 등 초장거리 미
사일을 방위력의 주축으로 삼는 전략방위구상SDI을 내놨고, 미
국 언론은 이 구상을 '스타워즈 계획'이라고 불렀다. 냉전에서
미국의 우위를 아무도 부인할 수 없었다.

이런 시기에 소련 공산당의 혼란을 수습할 구원투수로 나
선 사람이 고르바초프였다. 당의 일인자로서 그가 택한 행보

는 전임자들과는 확연히 달랐다. 1980년대 후반 그는 소련과 서방 사이에 힘의 격차가 벌어지고 있다고 공개적으로 언급하며 두 단어를 내세웠다. '페레스트로이카'(개혁)와 '글라스노스트'(개방)다. 페레스트로이카의 사전적인 의미는 '재건'이지만 공산당 관료 체계를 뜯어고치는 개혁의 의미로 받아들여졌다. 중국 지도자 덩샤오핑의 개혁·개방 정책과 맞물리면서 페레스트로이카와 글라스노스트는 세계의 화두로 부상했다.

고르바초프가 소련의 낙후한 현실을 인정하고 '서방과 같은' 번영과 발전을 꾀하게끔 경로를 바꾸게 만든 결정적인 계기는 1986년 발생한 체르노빌 원자력발전소 참사였다. 오늘날의 우크라이나에 있는 체르노빌 원전에서 폭발 사고가 일어나면서 방사능이 누출돼 50여 명이 직접적인 피해로 목숨을 잃었다. 후유증 피해는 그 뒤로도 이어졌고 회복 불가능한 수준으로 환경이 파괴되면서 체르노빌은 여전히 '죽음의 땅'으로 남아 있다.

이 사고는 그 자체로 대재앙이었을뿐더러 소련의 관료 체계가 얼마나 무능하고 불투명하고 부실했는지를 낱낱이 드러냈다. 당시 중앙정부는 사고 사실을 곧바로 공개하지 않아 주민들의 대피가 늦어졌다. 책임자 처벌은 꼬리 자르기 식이었다. 나라 안팎에서 소련의 성취에 대한 믿음이, 정부에 대한 신뢰가 무너져 내렸다.

고르바초프는 서기장이 된 이듬해에 일어난 이 참사 뒤 개혁과 개방을 모색해야 한다는 생각을 굳힌 것으로 알려져 있다. 미국 저널리스트 마이클 돕스는 저서 『1991』에서 고르바초프를 이렇게 평했다.

고르바초프 같은 인물이 나온 데에는 그럴 만한 이유가 있었다. 고르바초프는 엄청난 독재자의 그늘에서 자라고 사회주의국가에서 생을 보낸 정치인의 한 세대를 대표하는 인물이었다. 공산주의에 대한 신념이 심각하게 시험받았지만 완전히 훼손되지는 않은 세대였고, 끝없는 정치적·도덕적 타협에 익숙한 세대였으며, 전임자들의 잘못을 바로잡을 기회를 끈기 있게 기다린 세대였다.[7]

소련 내에서 체르노빌을 계기로 투명성과 개방성을 높이자는 정책 방향이 힘을 받았다. 이런 흐름이 대외 정책에도 반영되면서 얼어붙은 서방과의 관계를 풀어 가는 방식이 채택되었다. 화해의 첫 단추를 끼운 회담은 1989년 12월 미국의 조지 H. W. 부시 대통령과 고르바초프가 만난 몰타 회담이었다. 세계는 냉전 종식을 상징적으로 보여 준 회담이라고 역사적 의미를 부여했다. 회담 뒤 두 정상의 공동 기자회견에서 첫 질문은 고르바초프를 향했다. 부시 대통령이 촉구한 대로 냉전을 최종 종식한다는 목표를 달성했다고 보느냐는 질문에 고르바초프는 이렇게 말했다.

나는 미국 대통령에게 소련은 결코 미국과 '뜨거운 전쟁'을 시작하지 않겠다고 확인했습니다. 우리가 더 큰 협력을 이루기를 바랍니다. 부시 대통령과 폭넓게 토론했고, 지금 우리가 어디쯤 서있는지에 대한 답을 찾았습니다. 우리 두 사람은 세계가 냉전의 한 시대를 지나 다른 시대로 진입하고 있다고 말하겠습니다.[8]

고르바초프는 이것은 단지 시작에 불과하다고 했다. 오래 지속되어야 할 평화로운 시대로 가는 긴 여정을 막 시작했다고, 냉전 시대의 많은 것을 폐기해야 한다고 했다. 무력, 군비 경쟁, 불신, 심리·이념 투쟁 등 이 모든 것이 과거의 것이 돼야 한다고 했다. 고르바초프의 결단에 미국은 소련의 경제개혁과 대외 개방을 지원하겠다고 화답했다.

1990년 노르웨이 노벨 위원회는 그에게 평화상을 안겼다. 고르바초프는 수상 소감에서 냉전이 갑작스럽게, 다행히도 전쟁이나 무력 충돌 없이 끝난 그해를 '전환기'라고 규정했다.

1990년은 전환기입니다. 부자연스럽게 분리된 유럽이 끝나는 것을 의미합니다. 독일은 다시 합쳐졌습니다. 우리는 군사적·정치적·이념적 대립의 물질적 토대를 허물기 시작했습니다. 그러나 아직 제거되지 않은 중대한 위협이 있습니다. 잠복한 갈등과 이를 언제 분출할지 모를 원시적 본능, 공격성과 전체주의입니다. 소련 지도부는 개방성과 상호 신뢰, 국제법과 보편적 가치에 바탕을 두고 세계가 발전해야 한다고 봅니다. 이를 위해 앞으로도 지금처럼 최선을 다할 것입니다. 노벨 평화상은 저 개인에게 주어진 것이 아니며 페레스트로이카와 개혁 정치사상을 공인받은 것이라고 생각합니다.[9]

고르바초프뿐만 아니라 세계의 그 누구에게도 그 시절은 전환기였다. 앞서 냉전을 끝낸 만남으로 몰타 회담을 꼽았지만 전환점에 이르기까지는 밑작업들이 여러 번 있었다. 1986년 레이건과 고르바초프가 두 번째로 만난 아이슬란드 레이캬비크 회담도 징검다리 중 하나였다. 여기서 고르바초프는 탄도탄 요격미사일ABM 조약[10]이 허용하는 범위에서 1991년부터 5년간 전략 공격 무기를 절반으로 줄이고, 그 뒤 5년에 걸쳐 대륙간탄도탄을 모두 폐기하자고 했다. 화끈한 제안이었다. 화기애애한 분위기에서 두 정상은 농담을 섞어 가며 '밀당'을 했다. 미국 조지워싱턴 대학에서 운영하는 국가안보아카이브의 「레이캬비크 파일」에 당시 두 사람의 대화가 공개돼 있다. 레이건은 "앞으로 10년 뒤면 우리는 아주 늙을 테니 그때 각국에 남은 마지막 핵무기를 들고 아이슬란드에 모입시다"라고 했다. 그렇게 해서 "세계를 위한 큰 파티"를 열자는 말에 고르바초프도 맞장구를 쳤다. 이제 미국도 소련이 악마 같은 생각을 하고 있다고 의심하지 않으리라고 믿는다고 했다.

"그때는 너무 늙어서 당신도 나를 못 알아볼 거요. 내가 '안녕하시오, 미하일'이라고 하면 당신은 '론[로널드 레이건의 애칭],

당신이오?'라고 되묻겠지. 그러고 나서 우리가 마지막 미사일을 없애 버립시다." 고르바초프는 "당신은 양보하길 싫어하고 승자가 되고 싶어 한다는 걸 들어서 알고 있지만 내 생각에 승리자는 양쪽 모두여야 합니다"라고 강조했다. 10년 뒤면 살아 있을지 아닐지도 모르지 않느냐는 고르바초프의 말에 레이건은 "소련 미사일을 걱정해야 한다면 내가 100세까지 못 살 것"이라 응수했다. 고르바초프는 이렇게 대답했다. "우리가 그 것들을 없애기로 합의하지 않았습니까."[11]

SDI를 완전히 없애자는 소련의 요구를 미국이 거부하면서 레이캬비크 회담은 결렬됐다. 하지만 이 회담을 계기로 양측의 입장은 한결 가까워졌고 냉전은 지나간 역사가 됐다.

＼

소련이라는 거함의 방향을 돌린 키잡이 고르바초프를 '고르비'Gorbi라는 애칭으로 부를 만큼 전 세계의 환호와 열광이 이어졌다. 그러나 정작 고국인 러시아에서 그의 여생은 평탄하지 못했다. 1991년 8월 공산당 강경파들이 쿠데타를 시도해 고르바초프는 사실상 감금당했다. 그때 공산당이 몰고 나온 탱크 앞에서 '민주주의'를 외치며 세계적인 스타로 부상한 사람이 보리스 옐친이었다. 이후 러시아의 첫 대통령이 된 옐친은 '사회주의를 버리지 않았지만 소련이 잘되기를 바랐던' 고르바초프와는 달랐다. 옐친은 사회주의를 버렸다. 마이클 돕스는 고르바초프와 옐친이 "'공산주의는 끝났는가'라는 질문에 대한 태도"에서 결정적으로 갈린다고 말한다. 고르바초프는 어디까지나 사회주의 틀 안에서 개혁을 꾀한 '앙시앵레짐(구체제)의 마지막 인물'이었다. 반면에 옐친은 포퓰리스트에 가까웠다. 공산당이나 사회주의 틀을 벗어나야 한다며 급진적인 개혁과 민주주의를 앞세웠다.

냉전을 끝낸 것은 고르바초프였지만, 지금의 러시아를 설명하기 위해 빼놓을 수 없는 유산을 남긴 것은 옐친이다. 알코올에 심하게 의존했던 옐친은 분리주의 독립운동을 유혈 진압하고 '냉혹한 카리스마'로 흐트러진 러시아를 다잡을 후계자를 찾아 권력을 넘겨줬다. 옐친 말기에 총리를 지냈고 이어 대통령이 된 전직 KGB(소련의 국가 보안 위원회) 요원 블라디미르 푸틴이었다.

공산당 독재가 몰락해 집권했지만, 푸틴에게 고르바초프는 러시아를 무너뜨린 주범이다. 2000년부터 장기 집권한 푸틴은 소련의 붕괴를 '돌리고 싶은 역사'이자 지정학적 재앙이라고 서슴없이 말한다. 푸틴의 독단적인 견해라고만 볼 수도 없다. 2017년 여론조사를 보면 러시아 국민 중 '고르바초프가 역사에 긍정적인 영향을 끼쳤다'라고 응답한 사람은 22퍼센트였던 데에 비해 '스탈린이 역사에 긍정적인 영향을 끼쳤다'라고 답한 비율은 58퍼센트에 이르렀다.[12] 극단적인 억압 통치를 펼치고 수백만 명을 강제노동과 기근으로 몰아간 스탈린이

'냉전 종결자'보다 더 인기가 있는 것이다. 소련이 무너지고 러시아로 이동해 가는 과정에서 인프라는 무너졌고, 경제는 몰락해 파산 위기까지 갔고, 세계에서 가장 먼저 인공위성을 띄운 강국의 위상은 온데간데없어졌다. 말하자면 고르바초프는 찌그러든 러시아의 상징이자 원인이라고 러시아인들은 생각한다.

같은 공산주의 진영이던 중국에서도 '고르바초프 열풍'은 쉽게 받아들여지지 않았다. 1959년 이래 소련 지도자로는 처음으로, 1989년 5월 고르바초프가 베이징을 방문했다. 그 이벤트에 세계의 시선이 쏠리고 외국 언론의 카메라가 속속 베이징의 톈안먼 광장에 도착했다. 중국이 '소련처럼' 부드러워지기를 바라는 인파가 그를 환영하기 위해 모여들었다. 고르바초프는 마이크를 잡고 중국인들에게 외쳤다 "정치 체제가 근본적으로 바뀌지 않는 한 경제개혁은 효과가 없습니다. 우리는 사회주의 발전의 중요한 전환점에 서있습니다."[13]

중국 정부는 이 연설이 방송되지 않게 막았다. 덩샤오핑은 경제의 개혁과 개방을 선도했으나 베이징에 모인 중국인들이 "민주주의의 대사에게 경의를 표합니다"라는 현수막을 들고 나온 것을 주시하고 있었다. 고르바초프가 베이징을 떠난 뒤 민주화 시위와 가혹한 진압, 훗날 '톈안먼 사태'라 불린 일련의 사건들이 벌어졌다.

"우리의 실수로 세계가 대가를 치렀습니다"
미하일 고르바초프

장벽이 무너지고 철의 장막이 걷힌 지 30여 년, 세계에서 냉전의 그늘은 가셨을까? 동서 진영 대립은 분명 없다. 남아 있는 사회주의국가들이 있지만 진영으로 존재한다고 볼 수는 없다. 고삐 풀린 자본주의의 폭주에 따른 피해자들이 늘어나고, 옛 공산권 국가들의 경제적·사회적 발전이 여전히 뒤처져 있다는 것은 냉전 체제와 그 종식 과정이 남긴 그늘이다. '뉴 차르(황제)' 푸틴 시대에 서방과 러시아의 갈등이 깊어지자 '신 냉전'을 거론하는 이들도 많다.

장막은 걷혔고 냉전 체제로 되돌아가지는 않겠지만, 세상의 모든 불안과 군비경쟁이 사라지지도 않았다. 미국의 도널드 트럼프 대통령은 1987년에 체결한 중거리핵전력INF 조약을 러시아가 지키지 않았다면서 2018년 탈퇴했다. 그러자 고르바초프는 『뉴욕 타임스』에 「새로운 핵무기 경쟁이 시작됐다」라는 글을 기고했다. 미국과 러시아의 자랑스러운 성취가 위협받고 있다면서, 그는 '새로운 군비경쟁'을 우려했다.

'만인에 대한 만인의 투쟁'에 승자는 없다. 끊임없는 군비경쟁, 국제 긴장, 적대감과 불신은 위험을 키울 뿐이다. 이 끔찍한 위협 앞에서 손 놓고 있을 수는 없다. 우리는 멈춰서는 안 된다.[14]

2부

나는
마이너리티

"

들러리로 밀려나는 것을 거부합니다

"

도둑맞은 세대

잭 패튼

150년 동안 백인은 우리를 돌보겠다고 했지만 그 결과 우리 민족은 몰살당하고 있습니다. 오늘 우리는 애버리지니들이 스스로 문제를 논의하고 그 해결책을 확인하려고 모였습니다. 우리는 평범한 시민의 권리를, 다른 시민들과의 완전한 평등을 요구합니다.

1938년 1월 26일 수요일 시드니의 오스트레일리안홀에 사람들이 모여들었다. '애버리지니 컨퍼런스: 추모의 날'이라는 피켓이 등장했고 시위가 시작됐다. 오후 1시 반이 되자 한 사람이 연설을 시작했다. 1년 전 동료 윌리엄 퍼거슨과 함께 애버리지니 진보협회를 결성한, 당시 33세의 원주민 활동가 잭 패튼(1905~57)이었다.

우리는 들러리로 밀려나는 것을 거부합니다. 목소리를 내기로 했습니다. 백인 남성들은 애버리지니를 개선될 전망이 없는 비천한 사람처럼 봅니다. 우리의 대답은 이것입니다. "우리에게 기회를 달라!" 우리는 진보를 향한 행진에서 뒤처지고 싶지 않습니다. 노인 연금, 출산휴가 수당, 실업 구호 기금, 완전한 교육에 대한 권리를 포함해 시민으로서 모든 권리를 요구합니다. 우리는 이리저리 몰리는 소 떼처럼 다뤄지고 싶지도, 특별한 계층으로 다뤄지고 싶지도 않습니다.[1]

1788년 영국 함대와 이주자들이 오스트레일리아에 상륙한 지 300년이 되는 날이었다. 어떤 이에게는 영광스러운 건국일이지만 누군가는 끔찍한 차별과 폭력에 대한 슬픔을 되새김질하는 날이다. 지금도 이날을 '건국기념일', '추모의 날', '침략의 날', '생존의 날' 등 시각에 따라 달리 부른다. 이날 그곳에서 추모의 날을 기념하며 기회를 달라고 외친 패튼의 삶은 그 시대 애버리지니가 겪은 아픔을 고스란히 담고 있다.

"들러리로 밀려나는 것을 거부합니다"
잭 패튼

애버리지니는 유럽 이주민이 오스트레일리아에 도착하기 전부터 그곳에 살던 토착 원주민을 말한다. 아프리카에서 건너온 이들의 후손으로 추정되는 이 원주민들은 짧게 잡아도 5만 년 전부터 오스트레일리아에서 수렵과 채집을 하며 살아왔다. 그러나 유럽인들이 본격적으로 이주하면서 퍼진 전염병과 강제 이주 같은 식민정책으로 존재 자체를 위협받았고, 1900년경에는 인구의 90퍼센트가 사라졌다. 원주민들 중에도 여러 집단이 있었다. 애버리지니, 태즈메이니아인, 토레스 해협 섬 원주민 등으로 구분되는데 그중 태즈메이니아인은 19세기 말에 사라졌다. 인간 종족이 다른 인간 종족에 의해 '멸종'된 것이다. 20세기에도 원주민들은 '문명화' 대상으로 취급받았고 유럽계와 동등한 국민으로 인정받지 못했다.

＼

패튼도 애버리지니였다. 1905년 애버리지니 보호구역인 뉴사우스웨일스주의 쿰머라군자Cummeragunja에서 태어났다. 정부는 애버리지니 보호구역을 따로 두고 '관리'했다. 남아프리카공화국의 아파르트헤이트(분리) 정책보다도 더 극심한 격리였다. 보호구역의 교육은 방치됐고, 패튼 역시 교육 혜택을 받지 못했다. 제1차 세계대전이 터지자 해군에 입대하려 했으나 인종을 이유로 거부당했다. 이후 여러 직업을 전전했다. '아이언바크'Ironbark라는 이름으로 복싱을 한 적도 있다. 1931년 부인

셀레나를 만나 결혼했지만 원주민들에게 삶의 자유는 없었다. 대공황의 여파로 오스트레일리아에도 불황이 닥쳤고 패튼과 가족들은 시드니 남서쪽의 애버리지니 캠프로 재배치됐다.

시드니 시의회에서 일하게 된 패튼은, 사회주의자로서 애버리지니 문제에 사회가 '엄중한 책임'을 져야 한다고 주장해 온 마이클 서텔을 만났다. 서텔의 영향으로 점차 정치적으로 각성한 패튼은 원주민 권익 보호 활동에 나섰다. 시위가 일어난 1938년 그는 원주민들의 목소리를 담을 최초의 애버리지니 신문 『애버콜』*Abo Call*을 창간했다.

활동가로서의 그의 삶은 원주민 권익을 위한 투쟁으로 점철돼 있지만, 개인으로는 다른 애버리지니와 다름없이 무력했다. 여섯 자녀가 있었는데 막내아들만 남기고 다섯 딸을 '애버리지니 보호위원회'에 도둑맞았다. 아이를 도둑맞았다는 말이 의아하겠지만 말 그대로다. 애버리지니 부모들은 아이를 빼앗겼다. 그 도둑은 바로 '국가'였다.

'우생학의 시대'인 20세기 전반부에는 인종 개량, 열등한 인구의 인위적 제거가 진행되었다. 인류사에 유례없는 비극을 낳은 독일 나치의 인종 말살이 대표적이지만, 열등한 인종을 '문명화'한다는 생각은 세계 여러 곳으로 퍼졌다. 원주민 아이들을 격리해 백인들의 가정이나 국가 시설로 보내 '개량'하는 정책을 여러 나라가 추진했다. 오스트레일리아도 그랬다.

1900년대에 들어서면서 오스트레일리아 정부는 원주민 아이들을 부모로부터 강제로 떼어내 고아원, 기숙사, 위탁 가정으로 보내거나 유럽계 가족에게 입양시켰다. 백인 사회에 동화시킨다는 목적에서였다. 애버리지니 부모들에게서 강압과 협박으로 동의를 받아 내거나, 동의조차 얻지 않고 아이를 데려 가기도 했다. 1970년대까지 이어진 이 정책 탓에 원주민 아이들은 뿌리를 잃었고, 상당수는 강제노동을 해야 했다. 이 아이들을 일컬어 '도둑맞은 세대'Stolen Generation라고 한다.

\

정부가 이 문제를 본격적으로 조사한 것은 한 세기 가까이 지난 1990년대 즈음이었다. 도둑맞은 아이들에게 어떤 일이 벌어졌는지 알기 위해 1995년 노동당 정부는 특별조사위원회를 꾸려 광범위하게 조사했다. 1997년 「그들을 집으로 데려오라」라는 이름의 보고서가 발표되었다.[2]

할머니 이름은 레베카이고 1890년쯤 태어났습니다. 할머니는 부족 사람들과 살고 있었는데 다섯 살 무렵에 종교 시설 사람들이 할머니를 데려갔습니다. 할머니를 잘 돌본 것 같지는 않아요. 할머니가 열네 살 때 우리 엄마 그레이스를 낳았거든요. 스물세 살에 결핵으로 돌아가셨대요. 할머니가 떠난 뒤 엄마와 이모, 삼촌 등 4남매를 할아버지가 돌보셨는데 몇 년 뒤 할아버지한테 경찰이 찾아왔답니다. 그러고는 종이를 내밀고 서명하라고 했대요. 여자아이들을 합숙 시설인 쿠타문드라 홈Cootamundra Home으로 데려가 직업 교육을 시키겠다는 내용이었죠. 할아버지가 서명하지 않으면 감옥에 가서 다시는 나오지 못할 거라고 했다더군요. 1915년쯤이었대요.

그 시절의 쿠타문드라 홈은 엄격하고 잔인했대요. 엄마가 기억하기로, 한번은 어떤 아이가 빨리 움직이지 않는다며 묶어 놨는데, 아이는 그날 밤 묶인 채로 죽었답니다. 엄마는 열네 살 때부터 시설에서 아이들을 돌보는 일을 했습니다. 아이 넷을 돌보는데 그중 하나는 갓난아기라 24시간 내내 엄마가 돌봤다고 합니다. 엄마는 그 뒤에 일을 하라고 로즈베이로 보내졌대요.[3]

'도둑맞은 세대'인 엄마 그레이스를 딸 제니퍼가 떠올리며 한 이야기다. 그레이스는 부모 형제와 강제로 헤어져 끔찍한 기숙사에서 살아야 했다. 이야기는 그레이스의 세대에서 끝나지 않는다. 제니퍼 역시 대를 이은 '도둑맞은 세대'에 속했고 자신의 엄마가 머물던 쿠타문드라 홈으로 갔던 것이다.

1952년 11월이었어요. 이른 아침에 종교 시설인 번트브리지 미션Burnt Bridge Mission에서 관리인이 경찰과 함께 집에 찾아와 엄마에게 말하는 걸 들었어요. '당신 딸 둘을 쿠타문드라 홈으로 데려가겠다'고 하더군요. 아빠가 '당신들에게 무슨 권리가 있느냐'고 물었어요. 그 사람들은 아빠에게 괴팍하다고 하더군요.[4]

제니퍼가 살았던 뉴사우스웨일스주에도 '애버리지니 보호 구역'이 여럿 있었다. 보호구역들은 시기별로 이름이 바뀌거나 개정된 원주민 보호법들에 따라 당국이 관리했는데, 앞서 언급했듯이 실제 목적은 '격리'였다. 보호구역들은 '미션'이라고도 불렸다. 그레이스와 제니퍼가 끌려간 쿠타문드라 홈은 원주민 여자아이들을 수용한 시설로, 2012년 뉴사우스웨일스주의 사적으로 지정됐다.[5]

쿠타문드라 원장이 저를 부르더니, 위원회가 저와 동생 케이트를 어느 부인이 사는 사택으로 보내기로 했다고 말했어요. 위원회는 우리가 기숙사에 있기엔 너무 '하얗다'고 했답니다. 사택에 갔더니 S 부인이 중년 남자 의사를 불러 저를 검사하도록 했습니다. 아주 수치스러웠죠. S 부인은 저를 다그칠 때마다 벌거벗겨 묶어 두었습니다. 저는 요리하고 청소하고 손님 빨래도 했어요. 착취당하고 모욕당하는 느낌이 들었습니다. 1957년 엄마가 우리를 집으로 데려왔습니다. 지금도 저는 어린 시절이 제 인생에서 사라진 것 같고 제 생애에 커다란 구멍이 뚫려 있는 것만 같아요.[6]

보고서에는 비슷한 증언이 수없이 적혀 있다. 이들이 겪은 후유증은 엄청났다. 가령 '강제 분리'를 당한 아이들은 시설이나 백인 가정에서 성적 학대와 불안, 인종차별 등을 겪은 것으로 나타났다. 네 살 때 시스터 케이트 홈Sister Kate's Home이라는 시설로 간 밀리센트의 이야기다.

고등학교 1학년 때 시설에서 한 농장으로 절 보냈어요. 집안일을 도
우라고요. 기숙사에서 나가니 좋았어요. 농장 사람도 친절했고요. 몇
주 지내다 학교로 돌아왔고, 다음 방학에 다시 갔습니다. 어떤 남자
가 제 방으로 들어와 저를 강간하려고 했어요. 싸워 보려 했지만 너
무 힘이 셌어요. 시설 기숙사로 돌아와 원장에게 말했더니, 다른 아
이들에게 이 일을 말하면 저에게 끔찍한 일이 생길 거라더군요. 농장
으로 다시 보내지 말아 달라고 애원했지만 들어주지 않았어요. 집으
로 도망칠 수도 없었습니다. 집이 어딘지도 몰랐으니까요.[7]

밀리센트는 1962년 아이를 낳았다. 그러나 "언제나 사랑하
고 소중하게 여길 어여쁜 딸"과 함께하려는 꿈은 산산조각 났
다. "짐승 같은 놈들이 딸을 빼앗아 갔어요. 제가 아이를 돌보
기엔 어리다는 거예요." 1972년 아이가 죽었다는 말을 들었
다. "저는 딸을 안아 보지도, 입을 맞추지도 못했고 사진 한 장
없습니다. 그렇지만 그 아이의 모습은 항상 살아 있고, 그 애
를 영원히 사랑해요. 그것만은 저에게서 빼앗을 수 없습니다."

\

엄마를 빼앗고 딸을 빼앗은 정부. 지독한 인종주의에 바탕
한 문명화 정책은 부모와 자식을 생이별시키는 인권침해였다.

500쪽 넘는 보고서의 결론이었다. 그 제목처럼 이들을 집으로 돌려보내라는 주장이 힘을 얻었다. 보고서의 권고에 따라 개별 주 정부들이 사과했고 1998년 '사과의 날'National Sorry Day 이 제정됐다. 2007년 법원으로부터 배상 판결도 나왔다. 그러나 정부의 공식 사과는 없었다. 보고서가 발표됐을 당시 여당이었던 자유당의 존 하워드 총리는 1999년 '사과'가 아닌 '유감'을 표했다. "원주민들이 과거 세대의 관습으로부터 불의를 겪은 데에 깊고 진실한 유감을 표합니다"라고 했을 뿐이다. 하워드 행정부는 "과거 정부의 행위일 뿐 현 정부는 책임이 없으며, 잘못을 인정하면 보상 소송의 문이 열릴 것"이라며 유감을 밝히는 선에서 끝낸다는 방침을 정했다고 한다.[8]

정부를 대표해 총리가 공식 사과한 것은 2008년 노동당이 집권하고서다. 케빈 러드 총리는 2008년 2월 13일 의회에서 3분가량의 연설을 통해 원주민들에게 사과했다.

오늘 우리는 인류 역사상 가장 오래된 문화를 이어온 이 땅의 원주민들에게 경의를 표합니다. 우리는 과거 그들을 학대한 것을 반성합니다. 특히 도둑맞은 세대들을 학대한, 흠이 있는 우리 역사의 한 장을 반성합니다. 이제 국가는 과거의 잘못을 바로잡고 오스트레일리아 역사의 새 장을 열 때가 됐습니다.

우리는 의회와 정부가 선택한 법과 정책이 동료 시민에게 깊은 슬픔과 고통, 상실감을 준 것을 사과합니다. 특히 애버리지니와 토레스 해협 섬 원주민 아이를 가족과 지역사회, 그리고 그들 민족에게서 떼어낸 것을 사과합니다. 도둑맞은 세대와 후손, 그 가족에게 남은 고통과 괴로움과 상처에 대해 사과합니다. 가족과 공동체의 이별에 대해, 어머니와 아버지와 형제와 자매에게 사과합니다. 자랑스러운 민족과 그 문화에 치욕과 수모를 가한 것을 사과합니다.[9]

러드 총리의 연설에는 '우리는 사과합니다'라는 표현 외에도 원주민과 비원주민 간의 교육·의료·경제 격차를 메우기 위해 노력하겠다는 선언도 포함됐다. 그 뒤 '클로징 더 갭'Closing the Gap이라는 정책이 시행됐다. 기대 수명, 사망률, 교육 수준, 고용률 등 일곱 가지 과제를 설정하고 각각의 성취 목표 연도를 정했다. 예산과 인력도 투입했다. 그러나 이후 매년 발행되는 보고서를 보면 목표를 달성하지 못하고 있다는 사실이 드러난다. 2020년까지 12건의 보고서가 나왔지만 일곱 개 목표 중 세 개 이상을 충족한 경우는 한 번도 없었다.

원주민의 현실은 통계로도 고스란히 나타난다. 오스트레일리아 인권위원회에 따르면 원주민 인구는 2011년 전체 인구의 약 3퍼센트인 67만 명에 불과하다. 그만큼 정치적 비중도 적다. 기대 수명은 비원주민에 비해 10년가량(남성 10.6년, 여성 9.5년) 짧았다. 반면에 교도소 수감 비율은 비원주민의 15배였다. 2012~13년 15~64세 실업률을 비교해 보면 비원주민은 24.4퍼센트였는데 원주민은 두 배가 넘는 52.2퍼센트였다. 원주민 여성 다섯 명 중 한 명은 최근 1년 동안 폭력을 당한 적이 있다고 응답했다. 비원주민(7퍼센트)의 세 배다. 원주민 여성이 성폭력에 노출된 정도도 비원주민보다 그만큼 높았다.[10]

원주민 권리가 제자리걸음인 이유는 뭘까. 원주민 단체 의장 팻 터너는 "이 정책의 위험은 권력을 가진 사람들에게 면죄부를 주면서 매년 같은 실패를 하고 그 결과 안일함과 냉소를 낳는다는 점"이라며 "이 보고서에서 우리의 목소리가 사라진 것이 핵심 원인"이라고 말했다.[11] 80여 년 전에 패튼이 한 말은 여전히 유효하다.

기관에서 우리 아이들은 형편없는 식사와 교육을 받고 있습니다. 그 결과 그들은 살아가면서 백인에 비해 더 열등감을 느낍니다. 이것은 인종의 문제가 아니라 교육과 기회의 문제입니다. 그래서 우리는 더 나은 교육과 더 공정한 기회를 요구합니다. 우리는 원주민보호위원회를 신뢰하지 않으며 폐지를 요구합니다.

150년 동안 백인은 우리를 돌보겠다고 했지만 그 결과 우리 민족은 몰살당하고 있습니다. 오늘 우리는 애버리지니들이 스스로 문제를 논의하고 그 해결책을 확인하려고 모였습니다. 우리는 평범한 시민의 권리를, 다른 시민들과의 완전한 평등을 요구합니다.[12]

원주민들은 1967년에야 국민으로 인정받았다. 법은 더디게 바뀌었다. 2010년 정부가 애버리지니와 토레스 해협 섬 원주민의 언어·역사·문화를 인정하고 오스트레일리아의 첫 거주자로 인정하는 내용을 담은 헌법 개정을 추진했으나 의회의 반발에 부딪쳤고 국민투표도 무산됐다. 원주민 지도자 로윗차 오도노휴는 2011년 애버리지니와 토레스 해협 섬 원주민을 위한 전국 대표 기구 연설에서 "1967년 이후로 이 나라는 거짓된 삶을 살아왔다"고 단언했다. 당시 국민투표에서 개헌안이 통과된 뒤 "국민들을 동등하게 대우하며 특히 취약 계층을 보호하는 공정한 나라라고 스스로를 북돋아 왔지만 그 헌법에 여전히 잠재적인 차별이 들어 있다는 것을 알기에 고통스럽다"고도 했다. "헌법은 여전히 이곳 최초의 오스트레일리아인으로서 우리의 위치를 어떤 형태로도 명시하지 않고 있다."[13]

2010년 켄 와이엇이 원주민 최초로 하원 의원이 됐다. 뒤에 그는 원주민 장관이 됐다. 와이엇의 의회 진출 3년 뒤인 2013년 노바 페리스가 상원 의원에 당선됐다. 페리스는 여자 필드하키와 육상 국가 대표 출신으로 올림픽 금메달리스트이기도 하다. 그의 할머니 노라는 무울라 불라Muoola Bulla라는 시설로 끌려간 '도둑맞은 세대'다. 할아버지 조니도 비글 베이Beagle Bay 시설에서 지낸 원주민이다. 할아버지와 할머니는 10명의 자녀를 낳았고 그 가운데 네 명이 끌려갔다. 페리스의 엄마 조안도 거기 있었다.

제게도 어릴 적엔 큰 꿈이 있었을 거예요. 하지만 그 원주민 소녀가 살던 곳에서는 알코올 남용, 청소년 자살, 가정 폭력, 수감률, 그리고 질 낮은 교육을 비롯한 모든 통계들이 '성공하지 못할 이유'를 보여주고 있었습니다. 그럼에도 나는 성공하기로 결심했습니다. 그렇습니다. 저는 그 역사의 산물이고, 원주민들에게 적대적일 가능성이 높은 사회에서 줄곧 살아왔습니다.[14]

그의 이야기는 2000년 시드니 올림픽의 일화로 끝을 맺는다. "열정적인 자원봉사자 수백 명이 있었습니다. 육상 트랙에서 한 노인이 매일 나를 맞이했는데, 400미터 계주 준결승을 하던 날 종이 한 장을 건네며 경기장에 들어가기 직전에 읽으라고 했어요. 쪽지에는 이렇게 쓰여 있었습니다. '보이지 않는 것을 보는 사람에게 불가능은 없다.' 트랙을 다 돌고 나서 그에게 무슨 뜻인지 물었고 그는 말했습니다. '그 말이 자유를 향한 저의 티켓이었습니다. 포로로 잡혀 있는 동안 매일 그 말을 생각했습니다.' 그는 전쟁 포로였던 거예요."

시드니 올림픽 기간 내내 원주민들의 항의가 이어졌다. 원주민들은 올림픽 경기장 주변에 '천막 대사관'을 치고 도둑맞은 세대의 피해와 토지 수탈을 배상하라고 요구했다. 하지만 정부는 시위를 막고 그들의 요구를 묵살했다. 보이지 않는 것을 보라는 말은 전쟁 포로나 애버리지니에게만 해당하는 말은 아니다. 역사에서 지워지고 뜯긴 이들을 되살려 그들의 목소리가 들리게 하는 것은 모든 시민의 책임이다.

" 내가 말하는 이유 "

고발자가 된 피해자

나디아 무라드

＼

루시 아이리스 25세, 엘러슨 일슨 36세, 재닛 뮬러 21세, 멜리사 리들 23세, 세라 폴록 41세, 질 골드스미스 49세, 재니타 발라조바 23세, 세실리아 파월 95세, 메리언 스미스 74세, 바이얼릿 프라이스 80세, ……

"여기 끌려온 이유가 뭐라고 너희들이 생각하든, 난 알 바 없다. 어쨌든 너희는 선택권이 없다. 사비야가 되려고 여기 왔으니 내 지시를 따라야 한다. 비명을 질렀다간 곤란해질 거다."

그 아랍어가 나를 가리키는 말로 쓰인 걸 들은 것은 그때가 처음이었다. ISIS는 신자르를 점령하고 야지디를 납치하기 시작하더니, 인간 전리품을 사비야라고 불렀다. 성 노예로 사고파는 젊은 여성을 의미했다. 그들이 우리를 이용하는 방법이었다. 그들에게 야지디는 이교도이고, 노예를 강간하는 것은 죄가 아니라는 게 ISIS의 쿠란 해석이었다. 우린 IS가 새 조직원을 유인하는 데에 쓰이거나 충성과 '선행'의 보상으로 주어질 터였다. 버스에 탄 우리 모두가 그런 운명이었다. 우린 이제 인간이 아니었다. 성 노예인 사비야들이었다.[1]

야지디는 시리아와 접경한 이라크 북부에 사는 소수 집단이다. 이라크·시리아·터키와 조지아, 아르메니아에 야지디 공동체가 있다. '야지디족'으로 불리지만, 정확히는 민족이나 언어보다는 종교적 소수파 집단에 속한다. 고대 일신교에서 내려온 야지디의 교리는 경전이 아닌 구전口傳으로 전해진다. 학자들에 따르면 이들의 종교는 오늘날의 이란과 아제르바이잔에서 기원한 조로아스터교와 초기 이슬람이 결합된 형태를 띤다. 자신만의 종교적 전통을 고수해 온 이들은 오스만튀르크부터 이라크의 사담 후세인 정권, 수니파 극단주의 무장 조직 이슬람국가IS에 이르기까지 '소수'라는 이유로 박해받았다.

여러 나라에 흩어져 사는 이들을 다 합쳐도 100만 명뿐인 야지디가 세계의 관심을 끌게 된 것은 IS의 희생양이 됐기 때문이다. 신자르Sinjar에 모여 살던 야지디는 2014년 IS가 공격해 오자 민병대를 조직해 저항했지만 역부족이었다. 이듬해 미군 등 연합군이 야지디 땅을 탈환하고 보니 여러 동굴에서 IS에 학살된 것으로 보이는 시신 수백 구가 암매장돼 있었다. 남자들은 살해당했고, 여성들은 온갖 폭력의 희생양이 됐으며 일부는 야지디의 성 노예로 팔려 나갔다.

나디아 무라드도 그중 한 명이었다. 코초Kocho라는 작은 마을에서 살던 야지디 여성 무라드는 21세이던 2014년 8월 IS에 납치돼 사비야sabiya로 석 달 동안 고초를 겪다가 가까스로 탈출했다. 기억하기조차 두려운 그때 상황을 나디아는 말하고 또 말했다. 그 용기로 2018년 노벨 평화상을 받았고 현재는 작가로, 인권 운동가로 살아가고 있다.

나디아가 처음으로 증언한 것은 2015년 난민 캠프에서였다. 보수적인 야지디 사회에서 자신이 겪은 고통 때문에 오히려 손가락질당할까 두려워 입을 닫고 있던 그녀가 벨기에 언론 『라리브레』에 자신이 겪은 일을 털어놓았다.[2] 가슴을 쥐어 뜯기고, 담뱃불에 살이 타고, 강간과 윤간을 반복해 당하고, 노예로 거래된 이 모든 일이 나디아의 입을 통해 세상에 알려졌다. IS가 상악한 이라크 북부 대도시 모술에서 야지디 여성이 겪은 비극은 극단주의 조직의 잔혹함을 그대로 보여 줬다.

그의 증언은 여성의 몸을 전쟁의 도구와 착취 대상으로 삼는 '전시 성폭력'에 대한 관심과 함께 분노와 연대의 목소리를 이끌어 냈다. 그해 12월 나디아는 유엔에서 연설을 했다.

2014년 8월 3일 이전까지 나는 어머니와 형제자매들과 함께 살았으며, 우리 마을은 아름답고 평화로웠습니다. 그날 IS가 마을을 공격했고 우리는 잔인한 대량 학살에 직면했습니다. 무기를 든 제복 차림의 여러 국적 사람들이, 야지디는 이방인이며 죽어야 한다고 했습니다. 여성과 소녀를 죽이지 않고 전리품으로 팔거나 선물용으로 잡아갔습니다. 우발적인 일이 아니었어요. IS 전투원들은 그런 범죄를 저지를 계획이 있었습니다. 한 남성이 내게 옷을 차려 입고 화장을 하라고 강요했습니다. 검은 밤 그가 내게 그런 일을 저질렀습니다. 그는 내게 무장 부대원들을 위해 그 일을 계속하도록 강요했고 적절하지 않은 옷을 입게 만들며 모욕했습니다. 나는 강간과 고문을 못 견뎌 탈출하려다가 경비원들에게 붙잡혔습니다. 그날 밤 그는 나를 때리고 옷을 벗기더니 여섯 명이 있는 방에 집어넣었죠. 그들은 내가 의식을 잃을 때까지 계속 내 몸에 범죄를 저질렀습니다.[3]

나디아가 증언했듯 IS는 무슬림 공동체에서 금지된 성 노예제를 운용했다. 치밀하게 계획된 폭력이었다. 야지디를 '악마를 숭배하는 이교도'로 규정한 IS는 개종을 거부하면 죽이거나 노예로 삼아도 된다고 주장했다. 나디아를 도운 인권 변호사 아말 클루니는 이렇게 말했다. "그들의 왜곡된 윤리관에 따르면 기독교도나 이슬람 시아파와 달리 야지디는 조직적으로 유린해도 되는 대상이었다. 이는 야지디를 파괴하는 가장 효과적인 수단이었다."[4] IS는 『포로와 노예에 대한 문답』이라는 책자까지 만들어 전투원들을 부추겼다. 책자에는 "여자 포로와 노예는 재산이니 사고팔거나 선물해도 된다"고 적혀 있다.[5]

클루니의 말대로, 여성을 유린하는 것은 한 공동체 혹은 민족의 현재와 미래를 파괴하는 '가장 효과적인 수단'이다. 이런 식으로 여성을 집단 성폭행하고 전쟁 도구로 삼는 전시 성폭력은 뿌리 깊은 범죄다. 제2차 세계대전 당시 일본의 군 위안부 강제 동원도 전시 성폭력이지만 1949년 유엔에서 전시 성폭력을 금지한 제네바협약이 채택된 뒤에도 이런 범죄는 사라지지 않았다. 인도네시아군은 동티모르와 서파푸아의 분리 독립 운동을 막기 위해 수십 년 동안 30만~40만 명을 살해했으며 여성 수천 명을 성폭행했다. 위키피디아 '전시 성폭력' 항목에는 한국군과 미군이 베트남전쟁 당시 여성들을 성폭행한 것도 그런 범죄의 하나로 설명하고 있다. 동파키스탄, 즉 훗날의 방글라데시가 파키스탄으로부터 갈라져 나오는 과정에서 일어난 1971년 '방글라데시 해방전쟁' 당시 파키스탄군도 여성들을 고문·강간했다. 1980년대에 소련군은 아프가니스탄을 침공한 뒤 전시 성폭력을 저질렀다. 소련군은 아예 특수부대를 만들어 여성들을 부대로 납치한 뒤 강간했다. 이 여성들은 집으로 돌아간 뒤에도 가족과 마을에서 배척당했다.

1990년대 코소보 내전과 보스니아 전쟁 때에는 알바니아 여성들과 보스니아 여성들이 세르비아 민병대와 군경의 성폭력에 고통받았다. '조직적인 강간'을 당한 여성들은 2만~5만 명으로 추정된다. 가장 심각했던 곳은 1994~95년 내전이 벌어진 동아프리카의 르완다였다. 이 문제를 조사한 1996년 유엔 특별보고관은 여성 25만~50만 명이 성폭행을 당했고 이로 인한 임신이 2000~5000건에 이른다고 밝혔다.[6]

＼

젠더사이드gendercide는 특정 성별을 골라 살해하는 것을 뜻한다. 전시 상황 등에서 적국의 남성, 특히 소년을 살해하는 것이나 여성 성폭행과 학살, 즉 페미사이드 모두 이에 해당한다. 전시에만 벌어지는 일은 아니다. 노벨 경제학상 수상자인 인도 경제학자 아마르티아 센은 1990년 지구상에서 '사라진' missing 여아를 1억 명가량으로 추산했다.[7] '사라졌다'는 것은 태어나지도 못한 채 혹은 태어나고 얼마 지나지 않아 목숨을 잃었다는 의미이다. 센은 자연 성비와 비교해 실제 남성과 여성의 비율 사이의 차이를 통해 남성이 여성보다 얼마나 많은지를 계산함으로써 사라진 여성의 수를 추정했다. 인도나 중국에서 태아 성 감별로 딸일 경우 낙태하거나 태어난 직후 죽이는 영아 살해는 커다란 사회 문제다. 인도에는 "여자아이를 기르는 것은 남의 정원에 물을 주는 것과 같다"는 속담이 있을 정도다. 아이를 '살해'하는 것은 아닐지라도, 식량과 의료품이 모자라는 곳에서 상대적으로 '자원'이 덜 투입되는 여자아이들이 영양실조나 질병으로 목숨을 잃는 일도 많다.

2012년 유럽연합 집행위원회 대외정책국의 정책 보고서를 보면 2010~11년 중국에서는 여아 100명당 남아 118명이, 인도에서는 남아 109명이 태어났다. 두 나라의 경제가 발전하고 성별에 따른 낙태가 불법이 됐어도 현실은 많이 변하지 않았다.[8] 이제 두 나라는 여성이 모자라 결혼하지 못하는 젊은 남성들이 사회적 시한폭탄이 될까 걱정한다. 보고서는 결론에서 "여성에 비해 남성 숫자가 많은 것이 장차 사회에 부정적인 결과를 가져올 수 있다"고 지적했다. 성매매나 성적 착취를 목적으로 한 인신매매 같은 범죄가 늘어날 수 있다는 얘기다.

살아남아 자란 뒤에도 여성들은 폭력과 증오 범죄에 시달리다가 목숨을 잃기까지 한다. 몇 해 전 인도 여성이 처한 상황을 보여 준 사건이 있었다. 2012년 당시 23세였던 여대생 조티 싱이 뉴델리의 버스 안에서 남성 여섯 명에게 집단 성폭행을 당하고 그 후유증으로 2주 만에 숨진 사건이다. 잔혹한 범행이 알려지면서 대규모 시위가 벌어졌고 이듬해 인도 정부는 성범죄 처벌을 강화한 법을 만들었다. 5년 뒤 범인 중 네 명에 대한 사형이 대법원에서 확정됐다. 하지만 재판 과정에서 몇몇 가해자는 여전히 여성의 옷차림이 부적절했고 저항하지 않았다며 '피해자 책임'을 주장했다. 피해자는 조티 싱이라는 이름 대신 '두려움이 없다'는 뜻의 '니르바야'로 불렸다. 그러나 2013년 아버지 바드리 싱이 영국 언론과 인터뷰하며 딸의 이름을 공개했다.

세상이 내 딸의 진짜 이름을 알았으면 합니다. 내 딸은 스스로를 지키려다 죽었습니다. 아무 잘못도 하지 않았습니다. 딸이 자랑스럽습니다. 딸의 이름을 알리는 것이 비슷한 공격에서 살아남은 여성들에게 용기를 줄 것입니다. 그들이 제 딸에게서 힘을 얻을 것입니다.
　병원에서 딸은 많이 울었어요. 고통스러워했습니다. 엄마와 형제들을 보자 또 울었죠. 그러나 용감했습니다. 가족을 위로하면서 모두 괜찮아질 거라며 용기를 줬어요. 곧 집에 갈 거라고 이야기했더니 기뻐하며 미소를 짓더군요. …… 딸이 떠났을 때 우리는 절망했습니다. 삶에 큰 구멍이 뚫렸어요. 딸은 우리 우주의 중심이었으니까요. 딸이 없는 미래는 상상할 수 없었습니다.[9]

사건이 일어나고 8년 만인 2020년 3월 싱을 살해한 남성 네 명은 처형됐다. 인도에서 사형이 집행된 것은 2015년 이후 처음이었다. 지구촌 곳곳의 여성들은 지금도 페미사이드를 멈추라고 외치고 있다. 2016년 아르헨티나에선 여성 수만 명이 거리에서, 온라인에서 투쟁에 나섰다. 검은 옷을 입은 이들은 검은 수요일을 수놓았다. '니 우나 메노스'ni una menos(한 명도 잃을 수 없다), '비바스 노스 케레모스'vivas nos queremos(우리는 살고 싶다)라는 여성들의 외침은 몇 년 사이 10대 소녀들이 강간·살해되는 일이 반복되면서 터져 나왔다. 2017년 2월 아르헨티나 일간지 『클라린』의 보도를 보면 2016년 남성에게 목숨을 잃은 여성은 290명에 달했다.[10] 페미사이드 통계를 모으는 여성 단체 '만남의 집' 홈페이지에 따르면 2008~18년 사이 32시간마다 1명 꼴로 여성이 살해됐다.

페미니즘 연대체 '니 우나 메노스'를 창립한 세실리아 팔메이로는 한국 언론과의 인터뷰에서 이렇게 말했다. "여성은 남성과 같은 일을 해도 임금을 27퍼센트나 덜 받는다. 여성 실업률은 10.5퍼센트로 남성의 8.5퍼센트보다 높다. 여성 폭력 문제는 말할 것도 없이 심각하다. 그런데 정부는 여성 관련 공공복지 예산을 삭감했고, 혐오 범죄로부터 여성을 보호하는 프로그램들을 없앴다. 일자리가 없는 가난한 여성들이 타격을 가장 많이 받았다. 경제적 자립이 어려우니 폭력을 휘두르는 남편에게서 벗어나지 못한다."[11]

여성들의 움직임은 녹색 스카프로 상징되는 낙태 합법화 운동으로 이어졌다. 안전하지 않은 낙태 시술을 받다가 죽어가는 현실을 아르헨티나 여성들은 페미사이드의 연장선에서 해석했다. 마치스모machismo(마초이즘)라 불리는 남성 우월주의 속에서 여성이 자기 몸에 대해 결정할 수 있어야 한다며 목소리를 낸 것이다. 그러나 2018년 임신 초기 낙태를 선택적으로 허용한 법안이 하원을 통과했지만 상원에서 끝내 부결됐다.

멕시코의 여성 살해는 더욱 심각하다. 정부 집계에 따르면 2019년에만 1006명이 목숨을 잃었다. 5년 새 두 배로 늘어난 것이다. 2020년 초에는 충격적인 사건들이 멕시코를 뒤흔들었다. 잉그리드 에스카밀라라는 여성의 무참하게 훼손된 시신이 타블로이드 신문에 공개된 일, 파티마라고 알려진 일곱 살 소녀가 납치돼 성적 학대와 고문을 당한 뒤 시신으로 발견된 사건[12] 등이 잇따르면서 여성들의 분노가 거세게 일었다.

특히 멕시코의 여성 살해는 경제적·사회적 요인과 밀접하다. 1994년 북미자유무역협정이 발효된 뒤 미국과 국경을 맞댄 멕시코 북부에는 마킬라도라Maquiladora라는 수출용 가공 공장들이 들어섰다. 미국에서 넘어온 원자재를 가공한 면세품을 수출하는 공장들이다. 마킬라도라 공장 지대에 돈이 돌자 여지없이 갱들이 자리를 잡았고, 공장에서 일하는 여성들은 수시로 폭력의 희생양이 됐다. 미국 텍사스주 엘파소와 국경을 접한 멕시코 치와와주의 시우다드후아레스Ciudad Juárez는 '살인의 수도'라 불릴 정도로 범죄가 많다. 마킬라도라의 젊은 여성들이 그런 범죄의 피해자가 된다. 안드레스 마누엘 로페스 오브라도르 대통령은 신자유주의에 따른 사회와 경제의 해체를 여성 살해의 근본 원인으로 규정했으나 범죄를 줄일 현실적인 대안을 내놓지 못하고 있다. 2020년 '세계 여성의 날' 다음 날인 3월 9일 멕시코 여성들은 '우리 없는 하루'라는 총파업을 선언했다. 중남미만이 아니었다. 프랑스에서는 보라색 깃발을 든 여성들이 거리로 나왔다. 이탈리아 로마에서는 수천 명이 모여 페미사이드 희생자들의 이름을 불렀다. 벨기에에서는 여성들이 흘린 피를 상징하는 빨간 구두가 거리에 놓였다.

\

　유엔이 세계 여성 폭력 추방의 날을 제정한 해가 1999년이었다. 미투#MeToo, 타임즈업#TimesUp, 니우나메노스#Niunamenos, 낫원모어#NotOneMore 같은 운동들이 벌어지고 있으나, 여전히 1500만 명의 여성들이 해마다 성폭력에 노출된다고 유엔여성기구는 밝혔다. 유엔여성기구가 제작한 〈성폭행에 대한 이야기는 하나의, 그러나 너무 많은 이야기입니다〉라는 영상에는 피해자의 증언이 생생하게 담겨 있다.

　나는 '전쟁 중에', '급우들에게', '함께 사는 사촌에게', '머리에 총이 겨눠진 채', '강제로 결혼당한 남자에게', '퇴근길에', '파티에서 친구에게', '열두 살 때', '무장한 군인 두 명에게', '기억하지 못하지만', '임신했을 때', '남편이 떠났을 때', '혼자 있을 때', '아이 두 명이 있는 데서', '아무도 날 이해하지 못하지만' 강간당했습니다. 내가 이런 사연을 지닌 마지막 소녀이고 싶습니다.[13]

　마지막 소녀last girl. 나디아의 자서전 제목이기도 하다. 폭력의 피해자가 된 여성들이 입을 모아 하는 말이다.

진솔하고 담담하게 전하는 사연은 내가 테러에 맞서는 최고의 무기다. 세계의 지도자들, 특히 무슬림 지도자들이 앞장서서 억압받는 이들을 보호해야 한다. 나는 우리를 유린한 남자들의 눈을 똑바로 보고, 그들이 벌 받는 것을 보고 싶다고 말했다. 무엇보다도 이 세상에서 나 같은 사연을 가진 마지막 여자가 되고 싶다고 말했다.[14]

나디아의 간절한 바람이 이뤄질까. '지구의 절반'에게 폭력에서 벗어날 희망이 있을까. 제노사이드(종족 말살)와 페미사이드가 벌어진 르완다에서 희망을 볼 수 있다는 것은 역설적이다. 르완다는 2003년 국회의원과 장관, 각 부처·기관 공직자의 30퍼센트를 여성에게 의무 할당하는 헌법을 만들었다. 새법에 따라 여성도 재산을 가질 수 있었고, 부모의 재산을 상속받을 수 있게 됐다. 이혼한 여성도 부부 재산의 절반에 대한 권리를 가졌다. 국제의회연맹 2019년 통계를 보면 르완다는 하원 의원 80명 중 61퍼센트인 49명이 여성이다. 여성 의원 비율이 세계에서 가장 높다.[15] 여성들에게 지옥 같던 이 나라는 이제 성 평등 수준이 높은 나라로 꼽힌다. 2020년 세계경제포럼이 발표한 「세계 성 격차 보고서」에서 르완다는 평등 수준 9위를 차지했다.[16] 한국은 145개국 중 108위였다. 1위는 아이슬란드, 2위는 노르웨이였다.

이런 변화 뒤에는 내전의 상처에서 벗어나 그런 일이 거듭되지 않게 하려는 처절한 노력이 있었다. 르완다에서 성폭행은 전쟁범죄와 동일하게 취급된다. 1998년 르완다 국제전범재판소는 성폭행을 전쟁범죄이자 반인도 범죄로 선언했다. 여성들이 평등한 사회 구성원으로 행복한 삶을 꿈꾸지 못한다면 제노사이드를 넘어설 수 없다는 절박함이 있었던 것이다.

2016년 3월 8일 영국의 제스 필립스 하원 의원은 1년 새 살해당한 여성 120명의 이름과 나이를 일일이 불렀다. "루시 아이리스 25세, 앨리슨 윌슨 36세, 재닛 뮬러 21세, 멜리사 리들 23세, 세라 폴록 41세, 질 골드스미스 49세, 재니타 발라조바 23세, 세실리아 파월 95세, 메리언 스미스 74세, 바이얼릿 프라이스 80세, ……"17 호명은 10분 가까이 이어졌다. 여성의 이름을 부르는 저항 행위는 캐런 잉갈라 스미스라는 여성이 시작한 '사망한 여성을 세는 프로젝트'에서 나왔다. 필립스 의원의 호명은 해마다 이어진다. 이름 없이, 기억되지 않고 죽어간 이들의 이름을 불러내는 것, 그리고 더는 부를 이름이 없게 하는 것이 남은 자들의 몫이 아닐까. 그들이 '마지막 여성'이 될 수 있도록.

" 경제 발전이라는 거짓말 "

푸른 호수의 딸

막시마 아쿠냐

＼

아마존에서 발생한 산불, 오스트레일리아의 숲에
서 발화한 산불, 인도네시아의 홍수, 매년 나타나
는 기록적인 고온 현상⋯⋯. 이제 더 허비할 시간
이 없습니다. 위기 상황입니다. 그리고 원주민 운
동의 의미 또한 건강하고 살기 좋은 지구를 만드
는 것과 광범위하게 연관돼 있습니다.

가난했지만 평화롭게 살아왔습니다. 광산 기업이 들어와 일자리나 경제 발전에 대해 거짓말을 하기 전까지는.

나는 페루 카하마르카의 산악 지역에서 태어나 자랐습니다. 어린 시절 장난감을 가진 적도 없고 학교에 간 적도 없습니다. 그래서 읽거나 쓰는 법을 배우지 못했습니다. 들판에 나가 일했고, 집안일을 돕고, 귀가 들리지 않는 남동생을 보살폈습니다. 시간이 나면 다른 아이들의 인형에 입힐 모자나 옷을 만들었지요. 10대가 돼서도 영화를 보거나 파티에 가거나 데이트를 한 적은 없어요. 열네 살에 결혼했습니다. 남편 하이메는 열여섯 살 농부였죠.

아이 넷을 낳았어요. 모두 학교에 보내 나처럼 글을 모르지는 않습니다. 하이메와 나는 소작농이었습니다. 농장의 염소나 양, 말, 돼지 따위를 길러 주고 종종 새끼를 얻었어요. 감자를 키워 과일이나 곡식과 교환했어요. 우리가 절반쯤 먹고 나머지는 팔았지요.

1994년에 소 한 마리와 양 몇 마리, 작은 가축들까지 우리가 가진 걸 전부 팔아서 땅 27헥타르를 샀습니다. '라구나 아술'이라 불리는 아름다운 호수 가까이에 있는 산에서 우리 가족은 평화롭게 살았습니다. 호수는 우리의 보물이었죠.

2011년 5월 악몽이 시작됐어요. 야나코차라는 광산 기업이 우리 호수와 산을 파괴하고 땅을 빼앗아 가려 했습니다. 미국의 거대 기업인 뉴몬트와 함께 금광을 파려고 우리를 쫓아내려 한다더군요. 도대체 누가 호수를 사고판답니까? 8월에 그늘이 찾아왔어요. 딸애가 불도저 앞에 무릎을 꿇었습니다. 마치 맹수처럼 무자비하게 우리 몸을 차고 때렸어요. 우리는 바닥에 쓰러져 피를 흘리고 의식을 잃었습니다. 경찰이 남편과 아들의 머리에 총을 겨눴습니다. 우리는 변호사를 찾아갔고 2014년 법원은 우리 편을 들어줬어요. 그런데 야나코차는 대법원까지 상고를 했고 우리를 다른 건으로 계속 고소했죠. 탑을 세워 우리가 드나드는 것을 감시했고, 심어 놓은 감자를 망가뜨리는가 하면 동물도 죽였습니다. 나는 내 땅에 들어갈 수도 없습니다.[1]

페루 북부에 사는 원주민 여성 막시마 아쿠냐가 전한 이야기다. 1970년에 태어난 아쿠냐는 산악 지대에서 농사를 짓고 살았다. 가진 것이 많지는 않았어도 부족하지는 않았다. 그의 말대로 행복했다. 자본이, 공권력이 개발이라는 이름으로 밀고 들어오기 전까지는.

야나코차Yanacocha는 페루 북부 카하마르카Cajamarca에서 활동하는 광산 기업이다. 미국 뉴몬트Newmont와 페루 광산업체 부에나벤투라Buenaventura가 합작해 만든 회사다. 현지 원주민 케추아어로 '야나'는 '검다'는 뜻이고, '코차'는 연못이나 호수를 가리킨다. 라구나 아술Laguna Azul, 스페인어로 '푸른 못'을 의미하는 아름다운 호수를 위협하는 검은 물. 야나코차가 주로 파내는 것은 금이지만 그들이 남기는 것은, 회사 이름처럼 검게 더럽힌 호수다. 그로 말미암아 고통받는 것은 그 땅에서 살아가던 사람들, 아쿠냐 같은 원주민들이다.

평생의 터전을 빼앗기고 목숨을 위협받는 처지에 놓였을

때에도 아쿠냐는 "내 땅을 포기하지 않을 것"이라고 했다. 그는 싸웠고, 원주민 공동체가 그 뒤에 버티고 서서 함께 맞섰다. 국제앰네스티를 비롯한 인권 단체들은 땅을 빼앗긴 원주민들이 사유재산을 침해했다는 이유로 도리어 환경 운동 과정에서 범죄자가 되는 데에 반대하며 아쿠냐와의 연대에 나섰다. 세계에서 네 번째로 큰 금광 개발 사업이던 야나코차의 '콩가Conga 광산 프로젝트'는 2016년 결국 무산됐다. 그해 아쿠냐에게 골드만 환경상Goldman Environmental Prize을 수여한 골드만 환경재단은 "상처받고 소진되는 가운데서도 아쿠냐는 낙관주의를 잃지 않고 정의를 위한 싸움을 계속했다"고 평했다.[2]

아쿠냐는 이겼다. 2017년 페루 대법원은 땅을 지키려는 아쿠냐의 행동을 범죄로 몰아간 당국의 행동이 잘못됐다고 결론 내렸다.[3] 하지만 원주민들, 특히 '주류'와 구분되는 소수집단이 정부나 거대 기업에 맞서 이기는 일은 드물다. 라틴아메리카에서 원주민이 미국 자본과 맞선다면 '세계에서 가장 힘든 싸움'이 되기 십상이다. 골드만 환경상을 받으면서 아쿠냐는 자신과 비슷한 문제를 겪는 수많은 이들이 있다며 온두라스에서 원주민 공동체를 지키다 살해된 여성에게 상을 바쳤다.

\

유엔은 '원주민'indigenous people을 이렇게 정의한다. 먼저 스스로를 원주민으로 인식하며 공동체 구성원들에게도 그렇게 받아들여지는 사람, 서구 열강의 식민지가 되기 전부터 살았거나 먼저 정착한 사람들, 땅이나 주변 자연 자원과의 연계가 강하고 사회·경제·정치 체계가 뚜렷이 구분되며 언어나 문화가 다른 사람들, 사회의 주류와 구분되는 사람 및 집단으로서 대대로 내려온 환경과 제도를 지키려는 사람들을 유엔은 원주민이라 부른다.[4]

세계은행 자료에 따르면 지구상에는 4억 7600만 명의 원주민들이 90여 개국에서 살아가고 있다. 세계 인구에서 차지하는 비중은 6퍼센트쯤인데, 세계의 극빈층 인구 가운데 15퍼센트가 이들이다. 원주민의 기대 수명은 세계 평균보다 20년이나 짧다.[5] 또 다른 자료를 보면 세계에는 5000여 개 원주민 집단이 있고, 이들이 쓰는 언어가 4000여 종에 이른다. 세계 농촌의 극빈 인구 9억 명 중 3분의 1이 원주민이다.[6]

세계 각국은 2007년 유엔 총회에서 채택된 '원주민 권리 선언'[7]에서 원주민들이 국제법에 따라 토지 소유권을 인정받아야 하며, 정부가 이들의 동의 없이 이주를 강요해선 안 된다고 했다. 이주를 요구하려면 보상하라고 못 박았다. 원주민에 대한 규정에도 있듯이, 원주민들과 땅은 떼어 놓을 수 없다. 국제앰네스티는 원주민들이 사는 땅에 지구상 생물 다양성의 80퍼센트가 존재한다고 추정한다. 아마존이나 아시아의 고지대 혹은 섬 같은 미개발 지역에 사는 이들이 많기 때문이다. 하지만 이 때문에 광물이나 에너지자원, 목재 등을 노리는 개발 바람에 휘말려 터전을 잃는 일도 많다. 자원 채취를 둘러싸고 원주민들과 정부·기업 간 충돌이 가장 많이 일어나는 곳 중 하나가 아쿠냐 같은 이들이 살고 있는 라틴아메리카다.

라틴아메리카의 원주민 인구수는 정확히 알 수 없다. 여전히 아마존 밀림이나 고지대 등에 소규모로 흩어져 사는 이들이 적지 않아 정확한 통계가 부족하다. 세계은행의 2015년 보고서에는 2010년의 인구조사가 이용 가능한 마지막 조사로 기록돼 있다. 이에 따르면 라틴아메리카의 원주민은 4200만 명으로 전체 인구의 7.8퍼센트를 차지한다. 그중 멕시코·페루·과테말라·볼리비아 등의 원주민이 80퍼센트이고 나머지는 브라질·엘살바도르·파라과이·아르헨티나 등에 살고 있다.[8]

크리스토퍼 콜럼버스가 아메리카에 도달한 이래로, 서구 제국주의자들에게 몇 백 년에 걸쳐 점령된 중남미 원주민 인구는 거의 10분의 1로 줄었다. 하지만 20세기 중반 이후 보호구역이 늘어나면서 원주민 인구가 증가하기도 했다. 일례로 브라질의 원주민 인구는 개발을 지체하는 '완충재'가 생기면서 1960년 이후 네 배로 늘었다. 하지만 역설적이게도, 아마존과 원주민을 해치는 '식민주의보다 더 큰 위협'이 바로 '활주로와 전기톱'이라고 캐나다 인류학자 존 헤밍은 설명한다.[9] 침탈에서 살아남은 원주민들이 최근 수십 년간 목소리를 내면서 보호구역이 만들어졌고, 비록 과거의 손실을 보상받지는 못했을지언정 아마존의 주인들로 인정받게 됐으나 오히려 숲은 지금 더 많이 사라지고 있다는 것이다. 벌목꾼과 방목장과 콩 농장들, 다국적 농업 기업과 댐 건설이 숲과 원주민을 위협한다. '아마존 잔혹사'는 오히려 지금 가장 광범위하고 심각하게 진행되고 있다.

특히 최근 몇 년 새 자이르 보우소나루 대통령을 필두로 한 브라질의 우파 정부는 원주민에게 배타적 태도를 취해 왔다. 정부는 브라질의 자산인 아마존을 개발해야 한다는 기치를 밀어붙이고, 원주민 '통합 정책'을 주장했다. 보우소나루는 원주민들이 외국 정부나 비영리 기구에 이용당하고 있다면서 아마존 개발에 반대하는 그린피스 같은 환경 단체를 향해 '쓰레기'라는 비난도 서슴지 않았다.

"아마존은 서유럽 전체보다 규모가 크고 여전히 손길이 닿지 않은 상태다. 브라질이 환경을 가장 잘 보호하는 나라 중 하나라는 증거다. 과학자들은 아마존이 '인류의 유산'이고 '세계의 허파'라고 하는데 그것은 잘못된 생각이다. 그런 오류를 이용해 식민주의적인 태도로 무례하게 행동하는 나라들이 있다. 그러나 우리에게 가장 신성한 것은 우리의 주권이다." 아마존 개발에 반대하는 국제사회, 특히 유럽 국가들을 겨냥해 보우소나루가 유엔 총회에서 한 연설이다.

그는 원주민 지도자들도 비난했다. "브라질에는 225개 원주민 부족이 있고 그중 70개 부족은 고립된 곳에 산다"면서 라오니 메투크티레(1932~) 같은 원주민 지도자 한 명의 견해가 모든 브라질 원주민의 의견을 대변하지는 않는다고 했다. "몇몇 원주민 지도자는 아마존에서 이익을 얻으려는 외국 정부에 이용당하고 있다"면서 "비정부기구의 지원을 받는 일부 원주민의 주장은 원주민을 '동굴에 사는 사람'처럼 대하자는 것과 다름없다"며 맹비난했다.

보우소나루가 비판한 메투크티레는 카야포 부족의 지도자로, 아마존 보호에 헌신해 온 인물이다. 1989년에는 영국 가수 스팅과 17개국을 돌며 열대우림 보호를 호소한 바 있다. 2019년 8월 아마존 밀림에 불이 나 숲이 대거 타버리자, 보우소나루 정부의 개발 정책 탓이 크다는 지적이 나왔다. 그해 9월 라오니를 비롯한 원주민 부족 지도자들은 프랑스에서 열린 주요 7개국G7 정상회의장에 찾아가 아마존을 지켜야 한다고 호소했다. 통합이라는 명분 속에 원주민들은 결국 전통적인 삶의 터전에서 밀려날 것이라며 보우소나루를 비판했다.

그런 라오니를 '외국에 이용당하는 인물'로 묘사한 보우소나루의 유엔 연설에 비판이 쏟아졌다. 환경 단체들은 라오니를 2019년 노벨 평화상 후보로 추천했다. 그러나 정부는 아랑곳하지 않았고, 개발을 앞세워 원주민 보호구역을 통폐합하고 거주 지역을 옮기는 조치를 계속 추진했다.

2020년 1월 땅 뺏기에 맞서 320여 개 원주민 단체가 힘을 모았다. 라오니를 포함해, 괴지지리 부족 지도자로서 브라질 원주민협회를 이끄는 소니아 과자자라 등이 앞장서서 반反보우소나루 전선을 결성했다. 소니아 역시 라오니와 마찬가지로 세계의 언론과 소셜 미디어를 통해 원주민들의 주장을 알려 온 활동가이며, 2018년 대선 때에는 좌파 정당 부통령 후보로 출마하기도 했다. 당시 그는 이렇게 말했다.

폭력은 땅을 둘러싼 갈등 탓에 벌어집니다. 농업 기업, 축산업, 땅 투기가 원주민 땅을 노리고 있습니다. 살인도 일어납니다. 인종주의가 그 배경입니다. 포퓰리즘, 보수적인 의회, 파시스트적인 언어도 관련돼 있습니다. 우리는 500여 년 동안 생존을 위해 싸워 왔습니다. 매일매일 존재하기 위해 투쟁해 온 것입니다.[10]

원주민에 대한 세계의 인식은 높아졌지만 공격도 늘었다고 소니아는 말한다. 비유적 의미가 아니라, 원주민과 숲 지킴이를 향한 폭력과 살인이 저질러진다. 소니아는 "말이 아니라 실제로 우리를 죽이고 있다"며 "인종차별이 매우 잔인한 방식으로 나타나고 있다"고 했다. 국제 환경 단체 글로벌 위트니스에 따르면 콜롬비아에서는 2019년에만 64명이 불법 벌목꾼이나 기업에 고용된 것으로 보이는 괴한들에게 목숨을 잃었다. 필리핀·브라질·멕시코·온두라스 등 곳곳에서 일어난 일이다.[11]

'숲'만 보던 환경 운동의 흐름이 최근 들어 숲에 사는 사람들의 사회적 권리까지 끌어안는 쪽으로 바뀌어 가고 있다는 것은 좋은 징후다. 소니아는 "환경을 지키기 위한 싸움과 원주민들의 투쟁을 분리해 생각할 수 없음을 세계가 이해한 것 같다"며 이런 흐름을 반겼다. 하지만 여전히 갈 길이 멀다. "사람들은 우리를 알몸으로 걸어 다니며 깃털을 쓴 고대의 원주민처럼 대한다. 우리가 해온 투쟁과 저항에 대해서는 이야기하지 않는다. 도시에 살며 포르투갈어를 말하고 공산품을 쓴다면 더는 원주민이 아니라고 생각한다. 우리 역사의 일부인 살인, 학살, 성폭력을 외면한다."[12]

유럽에서 온 제국주의 점령군이 퍼뜨린 천연두에 중남미 원주민이 절멸 위기로 몰린 역사는 과거만의 일이 아니다. 현대의 전염병에도 원주민 집단은 가장 취약하다. 2020년 봄 브라질 원주민에게 코로나19의 확산은 치명적이었다. 이미 브라질이 미국에 이어 코로나19 최대 피해국이지만 아마존 열대우림에 흩어져 부족 생활을 하는 원주민의 경우 당국의 집계보다 피해 상황이 훨씬 심각하다. 기본적인 의료 인프라에 대한 접근성이 낮기 때문이다. 브라질 원주민협회에 따르면 2020년 6월 기준으로 브라질 전역의 코로나19 치사율이 5.1퍼센트인데 원주민의 치사율은 8.8퍼센트에 이른다.[13] 세계적인 다큐멘터리 사진작가 세바스티앙 살가두가 온라인 청원에 나선 것도 이들을 위해서였다. 고령의 사진작가는 청원에서 이렇게 밝혔다.

"경제 발전이라는 거짓말"
막시마 아쿠냐

115

아마존 원주민의 영토는 오랫동안 산림 파괴, 방화, 강물 오염 등으로 침범당해 왔습니다. 원주민 보호 정책이 당장 시행되지 않으면 코로나19 때문에 그들은 사라집니다. 정착민이 가져온 질병 탓에 원주민이 무너져 내린 지 5세기가 지났습니다. 대다수 민족이 몰살됐습니다. 코로나19라는 새로운 재앙이 브라질 전역에 빠르게 퍼지고 있습니다. 이를 막아 내지 못하면 아마존에 고립돼 살아가는 원주민들이 완전히 사라질 수도 있습니다. 이들의 정신과 문화, 아름다움과 다양성을 옹호하는 사람으로서, 보우소나루 대통령과 의회, 사법부 지도자들에게 원주민을 즉각 보호할 조치를 취할 것을 촉구합니다. 그들이 사라진다면 브라질의 큰 비극이자 인류의 큰 손실이 될 것입니다. 지체할 시간이 없습니다.[14]

플랜테이션에, 벌목에, 건설에 땅을 빼앗긴 원주민들은 어디로 가서 어떻게 살까. 여러 나라에서 원주민들의 기본적 생활환경이 나아지고 있지만, 라틴아메리카 전체의 경제 수준이 높아진 것에 비하면 여전히 이들의 상황은 열악하다. 원주민과 비원주민의 차이는 좁혀지지 않고 있다. 원주민은 인구의 7~8퍼센트가량이지만 빈곤층의 14퍼센트가 원주민이다. 극빈곤층으로 가면 그 비율은 17퍼센트로 늘어난다.

무엇보다 도시로 가는 원주민이 많아지면서, 아마존 열대우림 등에 남아 있는 원주민들의 비율과 도시로 흘러든 원주민 비율이 비슷해지고 있다. "전통적으로 원주민에게 땅은 역사적 연속성, 정체성, 자기 결정권을 뜻했다. 그렇지만 이제 라틴아메리카 원주민의 49퍼센트는 도시에 산다. 땅을 빼앗겼거나, 살던 곳이 생태적으로 고갈됐거나, 갈등과 폭력 또는 자연재해로 어쩔 수 없이 떠나야 했기 때문이다. 물론 의료보험이나 교육, 시장 접근성 같은 기회를 찾아 도시로 이주한 경우도 있다."[15]

도시로 간 원주민 세 명 중 한 명은 빈민촌에 살고 있다. 전기도 없이, 위생이 열악한 환경에서 살아가는 비율도 비원주민에 비해 여섯 배에 달한다. 원주민이 기존 질서를 뒤집고 기득권을 타파하기란 결코 쉽지 않다.

특히 이들의 목소리를 반영하고 정책화하는 핵심 영역인 정치 분야에서 원주민들은 늘 소외되어 있다. 현대 민주주의는 선거를 비롯한 제도들에 기반해 정책 이슈를 제기하고 이와 관련된 다양한 집단의 이해관계를 조정하는데, 원주민에게는 여기에 참여할 기반이 빈약하다. 조사 대상 21개국 중 8개국이 원주민 유권자를 위한 법과 절차를 만들었고, 6개국이 지방의회와 의회에 이들을 위한 의석을 할당했다. 원주민 선거 참여를 위해 정치·행정 제도를 바꾼 곳은 4개국에 그친다.

라틴아메리카 원주민들에게도 승리의 경험은 있다. 볼리비아의 안데스산맥에 위치한 코차밤바Cochabamba라는 지역에서 활동하던 에보 모랄레스가 2006년 원주민으로는 처음으로 볼리비아의 대통령이 된 것이다. 주변국들과 마찬가지로 볼리비아에서는 스페인 식민 지배가 끝난 이후에도 소수의 '유럽계' 엘리트들이 정권을 잡았다. 원주민을 비롯한 대부분의 주민은 하층계급으로 밀려났다. 1980년대 이후 민영화의 물결 속에 공공시설이 외국 자본, 특히 미국 기업들로 넘어가면서 분노가 쌓였다. 원주민들이 식용 혹은 약용으로 이용해 온 코카 재배가 '마약과의 전쟁'을 벌이라는 미국의 압박 탓에 금지되면서 원주민들의 분노는 극에 달했다. 원주민 공동체를 중심으로 활동가들은 코카 재배 합법화 운동을 조직했다.

물 민영화는 분노에 기름을 부었다. 2000년 볼리비아 정부가 수도 산업을 민영화하고 미국 회사 벡텔Bechtel이 빗물을 받아서 쓰는 것마저 금지하자 원주민과 농민, 노동자가 들고일어난 것이다. 모랄레스의 인지도를 전국적으로 끌어올린 '코차밤바 물 전쟁'이었다. 이 물 전쟁은 세계에 반향을 일으켰고, 정부는 결국 손을 들었다.

모랄레스는 이런 싸움들을 이끌었고 2005년 대선에서 승리를 거머쥐었다. 식민 지배 500년 역사를 통틀어 중남미에서 최초로 원주민 대통령이 탄생한 순간이었다. 2006년 1월 안데스 일대를 지배한 왕국의 수도였던, 티티카카호 남쪽 티아우아나코에서 열린 취임식에서 모랄레스는 "풍성한 검은 판초를 입고 있었다. 빨간색·녹색·노란색(볼리비아 국기 색)의 리본이 마치 화환처럼 그의 목과 어깨를 장식하고 있었다".[16]

그는 "볼리비아와 라틴아메리카, 그리고 세계의 원주민 형제자매들이여. 오늘 티아우아나코에서, 볼리비아에서 원주민에게 새로운 시대가 시작됩니다. 평등과 정의를 찾아가는 새로운 삶이 시작됩니다. 모든 민족에게 새로운 시대, 새로운 천년이 시작됩니다. 나는 오늘 마음이 벅찹니다"라는 말로 시작하는 취임사에서 격정적인 감정을 고스란히 드러냈다.

500년 동안 이어진 인디오의 저항이 헛되지 않았다고 말하고 싶습니다. 500년 저항의 역사를 통해 우리는 다음 500년으로 권력을 넘깁니다. 우리는 비난받고 굴욕당하고 인간으로서 인정받지 못했습니다. 그러나 지금 우리는 여기에서 그간 겪었던 불공평과 불평등, 억압을 끝낼 힘을 얻었다고 말하고 있습니다.[17]

모랄레스는 2010년 '기후변화 대응과 대지의 권리를 주장하는 세계민중회의'를 코차밤바에서 열었다. 기후변화를 비롯해 자연과의 조화, 원주민의 권리, 농업과 식량 주권 등 다양한 분야에서 실무 그룹이 만들어졌다. 원주민의 권리가 지구와 환경을 보존하는 것과 뗄 수 없는 관계라는 내용을 담은 합의문이 도출되었다.

기후변화는 이미 농업과 세계 원주민들의 삶의 방식에 심대한 영향을 끼치고 있다. 영향은 더욱 심화될 것이다. 우리는 모든 사람들과 생명체 및 대지가 물에 접근할 권리를 인정할 것을 요구하며 물을 기본 인권으로 인정하는 볼리비아 정부의 제안을 지지한다. 대부분의 산림과 열대우림이 원주민의 영토에 있음을 고려할 때 이 권리를 인정하고 보장하는 것이 산림과 열대우림을 보호할 최선의 전략이다.[18]

모랄레스는 3선에 성공해 2019년까지 집권하다가 대선 부정선거 시비에 휘말렸고, 군부가 나서면서 결국 쫓겨났다. 모랄레스의 영욕과 별개로 식민 지배가 시작된 지 500여 년 동안, 그리고 다국적기업을 앞세운 환경 파괴가 시작된 지 수십 년 동안 원주민들이 되풀이해 온 주장은 크게 달라지지 않았다. 이들은 어떤 미래를 꿈꿀까. 소니아 과자자라의 글을 통해 그들과 우리의 미래를 본다.

그 어느 때보다 위험이 심각해진 지금, 싸움을 시작해야 합니다. 좋든 싫든 지금 우리 모두는 이 싸움의 일부분입니다. 누구도 자유로울 수는 없습니다. 아마존에서 발생한 산불, 오스트레일리아의 숲에서 발화한 산불, 인도네시아의 홍수, 매년 나타나는 기록적인 고온 현상……. 이제 더 허비할 시간이 없습니다. 위기 상황입니다. 그리고 원주민 운동의 의미 또한 건강하고 살기 좋은 지구를 만드는 것과 광범위하게 연관돼 있습니다. 우리의 싸움이 여러분의 싸움입니다. 이게 바로 우리가 하고 있는 전쟁의 실체입니다.[19]

" 투표권이 아니면 총알입니다 "

노예의 성을 버린 흑인

맬컴 엑스

＼

항상 기억하십시오. 백인들에게 자유를 주는 데에 의원이나 대통령의 선언이 필요하지 않듯이 흑인에게 자유를 주는 데에도 법안이나 선언이나 대법원의 결정 따위는 필요하지 않습니다.

만일 흑인을 단결시키고 발전시키기 위한 철학이나 계획이 있는 목사를 만났다면 그 목사가 있는 교회에 다니세요. 전미유색인종지위향상협회에서 흑인 민족주의를 구체화할 설교와 실천의 길을 발견했다면 거기에 가입하세요. 인종평등회의[1]가 흑인 민족주의의 복음을 실천하고 있다고 생각되면 거기에 들어가세요. 흑인을 고양하는 복음을 가진 단체가 있다면 어느 조직에든 가입하세요. 그런데 그 조직이 망설이고 타협하는 태도를 보인다면 탈퇴하십시오. 그것은 흑인 민족주의가 아니니까요. 우리는 다른 조직을 찾으면 됩니다.

이런 방식으로 8월까지 조직의 수와 구성원이 늘어나고 질도 향상될 것입니다. 그렇게 되면 우리는 전국에서 모인 사람들, 흑인 민족주의의 정치·경제·사회철학에 관심이 있는 모든 사람들과 함께 흑인 민족주의자 전당대회를 열고자 합니다.

새로운 생각과 새로운 해법, 새로운 답안을 듣고 싶습니다. 그러고 나서 만약 흑인 민족주의 정당의 형태가 적당하다면 정당을 구성할 것입니다. 만약 흑인 민족주의 군대가 필요하다면 군대를 만들 것입니다. 투표권이 아니면 총알입니다. 자유가 아니면 죽음입니다.[2]

맬컴 엑스(1925~65)는 1925년 5월 19일 미국 네브래스카 주 오마하에서 태어났다. 원래 이름은 맬컴 리틀이다. 침례교 목사였던 아버지 얼 리틀은 흑인 민족주의자로서 '아프리카로의 귀환'을 주창한 마커스 가비(1887~1940)를 열성적으로 지지했다고 한다. 그래서 맬컴의 집은 백인 인종주의자 집단인

큐클럭스클랜KKK의 총격과 방화 등 테러를 당하기도 했다.

얼 리틀은 맬컴이 여섯 살 무렵인 1931년 트럭에서 떨어져 숨졌다. 당시 경찰은 사고사로 규정했으나, KKK에서 파생된 백인 우월주의 단체 '검은 군단'의 테러로 숨졌다고 보는 이들이 많다. 맬컴의 가정은 이 사건으로 산산조각 났다. 아버지가 사망한 뒤 어머니 루이즈는 신경쇠약에 걸렸고, 1938년에는 정신이상 판정을 받았다. 맬컴을 비롯한 여덟 남매는 입양되거나 고아원으로 흩어졌다. 루이즈가 정신병원에서 나온 것은 그로부터 24년이 지나서였다.

남매들 중 몇몇은 얼 리틀의 첫 부인 소생이었고, 맬컴 등 몇몇은 루이즈가 낳은 아이들이었다. 맬컴은 이곳저곳의 입양 가정을 전전하다가 1941년 보스턴의 흑인 중산층 거주 지역인 록스버리Roxbury로 옮겨 가 이복 누이와 함께 살았다. 고등학교에 다닐 당시 맬컴은 총명한 학생이었지만, 졸업 뒤에는 친구들과 어울려 다니며 비행을 저질렀고 끝내 강도 혐의로 기소돼 징역 10년형을 선고받았다.

감옥 생활이 인생을 바꾸었다. 맬컴은 교도소에서 배움에 다시 관심을 가졌고 이슬람으로 개종했다. 1952년 가석방될 때는 이슬람 종교 단체인 '네이션 오브 이슬람'NOI의 지도자인 일라이자 무하마드(1897~1975)의 추종자가 됐다. 무하마드는 본명이 일라이자 로버트 풀로, 아프리카계 미국인 무슬림을 이끄는 종교 지도자였다. 맬컴을 비롯해 권투 선수 무하마드

알리, 무슬림 운동가 루이스 파라칸 등의 멘토이기도 했다.

맬컴은 아프리카계의 정체성을 잃어버린 존재임을 상징하기 위해 '백인들의 노예가 되어 받은 성姓'인 '리틀' 대신 문자 '엑스'x를 택했다. 흑인을 노예화한 백인 사회를 경멸한 무하마드는 평등을 쟁취하려면 적극적으로 그들에게 대항하고, 미국에서 분리된 흑인들만의 무슬림 국가를 세워야 한다고 주장했다. 맬컴은 이런 강경한 흑인 해방론을 무하마드보다 훨씬 명료하고 설득력 있게 표현할 줄 알았다.

그는 비폭력주의를 내세운 마틴 루서 킹 목사와 극명히 대비됐다. 「나에게는 꿈이 있습니다」, 「약속의 땅을 봅니다」, 「베트남을 넘어, 침묵을 깰 때」 등 킹 목사의 유려한 연설문은 시적이기까지 하다. 반면에 맬컴의 연설과 행동은 직설적이며 선동적이었는데, 이에 매혹된 흑인 강경론자들은 맬컴 엑스를 킹 목사의 대안으로 받아들였다.

1950년대 후반에 맬컴은 NOI의 핵심 지도자로 부상했고 무하마드보다 큰 명성을 얻었다. 설상가상 무하마드가 여성 조직원 여섯 명과 성관계를 가져 혼외 자식을 둔 사실이 드러났다. 실망한 맬컴은 1964년 3월 NOI에서 나와 '무슬림 모스크 Inc.'라는 종교 단체를 만들었다. 그해 말에 있을 대선 경선을 앞두고, 맬컴은 4월 3일 오하이오주 클리블랜드에서 미국 민주주의를 통렬히 비판했다. 선거로 흑백 평등이 이뤄지지 못하면 흑인들은 총을 들고라도 싸워야 한다고 말했다.

기다림을 끝낼 시간입니다. 어떤 백인도 나의 권리에 대해 나에게 말해 주지 않습니다. 형제자매여, 항상 기억하십시오. 백인들에게 자유를 주는 데에 의원이나 대통령의 선언이 필요하지 않듯이 흑인에게 자유를 주는 데에도 법안이나 선언이나 대법원의 결정 따위는 필요하지 않습니다. 여러분이 백인에게 알려 주십시오. 이 나라가 자유국가라면, 자유국가로 그냥 두라고. 자유국가가 아니라면, 자유국가가 될 수 있도록 바꾸라고.

상대가 폭력을 쓰지 않는 한, 우리는 폭력 없이 문제를 풀고자 하는 사람 누구와도, 언제 어디에서나 협력할 수 있습니다. 그러나 상대가 폭력적으로 변하면 우리도 폭력적이 될 겁니다. 유권자 등록 운동을 함께하면서 여러분과 일할 수도 있고, 집값 문제와 관련한 파업을 함께할 수도 있습니다. 등교 거부 운동도 함께할 수 있습니다. 그러나 저는 어떤 종류의 통합도 믿지 않습니다. 여러분이 통합을 얻어 낼 수 없는 것은, 여러분이 죽음을 두려워하기 때문입니다. 백인과 맞서 싸우려면 여러분은 죽을 각오를 해야 합니다. 미시시피주에서, 그리고 바로 이곳 클리블랜드에서 멍청한 백인들이 폭력을 쓴다면 우리도 폭력으로만 정의를 얻을 수 있습니다.

하지만 학교 보이콧에서는 여러분과 함께할 것입니다. 우리는 흑인과 백인을 분리하는 학교 제도에 반대하기 때문입니다. 분리된 학교는, 학생들이 모두 흑인인 학교를 지칭하지 않습니다. 흑백이 분리된 학교는, 학교라는 곳에 전혀 관심이 없는 사람들이 통제하는 학교를 말합니다.

흑인이 노예 신분에서 '해방'된 지 오래이고, 투표권을 부여받은 지도 꽤 지난 시점이었다. 하지만 맬컴이 보기에, 그리고 모든 흑인들이 보기에 미국은 인종차별이 여전했다. 맬컴과 같은 흑인 운동가들을 강경 투쟁으로 내몬 것은 미국의 극심한 '인종 분리'였다. 실제로는 '인종 지배'에 가까운 인종차별이, 미국에서는 노예해방 이후에도 '평등하지만 분리한다'는 이름의 규칙으로 지탱되고 있었다.

사람들은 백인의 구역을 분리된 공동체라고 말하지는 않습니다. 그렇게 불리는 것은 모두 흑인 구역입니다. 왜일까요? 백인은 그들의 학교, 은행, 경제, 정치 등 모든 것, 즉 공동체를 스스로 통제하기 때문입니다. 그런데 그들이 여러분의 것까지 통제하고 있습니다.

여러분이 다른 이에게 통제받고 있다면 차별당하고 있는 겁니다. 그들은 항상 자신들이 내줄 수 있는 것 중에서 가장 질 낮고 나쁜 것만을 줄 겁니다. 여러분 자신을 직접 통제할 수 있어야 합니다. 백인이 자기네 것을 통제하듯 우리도 우리 것을 장악해야 합니다.

분리segregation를 끝내는 가장 좋은 방법이 무엇인지 아십니까? 백인들은 통합보다 결별separation을 더 두려워합니다. 분리는 백인들이 여러분을 멀리 떼어 놓는 것을 의미하지만, 여러분이 그들의 통제권에서 충분히 벗어나게끔 보장한다는 뜻은 아닙니다.

그런데 결별은 여러분이 그들에게서 떠나 버린다는 것을 의미합니다. 백인 입장에서는 여러분이 결별하고 떠나게 두느니, 여러분을 통합하는 게 더 빠를 겁니다. 우리는 분리 교육에 맞서 여러분과 함께 싸울 겁니다. 왜냐하면 분리 교육은 그렇게 어긋나고 치우친 교육에 노출된 어린이들의 마음에 파괴적인 영향을 주는 범죄이기 때문입니다.

＼

이어지는 연설에서 맬컴의 어조가 격앙된 데에는 1963년 9월 15일 앨라배마주 버밍햄에서 일어난 '16번가 침례교회 사건'이 영향을 미쳤다. 일요일인 이날 흑인들이 주로 다니는 이 교회에 누군가가 폭탄 테러를 저질러 흑인 소녀 네 명이 숨졌다. 흑인 민권운동이 들불처럼 일어나게 한 사건이었고, 1964년 민권법이 통과되는 것과도 무관하지 않았다.

맬컴이 정말로 '무장투쟁'을 선동했는지에 대해서는 논란의 여지가 있다. '투표가 아니면 총알'이라고 하면서도, 그는 자신의 강경론이 백인들의 경계를 불러일으켜 공격받을 소지가 다분하다는 사실을 알았다.

마지막으로, 제가 이야기할 중요한 논점이 하나 더 있습니다. 정부가 흑인들의 생명과 재산을 보호할 의지가 없거나 그럴 능력이 없다고 입증된 곳에서는 흑인들이 스스로를 보호할 때가 됐다고 저는 말해왔습니다.

수정 헌법 2조에 따라 여러분과 저는 소총·엽총을 소지할 권리가 있습니다. 그렇다고 엽총을 사서 군대를 만들고 백인들을 찾아 나서라는 뜻은 아닙니다. 제가 말하고 싶은 것은, 여러분이 총을 사는 것이 정당하다고, 그럼에도 그것이 불법이 될 것이고, 우리는 불법적인 일은 하지 않으리라는 점입니다. 흑인이 엽총이나 소총을 사는 걸 백인들이 원치 않는다면, 그렇다면 정부가 제 할 일을 다하게끔 만들면 됩니다.

지금 1964년에 저들이 깨닫게 해야 합니다. 만일 정부를 제대로 운영하지 못한다면, 여러분과 제가 세금을 낸 대가로 당연히 받아야 할 보호를 제공하지 못한다면, 수십억 달러의 예산을 자기네들만을 위해 쓴다면, 여러분과 제가 12달러 혹은 15달러를 들여 총을 사는 걸 막지는 못하리라고.

백인들은 우리가 기도하는 사이에, 자신들이 가르쳐준 바로 그 신에게 우리가 기도하는 사이에, 언제든 교회를 폭파하고 차가운 피로 살인을 저지를 수 있습니다. 그것도 어른이 아닌 소녀 네 명을 말입니다. 그렇게 한들 이 정부는 누가 그런 짓을 했는지 찾아내지 않음을 여러분과 저는 봐서 알고 있습니다.

백인들은 아르헨티나 구석에 숨어 있던 아이히만을 찾아낼 수 있습니다. 저 멀리 떨어진 남베트남에서 모종의 일에 개입한 미군 두세 명이 살해되면 전함까지 보내겠지요. 자기네들이 '자유선거'라고 부르는 걸 하게 만들고 싶다며 쿠바에 군대를 보내기도 하지요. 정작 자기 나라에서도 자유선거를 시행하지 않는 백인들이 말입니다.

1964년 5월 맬컴 엑스는 아프리카계 미국인 단결기구를 설립했다. 그해 사우디아라비아 메카로 성지순례를 다녀온 그는 정치적 접근이 한결 부드러워졌고, 미래의 진정한 희망은 흑백 통합이라는 쪽으로 노선을 틀었다. 그 뒤로 그의 메시지는 인종과 종교를 넘어 수많은 이들에게 전파됐다.

하지만 일라이자 무하마드를 비난했다는 이유로 NOI 내부에는 맬컴 엑스에게 반감을 가진 사람들이 늘어났다. 1965년 2월 뉴욕에 있는 자택이 화염병에 불탔다. 일주일 뒤인 2월 21일, 맬컴 엑스가 뉴욕의 오듀본 볼룸Audubon Ballroom에서 연설을 시작하려던 순간 NOI 단원 세 명이 그에게 총을 쐈다. 당시 39세였다. 맬컴이 숨지고 몇 달 뒤인 1965년 8월 6일 존슨 대통령이 투표권법에 서명함으로써 미국 흑인들은 완전한 투표권을 얻었다.

앞으로 저를 다시 못 볼 수도 있고, 제가 내일 아침에 죽을 수도 있습니다. 그렇다면 한 가지만 말하겠습니다. 투표권이 아니면 총알을 달라고 말입니다. 1964년 지금, 멍청이 같은 의원이 흑인들의 권리를 두고 필리버스터(의사 진행 방해)를 하는 걸 보면서 기다리기만 해야 합니까. 그렇게 기다리는 흑인이 있다면, 여러분과 저는 부끄러움에 고개를 들지 말아야 합니다. 여러분은 1963년의 워싱턴 행진[3]을 이야기합니다만, 아무것도 이뤄지지 않았습니다.

작년과 같지는 않을 겁니다. 「우리 승리하리라」We shall overcome를 부르는 식은 아닙니다. 왕복표가 아닌 편도표만 끊을 겁니다. 흑인 민족주의자들은 기다리지 않을 겁니다. 민주당 대표 린든 B. 존슨이 시민권에 찬성한다면 다음 주 상원에 가서 선언하게 만들어야 합니다. 선거철까지 기다리지 말라고 존슨에게 말하십시오. 형제자매여, 만일 존슨이 계속 기다리고만 있다면, 그가 책임져야 할 겁니다. 이 나라에서 흑인들이 한 번도 꿈꾸지 못했던 무언가가 싹을 틔우고 결실을 맺을 수 있는 분위기를 만든 책임을. 1964년 그것은 투표권이냐 총알이냐의 선택입니다.

＼

흑인 투표권 투쟁 이후 미국의 변화를 가장 극적으로 보여준 것은 버락 오바마 대통령의 당선이었다. 2008년 대선에서 케냐 유학생과 미국 여성 사이에서 태어난 흑인 오바마가 승리했을 때 미국인들은 열광했다.

당시 대선 캠페인이 한창일 때 펜실베이니아주 피츠버그에 있는 오바마 선거 사무소를 방문한 적이 있다. 아프리카계 주민들이 많이 사는 노스하일랜드 거리의 사무실은 수십 명의 운동원들이 전화를 걸고 홍보물을 제작하느라 북적였다. 피부색과 나이는 제각각이었지만 스태프들과 자원봉사자들은 새로운 정치에 참여한다는 사실 자체를 만끽하는 듯했다.

프랑스 철학자 베르나르-앙리 레비는 2006년 미국 대선 때 존 케리를 후보로 공식 선출한 민주당 전당대회를 참관한 느낌을 『아메리칸 버티고』에 담았다. 당시 케리 지지 연설을 하기 위해 올라온 젊은 정치인 오바마는 '다음은 나의 시대'를 예고하는 듯한 환호성을 이끌어 냈고, '콤플렉스 없는 흑인'이라는 새로운 인간 유형을 보는 듯했다고 레비는 적었다.

하지만 오바마 대통령이 선출된 이면에는 피와 눈물로 얼룩진 미국 '흑인 정치사'가 있었다. 오바마 후보가 선풍적인 인기를 끌고 승리가 가시화되던 시점에도, 미국이 세워진 이래 희망과 좌절을 반복해 겪어 온 흑인들 사이에서는 기쁨과 불안감이 교차했다. 인종 폭력이 되풀이될지 모른다는 공포였다. 실제로 오바마를 암살하려는 계획을 세운 극단적 인종주의자 일당이 대선 직전인 2008년 10월 테네시주에서 체포되기도 했다.

오바마가 대통령에 출마했을 때, 6년 임기의 연방 상원 의원 100명 중 흑인은 오바마뿐이었다. 그때까지 역사를 통틀어도 오바마를 포함해 세 명에 불과했고 재선된 사람은 없었다. 1980년대만 해도 흑인 하원 의원을 배출한 전례가 있는 선거구는 시카고와 볼티모어 등 10곳에 불과했다. 미국 흑인들은 대공황을 거치고 1940년대 '대이주'를 통해 전국에 뿔뿔이 흩어졌는데, 이 때문에 인구 비율상 흑인 우세 지역이 사라진 것도 흑인 정치인들이 성장하지 못하게 가로막는 요인이 됐다.

최초의 흑인 합참의장·국무장관을 지낸 콜린 파월, 백악관 국가안보보좌관을 거쳐 국무장관을 역임한 콘돌리자 라이스,

오바마 정부 때 유엔 대사와 국가안보보좌관을 했던 수전 라이스 등 두드러진 인물도 몇몇 있긴 했으나 민선 정치인 중 흑인들은 여전히 소수다. 최초의 흑인 주지사였던 루이지애나주의 핑크니 핀치백은 1872년 35일 임기를 지키는 데에 그쳤다. 임기를 온전히 채운 흑인 주지사는 1990년 버지니아주 주지사로 당선된 더글러스 와일더가 처음이었다.

미국에서 아프리카에 뿌리를 둔 흑인들을 가리키는 말은 시대와 함께 변화해 왔다. 1960년대 흑인 민권운동이 꽃피우기 전까지는 '니그로'negro(깜둥이)라는 경멸적인 호칭이 여과 없이 사용됐다. 엉클 톰, 짐 크로Jim Crow(까마귀 짐) 같은 별칭도 많이 쓰였다. 1970년대에는 흑인들 사이에 '블랙'black을 긍정적인 의미로 받아들이자는 흐름이 생겨나 "검은 것이 아름답다"는 모토가 유행하기도 했다. 하지만 아시아계 등 여러 이민자들과 달리 유독 흑인들에 대해서만 피부색을 거론하는 것은 정치적으로 올바르지 않다는 주장이 힘을 얻으면서 혈통을 나타내는 '아프로-아메리칸'Afro-American이라는 말이 1980년대부터 쓰이기 시작했다. 1990년대 이후로는 '아프리카계 미국인'African American이라는 용어가 보편화됐다. 하지만 오바마가 백악관에 들어간 뒤에도 대통령을 가리켜 니그로를 지칭하는 'N 워드'를 쓰는 이들이 있었다.

대통령조차 차별에서 자유로울 수 없는데, 보통의 흑인들은 어떨까. 오바마 시절인 2014년 미주리주 퍼거슨에서 백인 경찰이 흑인 청년을 사살했다. 백인 경찰이 기소조차 되지 않자 흑인들의 거센 항의 시위가 일어났으며 뿌리 깊은 인종차별이 다시 도마에 올랐다.[4]

퍼거슨 사건으로부터 6년이 지난 2020년 5월, 미국은 "숨을 쉴 수 없다"I can't breathe는 구호로 덮였다. 흑인 남성 조지 플로이드가 미네소타주 미니애폴리스에서 백인 경찰에게 9분간 눌려 숨져 가며 남긴 말이었다. 백인 경찰이 흑인을 살해할 때마다 거리로 나선 시민들이 "흑인의 목숨도 중요하다"Black lives matter라고 외쳤음에도 비극이 되풀이되자 분노는 극으로 치달았다. 미국 여러 도시가 시위와 약탈과 최루탄과 곤봉으로 아수라장이 됐다. 대도시들에는 야간 통행 금지령이 내려졌고, 주 방위군들이 투입됐다. 도널드 트럼프 대통령은 인종주의를 오히려 자극히고 선동하는 발언을 이어갔다.

플로이드 사건 뒤 미국의 구조적·제도적 인종주의를 지적하는 목소리가 곧바로 터져 나왔다. 검찰·경찰 개혁을 촉구하는 흐름에 힘이 실렸고, 미국뿐만 아니라 세계에서 '흑인 노예'를 사고판 제국주의를 반성하고 비판하는 움직임도 일어났다. 흑백 불평등을 넘어 미국 원주민을 비롯한 소수집단에 대한 차별까지 환기되는 풍경은, 더딜지라도 이제 거스를 수는 없는 변화의 방향을 엿보게 한다.

> **"**
> # 저는 여러분 앞에 서있습니다
> **"**

일본이 숨긴 소수민족

아이누

아이누어로 대지를 '우레시파모시리'라 부릅니다. 만물이 서로를 키우는 곳이라는 뜻입니다. 원주 민과 비원주민 사이의 '새로운 파트너십'은 시대 의 요청에 부응하고 국제사회에 크게 기여할 것 입니다.

각국 정부 대표 여러분, 그리고 형제자매인 원주민 대표들께 아이누를 대표해 인사드립니다. 오늘은 유엔이 지정한 '인권의 날'이고, 1948년 세계인권선언이 채택된 지 45년이 되는 기념할 만한 날입니다. 또한 '세계 원주민의 해'가 시작되는 날로, 우리 원주민의 기억에 깊이 새겨질 것입니다. 덧붙여 오늘 12월 10일이 홋카이도와 쿠릴 열도, 사할린 남부에서 예전부터 독자적인 사회와 문화를 형성해 온 아이누의 역사에 특히 기념할 만한 날인 이유가 하나 더 있습니다.

불과 6년 전인 1986년까지 일본 정부는 우리의 존재 자체를 부정하면서 세계에 유례가 없는 '단일민족국가'라고 자랑해 왔습니다. 그런데 여기 유엔에서, 이렇게 우리의 존재를 확실히 알릴 수 있게 됐습니다. 이 기념식이 몇 년 전에 열렸다면 저는 아이누의 대표로 이 연설을 할 수 없었을 겁니다. 아이누는 일본 정부의 눈에는 결코 존재해서는 안 되는 민족이었으니까요. 하지만 거정할 것 없습니다 유령이 아닙니다. 저는 여러분 앞에 서있습니다.

19세기 후반 '홋카이도 개척'이라 불리는 대규모 개발 사업 탓에 아이누는 일방적으로 토지를 빼앗기고 강제로 일본 국민이 되었습니다. 일본 정부와 러시아 정부가 국경을 정하면서 대대로 내려온 영토가 분할돼 많은 동포들이 강제 이주를 당했습니다.

일본 정부는 처음부터 강력한 동화정책을 밀어붙였습니다. 아이누는 아이누어를 쓰지 못하게 됐고 전통문화는 부정당했습니다. 경제생활이 무너지고 억압받고 수탈당하며 심각한 차별을 겪었습니다. 강에서 물고기를 잡으면 '밀어'密漁라 하고, 산에서 나무를 베면 '도

벌'盜伐이라 하니 우리는 선조들의 땅에서 민족으로서 전통 생활을 이어가지 못하게 된 것입니다.

어느 땅에서나 원주민들은 이런 일을 겪습니다. 제2차 세계대전이 끝난 뒤 일본은 민주국가로 거듭났지만 동화주의 정책은 지속됐고 극심한 차별과 경제적 격차가 여전합니다. 아이누는 1988년 이래로 민족의 존엄과 권리를 보장하는 법률을 만들라고 정부에 요구해 왔습니다. 그러나 일본은 우리의 권리를 선주민의 권리로 생각하지 않고 있으며, 몹시 불행하게도 정부는 우리의 상황을 적극적으로 검토하지 않고 있습니다.

그러나 제가 오늘 여기에 온 것은 과거를 곱씹기 위해서가 아닙니다. 아이누는 '세계 원주민의 해'의 정신에 따라 일본이나 유엔 회원국들에 원주민과 '새로운 파트너십'을 맺을 것을 촉구합니다. 우리 원주민 전통 사회의 가장 중요한 가치인 협력과 대화를 통해 지금의 불법적인 상태를 해결할 것을 요구합니다.

이는 결코 일본 내의 문제에 그치지 않습니다. 일본 밖에서도 일본 기업의 활동이나 일본 정부의 대외 원조가 곳곳에서 살아가는 원주민의 생활에 심각한 영향을 미치고 있습니다. 이는 일본 내 원주민에 대한 그들의 무관심과도 이어집니다. 새로운 파트너십을 경험함으로써 일본 정부가 아이누뿐만 아니라 모든 원주민에 대한 책임을 깨달으리라고 확신합니다.[1]

노무라 기이치(1914~2008)는 태평양에 면한 일본 홋카이도의 바닷가 마을 시라오이白老町에서 태어났다. 아이누 어민의 아들이었다. 1960년 홋카이도아이누협회[2]에 들어가 아이누의 자치와 문화 보전을 요구하는 운동에 뛰어들었다. 1964년부터 1996년까지 30년 넘게 이 단체를 이끌며 아이누 운동을 주도했다. 앞서 소개한 연설은 '세계 원주민의 해'인 1992년 12월 10일 유엔 총회에서 노무라가 한 연설이다.

아이누는 일본에서 '에조'蝦夷 혹은 '우타리'라고 불린 북방의 소수민족이다. 일본 동북부 홋카이도와 러시아 사할린, 쿠릴열도, 하바롭스크, 캄차카반도 일대에 산다. 2017년 기준으로 일본의 아이누 인구는 1만 3000여 명,[3] 러시아 쪽에는 몇십 명에서 몇 백 명 단위의 소집단들만 남아 있는 것으로 추정된다.[4]

아이누의 역사는 일본열도의 신석기시대 격인 조몬繩文 시대(기원전 1만 4000년~기원전 300년)로 거슬러 올라간다. 원주민인 아이누는 독자적인 언어와 문화를 유지하며 살아왔다. 일본인을 비롯한 동북아시아 민족에 비해 피부색과 머리 색깔이 밝은 편이고, 신체적으로 '서구인'과 비슷하다고 알려져 있다.

수렵과 농경을 하며 살아온 아이누가 '일본'과 본격적으로 만난 것은 9세기 초다. 일본인들이 북방으로 진출하면서 땅을 둘러싼 싸움이 벌어졌고, 14~16세기 무로마치시대에 일본과 아이누 사이에 전쟁이 이어졌다. 17~19세기 에도시대에 이르면 양측의 분쟁과 교역이 모두 늘었다.

아이누가 일본인이 되는 과정은 일본이 열도의 소수민족을 '내부 식민지'로 만든 과정이었다. 교역을 통해 일본인들은 아이누에게 상품을 팔았고, 동시에 천연두 같은 전염병도 전파했다. 아이누의 일본화도 함께 진행됐다. 18세기에 8만 명에 이르렀던 홋카이도의 아이누는 1868년이 되자 1만 5000명으로 줄어든 것으로 추정된다. 그해 일본에서 일어난 메이지유신은 일본뿐만 아니라 아이누의 역사에도 큰 변화를 가져왔다. 홋카이도가 일본 땅이 된 것이다.

일본의 홋카이도 정벌은 한순간에 이뤄지지 않았고, 아이누의 저항도 산발적으로 지속됐다. 이는 서구 제국이 아프리카나 라틴아메리카를 식민지화한 과정과 비슷했다. 당국은 '와진'倭人, 즉 일본인들을 홋카이도의 아이누 땅으로 이주시켰다. 이 과정은 '다쿠쇼쿠'拓殖, 즉 식민을 뜻하는 일본 용어인 '척식'이라 불렸다(일본이 훗날 조선을 수탈하기 위해 만든 동양척식주식회사의 그 '척식'이다). 이주해 간 일본인들은 유럽인들이 북미에서 원주민 땅을 빼앗았듯이 '가이타쿠'開拓를 통해 아이누의 땅을 차지했다. 쿠릴열도 등 '북방 영토'를 둘러싼 일본과 러시아의 싸움까지 겹치면서 아이누 집단은 분열을 겪어야 했다. 아이누는 선주민으로서 권리는커녕 독자적인 민족이라는 사실마저 부정당했다. 1899년 일본 정부가 만든 법은 아이누의 존재를 인정하지 않았다.

『강이, 나무가, 꽃이 돼 보라』*The Japan We Never Know*는 자이니치(재일 한국인), 오키나와인, 부라쿠민, 아이누 등 일본에서 차별당하고 핍박받아 온 사람들을 찾아다니며 그들의 투쟁과 생명력을 들여다본 일종의 여행기다. 저자인 데이비드 스즈키는 캐나다에 이민 간 일본인 2세이고, 쓰지 신이치는 아버지가 '자이니치'라는 사실을 성인이 되어서야 알게 된 일본인이다. 그래서 책은 일본의 또 다른 단면들을 찾아다니는 여행인 동시에, 그들 스스로가 자신들의 부모, 즉 '뿌리'와 대면하는 여행이 된다.

영어판 원제대로 책은 '우리가 전혀 모르는 일본'의 모습이다. 지지들은 일본 사회의 균열점을 찾아다니며 일본 사회의 '오늘'을 만든 '어제'의 민낯과 맞부딪친다. 태평양전쟁을 일으키고 아시아 여러 나라를 점령하고 조선을 식민지로 만들어 씻기 힘든 상처를 남긴 일본은 자신의 땅에서도 다르지 않았다. 내부 식민지 없는 제국주의 국가는 없다. 일본에서는 이미 조선을 점령하기 전에 아이누가 정벌 대상이 되어 내부의 식민지로 전락했고, 조선을 삼킨 뒤에는 자이니치가 국민 아닌 거주민으로 차별과 억압을 받아안아야 했다. 태평양전쟁이 끝난 이후로 지금까지도 오키나와는 일본 안의 식민지 구실을 하고 있다.

"저는 여러분 앞에 서있습니다"
아이누

책에는 힘겨운 싸움을 벌이며 자신의 존재를 증명해 온 아이누의 목소리가 적혀 있다. 일본은 그들을 보호구역으로 몰아넣고 창씨개명과 일본어 교육을 강요했다. 아이누 아이들은 억지로 제국주의 교육을 받았고, 일본 제국주의의 신민이 돼야 했다.

열아홉 살 때 저는 길린이라는 다른 소수 종족 청년과 결혼을 했습니다. 그런데 남편이 6개월 뒤 전범으로 체포돼 시베리아로 끌려가고 말았습니다. 전쟁이 무고한 사람들을 그토록 불행하게 만든다는 사실을 그때 깨달았지요. 1952년에 저는 한국인과 결혼했습니다. 사할린에 있는 다른 많은 한국인들처럼, 그는 열다섯 살 때 일본인들에게 납치돼 광산으로 끌려가서 강제노동을 했습니다. 전쟁이 끝나자 일본인들에게 버림받고 사할린에 홀로 남겨진 그는 어망 공장에서 일을 했지요.[5]

책에 나온 여성의 사연은 사할린의 아이누 여성이 맞닥뜨린 현대사의 단면을 보여 준다. 그 역사는 한국을 비롯한 아시아 피식민지 민족들의 역사와 겹친다.

＼

1960년대에 미국의 민권운동과 베트남전 반대 운동, 유럽의 68혁명 등 변화의 물결이 세계를 휩쓸었다. 반전·평화, 평등의 구호 속에 세계의 원주민 운동도 전기를 맞았다. 이후 몇 년 동안 흑인들의 민권운동에 영향을 받아 북미의 원주민들이 대거 권리를 주장하는 운동에 나섰다. 1973년 2월 일어난 '운디드니Wounded Knee 점거'가 대표적인 사례다. 1890년 미국 사우스다코타주의 운디드니에서 백인들이 라코타족 원주민 300여 명을 학살했다. 그로부터 83년 뒤, 미국인디언운동이라는 단체에 소속된 라코타족 원주민 200여 명이 운디드니의 마을을 점거하고 학살의 역사에 항의하며 정당한 대우를 요구했다. 오스트레일리아, 뉴질랜드에서도 애버리지니와 마오리족이 비슷한 요구를 내걸고 거리로 나섰다. 스칸디나비아반도에서도 사미 등 소수민족들이 경제적·사회적 차별에 항의하며 목소리를 냈다. 1973년 덴마크 코펜하겐에 그린란드와 캐나다의 극시방 소수민족들이 모여 북극민족회의를 열었다.[6] 이듬해에는 사우스다코타주의 '스탠딩록 수' 부족 거주 지역에 아메리카 원주민들이 모여 회의를 열고 국제인디언조약협의회를 탄생시켰다. 1975년에는 이 협의회의 선언[7]대로 캐나다의 브리티시컬럼비아주에서 최초의 원주민국제회의가 열렸다.

유엔도 이 흐름에 있었다. 1971년 경제사회이사회는 '결의안 1589'를 채택하고 원주민 차별을 조사할 '소수집단 보호와 차별 예방 소위원회'를 설치했다.[8] 1981년 '원주민집단 워킹그룹'WGIP이 만들어졌다. WGIP는 이후 유엔에서 원주민 권익을 꾀하는 행동을 이끌며 자리 잡았고 1993년 '원주민 권리선언' 초안을 작성했다. 유엔은 1994년 12월부터 2004년 12월까지를 '세계 원주민의 10년'으로 선언했다. 하지만 WGIP가 애써 만든 선언은 숱한 반대와 곡절을 겪었고 유엔 총회에서 마침내 채택된 것은 그로부터 한참 지난 2007년 9월에 이르러서였다. 게다가 원주민 인구가 많은 미국·캐나다·오스트레일리아·뉴질랜드는 반대표를 던졌다.[9]

민족임을 인정받고 일본 정부의 존중을 이끌어 내려는 아이누의 싸움이 본격화된 것은 세계의 흐름이 아이누의 권리 투쟁과 상호 작용했던 1970년대다. 당시의 선구적인 인물로는 1973년 『아누타리 아이누』 アヌタリ アイヌ라는 잡지를 만든 히라무라 요시미가 있었다. 아이누, 특히 아이누 여성의 목소리를 담은 이 잡지는 창간호에 운디드니 학살을 다룬 글을 실었으며 미국 흑인들의 민권운동도 다뤘다.[10]

홋카이도아이누협회에 소속된 노무라 기이치 등 12명의 아이누 활동가들은 1978년에는 미국 알래스카를 방문해 이누이트(에스키모) 원주민을 만나 자치 지역의 운영과 교육정책, 재정 관리, 천연자원에서 나오는 이익금 사용 등에 대해 들었다. 같은 해에 또 다른 팀이 캐나다를 방문해 원주민을 만나기도 했다. 1981년에는 오스트레일리아 캔버라에서 열린 세계원주민회의에 아이누 대표단이 처음 참가했다. 1984년 아이누 활동가들은 스칸디나비아반도 국가들을 돌며 사미족 등 토착민들과 만났으며 사미족 대표단이 홋카이도를 답방하는 등 연대

활동이 이어졌다.[11]

비슷한 시기에 일본에서는 부라쿠민의 권리 운동도 일어나고 있었다. 부라쿠는 촌락을 뜻하는 말로, 전근대 일본 사회에서 최하층을 구성하던 '천민' 주거지를 가리킨다. 이들은 메이지유신으로 신분제가 사라진 뒤에도 히사베츠부라쿠被差別部落, 즉 '차별받는 사람들'로 불리며 핍박받고 멸시당했다. 1976년 부라쿠해방동맹 활동가들이 홋카이도를 방문해 아이누와 교류하며 '해방운동'의 경험을 나눴다.[12]

그럼에도 이 기간에 일본 정부의 태도에는 본질적인 변화가 없었다. 1986년 9월 나카소네 야스히로 총리는 집권 자민당 행사에서 "미국에는 멕시코인과 푸에르토리코인처럼 평균적으로 (지적 수준이) 낮은 사람들이 있지만 일본은 고학력 사회"라고 발언했다. 큰 논란을 불러일으키자 나카소네 총리가 사죄 회견을 했지만 문제성 발언은 계속됐다. "일본은 단일민족국가"라는 그의 말에 홋카이도아이누협회가 공식 항의했고, 국회에서도 문제 제기가 이어졌다. 그러자 나카소네 총리는 중의원에서 이 문제를 언급하며 "일본 국적인 분들 중 이른바 차별받는 소수민족은 없다고 생각한다"면서 "[각국의 소수민족 보호 현황을 보고하는] 유엔 보고서에도 그렇게 적는 것이 옳다"고 말했다.[13]

홋카이도아이누협회는 '유엔에 가서 항의하고 일본 정부의 변화를 촉구하자'는 데에 뜻을 모았고, 이듬해인 1987년 스위스 제네바에서 열린 WGIP 회의에 아이누 대표가 처음으로 참석했다. 노무라 고이치는 이 회의에 아이누 전통 의상을 입고 갔다. 아이누의 목소리를 국제사회에 전하는 활동이 계속됐고, 1992년 노무라의 유엔 총회 연설은 그 정점이었다. 미국 미시간대 사회학자 기요테루 쓰쓰이는 저서 『권리가 힘을 만든다』에서 이 연설이 당시 세계 2위의 경제 대국인 일본을 강타한 '쿠데타'였다고 평가했다.[14]

＼

명목상 아이누를 비롯한 '모든 이들에 대한 차별'은 1947년 일본의 전후 헌법이 발효되며 사라졌다. 1984년에는 〈홋카이도원주민보호법〉北海道旧土人保護法이 만들어졌다. 그러나 일본의 아이누 관련 법은 오랜 세월이 지나도록 1899년 만들어진 〈홋카이도주민보호법〉北海道土人保護法案을 기본 틀로 삼고 있었다. 원주민을 '보호 대상'으로 규정했을 뿐 민족 정체성을 인정하지는 않았다.

변화의 물꼬를 튼 것은 1997년 3월 27일 삿포로 지방법원의 '역사적인 판결'이었다. 홋카이도 남부 사루가와沙流川강에 댐을 짓기 위해 당국이 아이누 주민의 땅을 강제수용 한 것은 위법이라고 법원이 판시한 것이다.

'피라-우투루', 일본어로는 비라토리平取町라 부르는 지역의 니부타니二風谷 마을은 아이누에게 문화적·역사적으로 중요한

곳이다. 1980년대 정부가 '홋카이도 개발'이라는 명분으로 이곳에 댐 건설을 추진하자 두 명의 아이누 땅 주인들이 거부하고 나섰다. 가이자와 다다시, 가야노 시게루였다. 가이자와는 『아이누, 나의 인생』アイヌわが人生을 써서 일본인들에게 토착민들의 삶을 알린 사람이기도 하다.

이들이 땅을 팔기를 거부하자 홋카이도개발국은 강제수용 규정을 만들어 몰아냈다. 1992년 가이자와가 숨지자 그의 아들 가이자와 고이치, 가야노는 홋카이도개발국을 상대로 강제수용 무효 청구 소송을 냈다. 1993년 고이치는 '니부타니 포럼'이라는 공동체 조직을 만들었고, 여기에는 아이누뿐만 아니라 댐 건설을 비롯한 환경 파괴에 반대하는 '일본인' 주민까지 참여했다. 이들의 운동이 불러일으킨 호응은 컸다. 1994년 여름, 가야노는 아이누 최초로 상원 격인 참의원에 비례대표로 당선됐다.

소송에서 이겼지만 이미 댐이 지어져 실효성은 없었다. 그러나 원주민으로서 아이누의 존재를 법원에서 인정받았다는 의미가 있었다. 판결이 나오고 두 달 뒤 일본 의회는 아이누의 문화를 보호하는 내용을 담은 법률 두 건[15]을 통과시켰다. '아이누신포'アイヌ新法라 불린 이 법률들이 제정됨으로써 1899년의 법체계가 100여 년 만에 수정된 셈이다. 2007년에는 사루가와강 일대 아이누 지역이 정부의 '중요 문화적 경관'으로 지정됐다.[16]

2008년 6월 일본 의회는 정부에 아이누를 원주민으로 인정할 것을 요구하는 결의안을 채택했다. 이를 받아들인 정부는 아이누가 독자적인 언어와 문화, 종교를 가진 민족임을 인정하고 "근대화 과정에서 아이누가 차별을 받고 빈곤으로 내몰렸다는 역사적인 사실"을 시인한 성명을 냈다. 하지만 아이누가 법을 통해 민족으로 인정받기까지는 그 뒤로도 오랜 시간이 걸렸다. 2019년 4월에야 홋카이도의 아이누를 일본의 원주민으로 명시한 '아이누시책추진법'이 통과됐다.[17] 이어 9월 내각은 이를 시행하기 위한 기본 방침을 의결했다. 이를 보지 못하고 10여 년 전 세상을 떠난 노무라 기이치가 1992년 아이누를 대표해 유엔에서 했던 연설은 이렇게 마무리된다.

일본처럼 동화주의가 강한 산업사회에 사는 원주민으로서 아이누는 여러 종류의 종족 말살과 관련해 유엔이 원주민 권리를 보장하는 국제 기준을 시급히 정하기를 요청합니다. 또한 원주민 권리를 고려하는 전통이 약한 아시아 지역의 원주민으로서 아이누는 유엔이 원주민 권리를 감시하는 국제기구를 하루빨리 만들고 그 운영에 필요한 재정적 조치에 각국이 적극적으로 나서게 할 것을 요청합니다. 아이누는 오늘날 유엔에서 논의되고 있는 모든 원주민 권리를, 대화를 통해 일본 정부에 요구할 생각입니다. 여기에는 민족자결권 요구도 들어 있습니다. 그러나 우리 원주민의 민족자결권 요구는 정부가 우려하듯이 '국민적 통일'과 '영토 보전'을 결코 위협하지 않습니다. 우리

가 요구하는 고도의 자치를 위한 기본 원칙은 우리의 전통 사회가 길러 온 '자연과의 공존과 대화를 통한 평화'입니다. 이는 기존의 국가와 같은 것을 만들어 대결하려는 것이 아니라, 우리 고유의 가치에 따라 민족의 존엄한 사회를 유지·발전시키고 여러 민족의 공존을 실현하려는 것입니다. 아이누어로 대지를 '우레시파모시리'ウレシパモシリ라 부릅니다. 만물이 서로를 키우는 곳이라는 뜻입니다. 냉전이 끝나고 새로운 국제 질서가 모색되는 시대에 원주민과 비원주민 사이의 '새로운 파트너십'은 시대의 요청에 부응하고 국제사회에 크게 기여할 것입니다. 인류의 희망찬 미래를 더욱 풍요롭게 하는 것이야말로 우리 원주민의 바람임을 말씀드리며 연설을 마치겠습니다.

이야이 라이케레イヤイライケレ.[18] 감사합니다.

3부

민주주의를
요구한다

"
내 행동의 힘을 깨달은 순간
"

유엔 회의장에 선 배우

메건 마클

참정권은 단순히 투표할 권리를 넘어 그것이 대표하는 무언가를 의미합니다. 여러분의 미래를 위한 선택에, 공동체를 위한 선택에 참여하는 기본적인 인권 말입니다. 여러분이 속해 있는 세계의 일부가 될 수 있도록 해주는 소속감과 목소리 말입니다.

20년 전쯤 베이징 컨퍼런스가 열렸을 때 고향인 로스앤젤레스에 있었어요. 열한 살 때였는데 내가 무엇을 할 수 있는지에 대한 생각을 완전히 바꿔 버린 사건이 있었습니다. 텔레비전을 보는데 광고가 나왔어요. "미국 전역의 여성들이 기름진 냄비와 팬과 싸우고 있습니다"라는 문구가 담긴 식기 세척제 광고였죠. 같은 반 남학생 두 명이 "그래, 여자는 부엌에 있어야지"라고 말했어요.

충격을 받았고 화가 났고 상처가 컸습니다. 옳지 않은 일이니 뭔가 해야 한다고 생각했습니다. 집으로 돌아가 아빠에게 이야기했더니, 편지를 쓰면 어떻겠느냐고 하셨어요. 누군가 제 말을 들어주길 원한다면 가장 영향력 있다고 생각하는 사람들에게 이야기해 보라고요. 그렇다면 퍼스트레이디에게 편지를 써야겠다고 생각했어요. 그래서 힐러리 클린턴에게 편지를 썼습니다. 또 어린이 뉴스 프로그램을 신행하던 린나 엘러비에게도 썼고, 힘 있는 변호사인 글로리이 앨러드에게도 썼습니다. 마지막으로 제조업체에도 편지를 보냈죠. 몇 주 뒤 놀랍게도 힐러리 클린턴, 린다 엘러비, 글로리아 앨러드로부터 격려의 편지를 받았습니다. 내 이야기를 취재하겠다고 카메라 제작진이 집으로 찾아왔습니다. 그리고 한 달쯤 지나 제조업체인 P&G가 광고를 바꿨습니다. "미국 전역의 '사람'들이 기름진 냄비와 팬과 싸우고 있습니다"라고요.

내 행동의 힘을 깨달은 순간이었습니다. 평등을 위해 일어섰고, 내 수준에서 작은 영향력을 만들어 낸 겁니다.[1]

"내 행동의 힘을 깨달은 순간"
메건 마클

부당함을 참지 않고 분노를 행동으로 연결해 변화를 이끌어 낸 열한 살 소녀의 이야기. 2015년 유엔여성기구가 여성의 날을 맞아 개최한 컨퍼런스에서 정치 참여와 리더십 친선 대사인 메건 마클(1981~)이 한 연설이다. 청중들의 박수갈채를 받았지만 당시만 해도 마클은 그리 알려지지 않았다. 텔레비전 쇼와 영화에서 활동하는 배우였고 자신의 이름을 내건 사업을 했으나 세계적인 인지도를 갖고 있지는 않았다.

그와 이 연설이 유명해진 것은 영국 해리 왕자와 결혼하면서였다. 설명을 더 보태자면 흑인 어머니와 백인 아버지 사이에서 태어났고 이혼 경력이 있는 마클이 해리 왕자와 결혼했기 때문이었다. 마클이 영국 왕실에 발을 들여놓았을 때 사람들은 그의 태도나 생각보다는 사생활에 더 관심을 가졌다. 그러나 마클은 '왕실 사람'이 되기에 앞서 이미 자신을 '페미니스트'라고 선언했고, 인종차별을 뛰어넘어야 한다는 생각을 스스럼없이 표현하던 사람이었다.

\

열한 살 마클이 편지를 쓴 것은 1995년이다. 그해 9월 5일 중국 베이징에서 유엔 제4차 세계여성회의 총회가 열렸다. 마클이 말한 '베이징 컨퍼런스'로, 1985년 제3차 회의 이후 10년 만에 열렸다. 이 회의에서 남성과 여성이 동반자로 동등하게 대우받아야 한다는 '성 주류화'를 천명한 '세계여성회의 행동강령'이 채택됐다. 당시 미국 대통령 부인인 힐러리 클린턴의 연설은 여성 인권을 세계에 선언한 것으로 역사적인 의미가 있었다.

우리는 세계의 사례를 통해 여성이 건강하고 교육받으면 가족이 번영한다는 사실을 배우고 있습니다. 여성이 폭력에서 자유로우면 그 가족도 번영합니다. 여성에게 사회의 완전하고 동등한 파트너로서 일하고 돈을 벌 기회가 주어지면 그 가족이 번영합니다. 가족이 번영하면 지역사회와 국가도 번영합니다.

여성은 세계 인구의 절반 이상을 차지합니다. 세계 빈민의 70퍼센트가 여성이며, 읽고 쓰는 법을 배우지 못한 사람의 3분의 2가 여성입니다. 세계의 아이와 노인의 대부분을 일차적으로 돌보는 사람이 바로 여성입니다. 그러나 우리가 하는 일은 그 가치를 인정받지 못하는 경우가 많습니다. 경제학자도, 역사학자도, 대중문화에서도, 정부 지도자도 그 가치를 인정하지 않고 있습니다.

여성이 어떻게 살아야 하는지를 알려 주는 공식은 없습니다. 그래서 여성 개인이 자신과 가족을 위해 스스로 선택하는 바를 존중해야 합니다. 모든 여성은 타고난 잠재력을 실현할 기회를 누릴 자격이 있습니다.

여성의 인권이 존중되고 보호받지 못하는 한, 여성이 완전한 존엄성을 얻을 수는 없습니다. 어느 누구도 종교적·정치적 박해, 체포, 학대 또는 고문의 두려움 때문에 침묵을 강요받아서는 안 됩니다. 슬

"내 행동의 힘을 깨달은 순간"
메건 마클

프게도 인권을 가장 빈번하게 침해받는 사람이 바로 여성입니다. 여성의 역사가 곧 침묵의 역사였기에 이런 학대는 너무도 오랫동안 계속되었습니다. 지금도 우리를 침묵하게 하려고 애쓰는 사람들이 있습니다.

차별과 불평등이 지금처럼 공공연히 자행된다면, 여성의 가치가 낮게 평가되고 여성에게 먹을 것을 적게, 가장 나중에 주고, 여성을 혹사하고, 여성에게 낮은 임금을 주고, 교육 기회를 부여하지 않고, 집 안팎에서 여성에게 자행되는 폭력을 놔두는 한, 인류가 평화롭게 번영하는 세계를 이룩할 힘을 끌어내지는 못합니다.[2]

클린턴이 이야기한 여성의 현실, 그리고 이 현실이 개선되면 인류 전체가 발전할 수 있다는 주장은 여전히 유효하다. 유엔여성기구에 따르면 여성 실업자가 남성보다 더 많다. 2017년 세계 남성 실업률은 5.5퍼센트, 여성 실업률은 6.2퍼센트였다. 여성은 남성들이 받는 임금의 77퍼센트만 받는다.[3]

게다가 급여를 주지 않는 종류의 노동은, 경제가 돌아가는 데에 반드시 필요함에도 사회가 인식하지 못하거나 계산하지 않는다. 여성이 하는 무급 노동에 금전적 가치를 매긴다면 세계 국내총생산GDP 합계의 10~39퍼센트에 이를 것으로 추정된다. 또 세계 여성의 35퍼센트가 (성추행·성희롱보다 심각한 수준의) 성폭력을 경험하며 살아가는 것으로 추정된다. 매일 137명의 여성이 세계 곳곳에서 가족의 손에 목숨을 잃는다.

여성의 권익이 지켜지면 여성뿐만 아니라 남성에게도 더 나은 세상이 만들어진다. "더 많은 여성이 일하면 경제는 성장한다. 여성에게 경제적 권한을 부여하면 개발 성과가 나타나고 생산성이 높아지며 소득이 평등해진다. 예를 들어 경제협력개발기구 국가들의 여성 고용률을 모두 스웨덴 수준으로 높이면 GDP가 6조 달러 이상 늘어날 수 있다. 그러나 성장한다고 해서 자동적으로 성별 불평등이 줄어들지는 않는다. 성별에 따른 임금 격차가 발생할 경우 GDP의 15퍼센트에 이르는 비용이 지출된다."[4]

모든 분야에서 여성은 권리를 위해 투쟁했고 그들의 피와 땀으로 사유와 평등은 서서히 확대돼 왔다. 하지만 느렸다. 특히 정치나 법조계 등 '남성의 고유한 영토'로 여겨진 영역에 여성이 발을 들이는 일은 몇 세기에 걸친 지난한 작업이었다.

인생에서 여성들이 맡고 있는 역할에 대해 얘기하자면, 언제나 여성들이 옳았다고 말할 수 있습니다. 저는 25년 동안 여성 인권을 지지해 온 남성입니다. 성성한 백발에 놀라운 지혜를 지닌 제 어머니가 돌아가시기 한참 전부터도 그렇게 믿어 왔습니다. 어머니는 저만큼 많은 걸 알고 계셨죠. 아마 투표에 필요한 지식도 저만큼은 되셨을 겁니다.

"내 행동의 힘을 깨달은 순간"
메건 마클

여성들도 입법에 기여하는 때가 오는 걸 보고 싶습니다. 투표용지라는 날카로운 채찍이 여성들의 손에도 들려 있는 걸 보고 싶습니다. 시 정부는 여성들이 투표하는 걸 수치스럽게 여겨서는 안 됩니다. 제가 앞으로도 25년을 더 산다면, 더 못 살 이유야 없지 않겠냐마는, 여성들이 투표하는 모습을 볼 수 있으리라 생각합니다. 만일 여성들에게 투표권이 있었다면 이 지역이 이런 상태로 남아 있지는 않았을 겁니다.

이곳 여성들이 모두 투표한다면 다음 선거에서 누가 시장이 될지는 그들 손에 달려 있게 됩니다. 여성들은 힘껏 떨쳐 일어나 이곳의 비참한 상태를 바꿔 놓을 겁니다.[5]

새로운 세기가 시작된 지 3주가 되지 않은 1901년 1월 20일 뉴욕 히브리여성공업학교Hebrew Technical School for Girls 연례 모임에서 마크 트웨인(1835~1910)이 강연했다. 1880년대 러시아 유대인이 미국으로 대거 이주해 이들을 중심으로 유대여성교육센터 같은 여성 교육 단체들이 생겼다. 히브리여성공업학교는 1885년 유대여성교육센터가 젊은 여성들의 직업훈련을 위해 세운 학교였다.

19세기 말 이후 가장 뜨겁게 달아오른 정치 이슈 중 하나는 여성 참정권, 즉 여성도 투표하고 선출직에 출마할 권리를 갖는 문제였다. 미국에서 여성들의 투표권 요구가 시작된 것은 '모든 인간men은 평등하게 만들어졌다'는 표현이 담긴 1차 헌법 초안이 나온 뒤부터였다. 새로운 시대에 대한 기대로 가득한 시기였다. 뉴욕의 유대계 여학교에서 여성 투표권이라는 주제를 놓고 여러 연사들이 강연하고 나서 트웨인이 강단에 올랐다. 우리에게는 『톰 소여의 모험』으로 유명하지만, 코미디언으로 성공할 만큼 유미 감각이 있었고, 또 당시로서는 꽤 급진적인 생각을 가진 진보주의자였던 트웨인은 평범하면서도 특유의 재치 있는 어법으로 이 예민한 문제를 다뤘다.

아쉽게도 트웨인은 1920년 미국에서 여성들에게 투표권을 부여한 수정 헌법이 통과되는 모습을 직접 보지는 못했다. 그 사이 세계는 제1차 세계대전을 겪었다. 1919년 체결된 베르사유조약에 따라 국제연맹이 탄생했지만 인류를 기다린 것은 제2차 세계대전이라는 또 다른 재앙이었다. 만일 1917년 미국이 프랑스 전선에 파병하기로 결정하기 전에 여성 투표권이 보장됐으면 역사가 바뀌었을까? 트웨인이 상상한 것처럼 여성들이 정부의 변화를 이끌어 내고 '이곳의 비참한 상태'를 조금이나마 바꾸지 않았을까?

＼

미국은 독립선언서에 서명하고도 150년이나 지난 1920년에야 여성이 투표권을 얻었다. 영국은 1928년에 21세 이상 여성에게 남성과 동등한 투표권이 주어졌다. 가장 먼저 여성 참정권을 보장한 나라는 당시 식민지였던 뉴질랜드로 1893년이었다. 쉽게 주어지지는 않았다. 케이트 셰퍼드라는 활동가가 중심이 되어 여성들이 투표권을 요구하는 청원서를 몇 번이나 정부에 냈다. 가장 유명한 청원은 1893년 7월 28일 국회에 제출한 「1893년 여성의 참정권 탄원서」The 1893 Women's Suffrage Petition다. 21세 이상 여성 2만 4000여 명의 이름과 주소가 담겼는데, 서명 용지를 이어 붙이면 그 길이가 270미터가 넘었다. 이 청원서는 1997년 유네스코 세계기록유산으로 등재됐다. 유네스코에 따르면 뉴질랜드 성인 여성의 4분의 1이 서명했고, 당시 가장 큰 규모의 청원이었다고 한다. 여성에게 투표권을 허용하는 법안이 같은 해 9월 8일 의회에서 통과됐다. 여성 참정권 획득 125주년을 맞은 2018년 뉴질랜드 정부의 초대를 받아 리셉션에서 연설한 사람은 바로 메건 마클이었다.

뉴질랜드 여성들이 투표권을 위한 캠페인을 벌였고 세계 최초로 투표권을 얻어내 찬사를 받고 있습니다. 이 자체도 중요한 성취이지만, 저는 이 성취가 상징하는 바가 더 큰 영향을 주고 있다고 생각합니다. 여성의 참정권은 페미니즘에 관한 것이며 페미니즘은 공정성에 관한 것이기 때문입니다.

참정권은 단순히 투표할 권리를 넘어 그것이 대표하는 무언가를 의미합니다. 여러분의 미래를 위한 선택에, 공동체를 위한 선택에 참여하는 기본적인 인권 말입니다. 여러분이 속해 있는 세계의 일부가 될 수 있도록 해주는 소속감과 목소리 말입니다.

여성의 참정권은 단순히 여성이 투표할 권리만을 말하는 것이 아니라 그것이 대표하는 어떤 것을 의미합니다. 인종·성별·민족·지향 등의 이유로 소외됐던 사회 구성원들을 포함해 모든 이들이 자신의 미래와 공동체를 위한 선택에 참여할 수 있는 기본적이고 근본적인 인권 말입니다.

브라보! 적극적으로 목소리를 내고 투표권을 인정받을 자격이 있는 여성을 위해 뉴질랜드가 125년 전에 거둔 승리에! 세계에서 길을 터준 모든 사람에게! 우리 모두 진심으로 감사드립니다.

여러분의 서프러제트인 케이트 셰퍼드의 말을 인용하겠습니다. "인종이든 계급이든 신념이든 성별이든 모든 구분은 비인간적이며 극복해야 합니다."[6]

뉴질랜드를 뒤이어 20세기가 되자 여러 나라에서 여성 참정권이 인정되었다. 오스트레일리아(1902년), 핀란드(1906년), 노르웨이(1913년), 덴마크(1915년), 소련(1917년), 캐나다(1918년), 독일과 네덜란드(1919년), 미국(1920년) 등이다.

영국에서는 청원을 통한 정치 참여 보장 요구가 번번이 무시되자 여성의 정치 참여를 요구하는 '서프러제트'suffragette[7] 운동이 가두시위, 유리창 깨기, 단식 등 격렬한 방식으로 펼쳐졌다. 그 결과 여성 운동가들이 체포되고 갇히는 일이 반복됐다. 공격적인 운동 전술로 유명한 에멀라인 팽크허스트는 여성사회정치연맹을 만들어 세 딸과 함께 활동했다. 1908년 처음 수감된 이래 1913년에도 체포됐다 풀려나기를 반복했다. 그해 11월 13일 팽크허스트는 미국 코네티컷주 하트포드에 초청돼 90분간 격정적인 연설을 했다. 제목은 「자유냐 죽음이냐」다.

배고픈 젖먹이가 둘 있습니다. 참을성 있는 아기는 엄마가 올 때까지 기다립니다. 다른 아기는 온 힘을 다해 울고 소리를 지르고 발로 차면서 젖을 줄 때까지 모든 사람을 괴롭힙니다. 어떤 아이가 먼저 젖을 먹을지 우리는 너무 잘 압니다. 정치의 역사가 이렇습니다. 누구보다 더 시끄럽게 하고, 누구보다 앞장서야 하고, 누구보다 서류를 더 채워야 하고, 누구보다 현안이 있는 곳에 빠짐없이 존재해야 하고, 다른 사람들이 당신을 덮치지 않도록 해야 합니다.

당신의 선조가 보스턴 항구로 차茶를 던졌을 때 많은 여성들이 차를 마시지 못하고 지냈습니다. 저는 왜 남자들이 차에 이어 위스키를 배 밖으로 던지지 않았는지를 생각하곤 했습니다. 그들은 여성을 희생했습니다. 남성보다 여성에게 실질적인 희생을 강요하고도 미화된 전쟁도 많습니다. 늘 그래 왔습니다. 힘 있는 이들의 불만과 영향력에는 관심을 기울이지만 권력이 없는 사람들의 불만은 무시됩니다. 그것이 인권의 역사입니다.

그들은 여성에 대해 잘 모릅니다. 여성이 깨닫기까지는 오래 걸렸지만 일단 깨달으면, 그리고 결심하면 세상 그 무엇도 여성을 굴복시키지 못할 겁니다.

'고양이와 쥐 법'Cat and Mouse Act[8]은 실패했습니다. 죽음의 문턱에 누워서도 굴복하지 않으면서, 수술받을 만큼 체력이 살아나면 이전 처럼 나아갈 준비를 하는 여성들이 있습니다. 들것에 실려 병실에서 회의장으로 옮겨지는 여성들이 있습니다. 목소리를 내지 못할지도 모릅니다. 그렇지만 영혼이 꺼지지 않고 살아 있다면 삶이 지속되는 한 그들은 계속 나아갈 것입니다.

그래서 제가 여기 왔습니다. 교도소에서 풀려난 잠깐 사이에 온 거죠. 네 번이나 투옥된 뒤에 온 것인데 아마도 제가 영국 땅에 발을 내딛자마자 다시 잡혀갈 겁니다. 저는 이 싸움에서 이길 수 있게 도 와 달라고 하러 왔습니다. 가장 힘든 싸움에서 우리가 이긴다면 세계 여성들이 비로소 그들의 싸움을 할 때 승리하기가 분명 더 쉬워질 것 입니다.[9]

투사의 면모를 유감없이 드러낸 연설을 마친 이튿날 하트 포드를 떠나는 열차에 탄 팽크허스트에게는 요즘 돈으로 3만 5000달러에 해당하는 기부금 1400달러가 쥐여 있었다. 영국 에서 그가 이어갈 '말썽'을 응원하겠다는 미국인들의 뜻이 담 겼다. 그러나 당시 지역 신문인 『하트포드 코런트』는 그를 "악 명 높은 전투가"라고 비판하며 연설 장소가 대부분 텅 비었고 여성 참정권을 주장했으나 결과는 좋지 않았다고 보도했다.[10] 실제와는 정반대인 이 보도 역시 그 시절 여성이 처한 상황을 고스란히 반영하는 셈이었다.

지금은 어떨까. 2020년 1월 현재 세계의 국회의원 중 여성은 24.9퍼센트다. 국가 수장을 맡고 있는 비율은 6.6퍼센트, 정부 수장을 맡고 있는 비율은 6.2퍼센트, 국회의장을 맡은 비율은 20.5퍼센트다.[11] 뉴질랜드에서 여성이 세계 최초로 투표할 권리를 얻은 뒤 '피선거권', 즉 선출될 권리를 얻기까지는 또다시 30년이 걸렸으며 그러고도 14년이 흘러서야 여성 국회의원이 탄생했다. 피와 땀과 눈물로 쟁취한 여정에서 저절로 주어진 것은 없었다. 다행히도 용기 있는 여성들이 나서고 있다. 2014년 유엔 총회에서 유엔여성기구 친선 대사인 배우 엠마 왓슨은 이렇게 말했다.

전 제가 페미니스트라는 것을 받아들였습니다. 복잡한 일은 아니었습니다. 그러나 페미니즘이라는 단어가 외면되어 간다는 것을 최근 연구들이 보여 줍니다. 분명히 저는 너무 강하고, 너무 공격적이고, 너무 독립적이며, 반反남성적이며, 매력 없는 여성으로 손꼽힐 겁니다. 왜들 이렇게 불편해할까요?

저는 영국 사람이고, 여성으로서 남성과 같은 임금을 받아야 합니다. 저는 제 몸에 대한 결정권을 가질 권리가 있습니다. 정부의 정책과 결정에 신념에 따라 참여할 수 있는 것은 여성의 권리입니다. 여성은 남성과 똑같이 사회적으로 존중받아야 한다고 생각합니다.

그러나 슬프게도 모든 여성이 이런 권리들을 가질 것으로 기대할 만한 나라는 세계에 한 곳도 없습니다.

1995년 힐러리 클린턴은 베이징에서 여성의 권리에 대한 유명한 연설을 했습니다. 슬프게도 그가 바꾸고자 했던 많은 것들이 아직도 현실 속에 남아 있습니다.

남성과 여성이 모두 자유롭게 예민할 수 있어야 하며, 자유롭게 강할 수 있어야 합니다. 성별을 두 극단적인 이상이 아닌 하나의 스펙트럼에 올려 인식할 시간입니다.

평등에 대한 신념이 있다면 여러분도 이미 페미니스트일지 모릅니다. 그런 여러분께 박수를 보냅니다.[12]

24세 여성의 페미니스트 선언이다. "사람들은 제게 '페미니즘'이라는 단어를 쓰지 말라고 했습니다. 그 단어가 사람들을 소외시키고 갈라놓는다고요. 되도록 많은 이들을 포용하자는 주제로 한 연설이지만, 열심히 고민한 끝에 그 단어를 쓰는게 옳다고 생각했어요. 여성들이 그 단어를 말하기를 두려워한다면 남성들이 어떻게 그 단어를 말하겠어요?"[13] 팽크허스트 자서전의 한국어판 제목처럼 '싸우는 여자가 이긴다'. 그리고 말하는 여자가 이긴다.

"
저는 사형 선고를 받은 사람입니다
"

필리핀 민주주의의 시작

베니뇨 '니노이' 아키노

저는 최악의 상황을 맞을 준비가 돼있습니다. 저는 어머니와 정신적 스승, 경험 많은 친구들, 소중한 정치적 멘토들의 조언을 거스르는 결정을 내렸습니다. …… 이 정권이 관대한 처우를 보장하거나 약속해 주리라고 기대한 적 없습니다. 저는 순수한 양심으로 무장하고, 결국은 정의가 승리한다는 굳건히 믿으며 제 발로 돌아왔습니다.

저는 비폭력 수단을 통해 우리의 권리와 자유를 되찾는 투쟁의 대열에 합류하고자 제 의지로 돌아왔습니다. 저는 대결을 바라지 않습니다. 단지 기도할 뿐이며, 정의 위에 세운 진정한 민족 화해를 위해 노력할 것입니다.

저는 최악의 상황을 맞을 준비가 돼있습니다. 저는 어머니와 정신적 스승, 경험 많은 친구들, 소중한 정치적 멘토들의 조언을 거스르는 결정을 내렸습니다.

저는 사형 선고를 받은 사람입니다. 3년 전 이곳을 떠난 이후, 사형 선고가 가능한 두 건 이상의 국가 전복 혐의도 덧붙여졌습니다. 그 소송이 지금도 법원에 계류 중입니다. 미국에 망명할 수도 있었지만, 저는 다른 모든 필리핀인과 마찬가지로 위기의 순간에 국민들과 함께 고통을 나누는 것이 제 의무라고 생각했습니다.

이 정권이 관대한 처우를 보상하거나 약속해 주리리고 기대한 적 없습니다. 저는 순수한 양심으로 무장하고, 결국은 정의가 승리한다고 굳건히 믿으며 제 발로 돌아왔습니다.[1]

베니뇨 '니노이' 아키노(1932~83)는 1970년대 필리핀 마르코스 독재 정권에 맞서 싸운 지도자였다. 그와 마찬가지로 정치인이었던 아버지(베니뇨 아키노)와 구분해 애칭인 '니노이'로 불렸다. 2010년부터 2016년까지 대통령을 지낸 아들 베니뇨 아키노 3세(1960~)는 '노이노이'로 불린다.

그의 정적인 페르디난드 마르코스(1917~89)는 20년 가까이 필리핀에서 철권통치를 펼친 독재자다. 1965년 대통령이 되어 1969년 재선됐는데, 당초엔 마르코스가 개혁을 내걸어 국민들의 지지를 얻었다. 하지만 약속과는 달리 오히려 권력을 독점하면서 친인척 비리와 부정부패로 비난을 샀다. 그러자 마르코스는 비판하는 이들에게 재갈을 물리며 독재 체제를 구축했다. 1972년에는 야당 활동을 제한하고 대통령 연임 금지 조항을 없앤 뒤 계엄령을 선포했다. 심지어 1979~81년에는 대통령과 총리를 겸임했다.

계엄령이 선포되면서 야당 지도자였던 니노이 아키노는 살인과 국가 전복이라는 날조된 혐의로 수감됐다. 그리고 1977년 11월 사형을 선고받았다. 한국에서 박정희 정권 시절 야당 지도자였던 김대중 의원이 사형 선고를 받은 것과 비슷하다.

마르코스가 너무 무자비하게 나가는 바람에 국제사회, 심지어 미국도 그를 압박하지 않을 수 없었다. 국제적인 압력에 굴복한 마르코스는 1980년 사형을 면하는 대가로 아키노에게 망명을 제의한다. 당시 아키노는 건강이 몹시 나빠졌기에, 아내 마리아 코라손(1933~2009)과 함께 미국으로 떠났다.

아키노는 망명 중에도 계엄령 해제를 요구하며 마르코스 정권을 향한 비판을 멈추지 않았다. 1983년 독재자 마르코스가 신장 이식수술을 받아 병상에 있는 틈을 타 아키노는 아내와 함께 필리핀으로 돌아왔다. 마르코스 입장에서 보자면 최악의 시기에 최대의 적수가 귀환한 셈이었다.

간디는 결백한 이들의 희생정신이야말로, 신과 인간 모두가 허락하지 않은 오만한 전제정치에 가장 강력한 응답이라고 말했습니다.

3년 전 저는 응급 심장 수술을 받기 위해 필리핀을 떠나면서 우리 시민의 권리와 자유가 곧 복원될 수 있길 바라며 기도했습니다. 삶의 조건이 나아지고 유혈 사태가 멈추길 기도했습니다. 그러나 상황은 되레 후퇴했습니다. 많은 사람이 죽었고 경제는 나빠졌으며 인권 상황은 악화됐습니다.

계엄령이 선포된 사이 대법원에는 인신보호영장[2]에 대한 청원이 제기됐습니다. 계엄령이 해제된 뒤인 1982년 4월 대법원이 '더는 인신보호영장에 대한 청원을 받아들일 수 없다'고 밝힌 것은 얄궂은 일입니다. 그런 청원들은 지금 사실상 모든 권력을 행사하는 대통령의 집행명령에 따라 구금된 사람들이 제기한 것으로, 이른바 국가 안보에 관련된 사건들이 망라돼 있습니다.

국가는 고통스러운 시간을 보내면서 오히려 더 빨리 발전합니다. 경제적·사회적·정치적인 문제들이 우리를 힘들게 합니다만, 이런 문제들은 힘을 모아 극복할 수 있습니다. 그러나 우리는 우리의 모든 권리와 자유가 1972년 9월 21일 [계엄령] 이전으로 완벽히 복구될 때만 하나가 될 수 있습니다.

앞서 인용한 문장들은 8월 21일 아키노가 탄 비행기가 마닐라 국제공항의 활주로에 착륙했을 때 손에 들려 있던 대국민 연설문이다. 하지만 읽을 기회가 주어지지는 않았다. 아키노는 비행기에서 내리자마자 총격을 받았다. 마르코스는 참으로 지독하고 뻔뻔하게도 트랩을 내리는 정치적 라이벌에게 총을 내갈긴 것이다.

아키노는 머리에 치명상을 입었다. 당시 귀국장에는 세계에서 온 언론들이 늘어서 있었다. 그 앞에서 아키노는 피를 뿌리며 쓰러졌고, 주변에 있던 경호원들과 군인들은 범인을 즉시 사살했다. 필리핀 정부는 곧바로 롤란도 갈만이라는 남성의 단독 범행이라고 발표했다.

우리가 요구하는 것은 신성한 유산인 1935년 헌법에 따라 보장되는 권리와 자유입니다. 그보다 더 많이 요구하지는 않겠지만, 그보다 못한 것을 받아들일 수 없다는 것 또한 분명합니다.

맞습니다. 필리핀 사람들은 참을성이 많습니다. 하지만 인내심에도 한계가 있습니다. 인내심이 바닥날 때까지 기다려야 합니까? 전국적인 저항이 고조되고 있고 유혈 혁명이 폭발하기 직전인 위기 상황입니다. 자유는 주어지는 것이 아니라 쟁취하는 것임을 깨달은 필리핀 젊은이들이 늘어나고 있습니다. 이 나라를 세우기 위해 고통과 피로 점철된 과거를 되풀이해야 할까요, 아니면 형제자매처럼 앉아 이성적이고 호의적으로 서로 간의 차이를 토론하는 게 옳을까요? 저는 토론하는 사람들이 용어만 제대로 정의해도 얼마나 많은 논쟁거리가 쉽게 결론 날 수 있었을지 종종 생각하곤 했습니다.

6년 전 저는 총살형 집행 부대 앞에서 사형을 선고받았습니다.

하지만 저에게 판결을 내린 것은 제가 단호히 사법권을 부정해 온 군사 법정이었습니다. 이제 정권이 결단할 순간입니다. 저를 즉각 처형할지 아니면 자유롭게 할지 말입니다.

사람들은 경제적·사회적·정치적 이유에서 [정부를] 전복하려 하고 있으며, 군대를 동원해 이를 억누를 수는 없습니다. 억압의 수위를 점점 높이는 대신에 부의 분배를 더욱 공정히 하고 더 많은 민주주의와 자유를 주어야만 전복을 피할 수 있습니다.

다시 한번 경제를 발전시키려면 노동자들이 정당하고 적법한 몫을 가져야 합니다. 기업 소유주들과 경영자들도 불확실한 상황일지언정 희망을 되살려야 합니다.

하버드 대학에 있는 긴 복도에는 화강암에 [미국 시인인] 아치볼드 매클리시의 말이 새겨져 있습니다. "자유는 어떻게 지킬 수 있는가? 무기로 공격받을 땐 무기로, 거짓으로 공격받을 땐 진실로, 권위주의적 교리로 공격받을 땐 민주주의에 대한 믿음으로. 그리고 마지막에는 언제나 결단과 신념으로."

저는 망명으로부터, 불확실한 미래로부터 돌아왔습니다. 제가 가진 것은 결단과 믿음뿐입니다. 여러분에 대한 믿음이자, 신에 대한 믿음입니다.

아키노의 비극은 비극으로만 끝나지 않았다. 그날의 총격은 필리핀의 역사를 바꾼 민주화 물결로 이어졌다. 1983년 8월 31일 아키노의 장례식이 거행됐다. 마닐라의 추모 공원까지 운구 행렬을 따르는 인파는 200만 명에 이르렀고 거리를 가득 메웠다. 안팎의 압박이 거세지자 마르코스 정권은 1985년 11월 조기 선거를 결정했다. 계엄령 선포 이후 13년 만이었다. 마르코스 정권은 1986년 2월로 예정된 선거 때까지 야당이 선거 운동을 조직하기는 어렵다고 지레짐작한 것이다. 그러나 아키노가 떠난 빈자리에는 부인인 코라손이 있었다.

＼

필리핀의 정치 상황을 이해하려면 마르코스 독재 정권보다 훨씬 이전 역사로 거슬러 올라가야 한다. 필리핀이라는 이름은 스페인의 '펠리페 2세'에서 나왔다. 국가 이름에서 알 수 있듯이, 필리핀은 스페인의 식민 통치를 겪었다. 미국이 1899년 스페인과 전쟁을 벌여 이긴 뒤에 아메리카의 스페인 영토 상당수가 오늘날의 미국 남서부로 합쳐졌다. 당시 미국이 스페인에게서 빼앗은 '전리품'이 또 있었다. 바로 필리핀이었다.

미국과 스페인의 전쟁은 필리핀과 미국 역사에서 빼놓을 수 없는 전쟁이었다. 미국의 학자들은 필리핀 전쟁을 통해 미국은 제국주의 국가가 됐다고 말한다. 이 전쟁 때 영국 시인 러디어드 키플링은 「백인의 짐」The white man's burden을 써서 '열등한 유색인종을 지배하는 것은 백인의 신성한 의무'라 주장했다. 실제로 미군은 1902년까지 3년에 걸친 전쟁에서 저항하는 필리핀인들을 상대로 '인종 청소'를 벌였다.

스페인 식민지 시절에 스페인에 붙어 부를 쌓은 대지주 가문들은 나중에 식민 통치국이 미국으로 바뀌자 미국을 편들었다. 필리핀 사람들이 미국 점령군에 맞서 그토록 치열한 전투를 벌이며 쓰러져 가는 와중에 그들은 자기네 배를 불렸다. 필리핀이 독립한 뒤에도 땅과 돈으로 나라를 좌지우지했다. 필리핀의 정치·경제·사회는 이렇게 스페인과 미국의 식민 통치를 거치면서 극도로 왜곡됐으며 '족벌 가문'들이 국가의 부를 거의 차지한 구조로 굳어졌다.

이 구조는 지금까지 계속되고 있다. 필리핀을 움직이는 것은 중앙부터 지방까지 정치와 경제 모든 영역을 장악한 가문들이다. 그런 가문들의 수에 대한 의견은 분분하지만, 특히 몇몇 대지주 가문이 필리핀 전체 부의 50~80퍼센트를 소유하고 있다. 어느 유력 가문에서 힘을 과시하고자 자기네가 갖고 있는 전력 회사를 동원해, 마닐라 전체를 정전시켰다는 소문까지 돌던 나라다.

아키노 가문과 코라손 가문도 그런 족벌 가문이었다. 유력 가문 출신으로, 남편을 잃은 코라손은 주부에서 야당 지도자로 변신했다. 민주주의를 열망하던 필리핀인들의 마음은 코라손을 구심점으로 한데 모였다. 코라손은 1986년 선거에서 야당 연합체인 민주연합기구를 이끌며 마르코스의 대항마로 나섰다.

마르코스는 선거에서 승리했다고 선언했지만, 이에 불복한

"저는 사형 선고를 받은 사람입니다"
베니뇨 '니노이' 아키노

171

필리핀 국민들은 '피플 파워'People Power라고 불리는 무혈 혁명을 펼쳤다. 아시아 독재 정권들에 치명타를 안긴 민주주의의 파도가 시작된 것이다. 마르코스가 대통령 관저인 말라카냥Malacanang궁에서 취임식을 하던 순간에, 코라손은 수도권인 메트로 마닐라Metro Manila의 외곽 도시 산후앙San Juan시에서 취임식을 열었다.

코라손 지지자들은 노란색 옷을 입고 거리로 나왔고 코라손의 애칭인 '코리'를 외쳤다. 전국에서 선거·개표 부정에 대한 고발이 잇따랐다. 마르코스는 군부의 지지도 잃었다. 마르코스 부부와 측근은 하와이로 망명했다. 코라손 아키노는 필리핀의 첫 여성 대통령이 되어 1986년부터 6년간 집권했다. 당시 필리핀의 피플 파워와 코라손의 승리는 전두환 정권의 독재에 시달리던 한국에도 영향을 미쳐, 1988년 총선에서 김대중·김영삼이라는 두 지도자가 이끄는 야당에 대한 열망을 낳았다. 하지만 필리핀에서 시작된 민주주의가 아시아 전역에 자리 잡기까지는 오래 걸렸다. 한국에서는 '87년 6월 항쟁'이 있었으나 노태우 정권이 들어섰고 명실상부 민간 정부인 김영삼 정부가 들어선 것은 5년이나 지나서였다. 아시아 최악의 학살자이자 독재자였던 인도네시아의 수하르토(1921~2008)가 대통령 자리에서 물러난 것은 금융 위기가 몰아닥친 1998년에 이르러서였다.

필리핀의 민주주의도 순탄치만은 않았다. 코라손에 이어 여러 대통령이 집권하다가, 2001년 글로리아 마카파갈 아로요(1947~) 대통령이 권력을 잡았다. 그는 아키노·코라손 가문처럼 정치 명문인 아로요 집안의 후계자였다.

아로요 치하에서 민주주의는 후퇴했다. 미국이 2001년 아프가니스탄을 공격하며 테러와의 전쟁을 시작하자, 아로요는 한동안 철수했던 자국 주둔 미군을 다시 불러들여 수빅만Subic Bay의 기지를 내줬다. 필리핀 내 반대 세력을 억압하기 위해 대테러전의 명분을 빌리고, 미군 기지를 내주는 대가로 정권에 대한 지원을 얻어냈다. 아로요 치하에서 부패와 불법은 극에 달했다.

2010년 대선에서 아키노와 코라손의 아들 베니뇨 '노이노이' 아키노가 부모의 후광 아래 반反아로요를 외치며 승리했다. 노이노이 아키노 대통령은 세계 유일의 '모자'母子 대통령이라는 기록을 세우며 집권했다. 하지만 당시 총선과 대선에서는 옛 독재자의 측근과 족벌도 살아남았다. 과거 마르코스의 부인 이멜다(1929~)는 호화롭게 생활하기로 유명했다. 신발을 3000켤레나 보유한 것으로 알려져 '이멜다의 구두'라는 말이 생겼을 정도다. 그런 이멜다가 하원 의원이 됐고, 마르코스의 아들과 딸 역시 상원 의원과 주지사에 당선됐다.

"저는 사형 선고를 받은 사람입니다"
베니뇨 '니노이' 아키노

노이노이가 퇴임한 뒤 말라카낭궁은 우익 선동가 로드리고 두테르테에게 돌아갔다. 두테르테가 집권하자, 독재를 미화하려는 '역사 뒤집기' 작업이 진행되었다. 아키노의 기일을 앞둔 2016년 8월 6일, 두테르테는 마르코스 일가가 그의 시신을 마닐라 국립묘지의 '영웅 묘역'에 이장할 수 있게 승인하겠다고 발표했다. 두테르테는 기자회견에서 "마르코스는 전직 대통령이자 군인이고 그의 가족들은 국립묘지 안장을 요구할 권리가 있다"고 말했다.[3] 두테르테의 아버지는 1960년대 마르코스 정부에서 각료를 지냈었고, 두테르테는 과거 선거에서 마르코스를 찍었다고 자랑하기도 했다.

두테르테의 결정에 반대하는 항의 시위가 일어났으나 인권 유린을 일삼은 독재자를 국립묘지에 안장할 수 없다는 목소리는 묵살당했다. 1989년 사망 뒤 방부 처리돼 고향인 일로코스 노르테Ilocos Norte주 바탁Batac의 '마르코스 박물관'에 보관돼 있던 마르코스의 시신은 재판 끝에 2016년 11월 국립묘지에 안장됐다.

두테르테가 이끄는 집권 '필리핀민주당-인민의 힘'PDP-Laban 소속 의원들은, 아키노의 죽음을 기리기 위해 1987년 '니노이 아키노 국제공항'NAIA으로 명명한 마닐라 국제공항을 '필리핀 국제공항'으로 개명하려는 움직임을 보이고 있다. 두테르테의 맏아들인 파올로 두테르테 하원 의원이 공항 이름을 변경하는 법안을 주도하고 있다.[4]

마약과의 전쟁, '치안 유지'를 명분으로 두테르테 정권은 초법적인 권력을 행사하고 있다. 그의 지시를 받은 무장 경찰들은 마약 범죄자 딱지를 붙여 재판 없이 '용의자'들을 사살한다. 언론과 시민의 자유를 축소하는 '테러방지법'에 더해, 코로나19마저 자유를 옥죄는 빌미가 됐다. 마닐라를 비롯한 필리핀 대도시에서는 바이러스 전파를 막으려는 규정이 늘면서 시민들의 평화 시위가 금지됐으며 '코로나 봉쇄' 6주 만에 12만 명 이상이 체포됐다. 미첼레 바첼레트 유엔 인권최고대표는 필리핀이 팬데믹(세계적 대유행)에 "고도로 군사화된 대응"을 하고 있다고 지적했으며, 두테르테 대통령이 이끄는 마약과의 전쟁이 '살인 면허'가 되고 있다고 비난했다. 오늘날 필리핀은 국민들이 눈을 똑바로 뜨고 감시하지 않을 때, 독재자의 잔당이나 독재를 옹호하는 과거 기득권 세력이 언제든 고개를 든다는 것을, 민주주의는 힘겹게 지켜 나가지 않으면 안된다는 것을 보여 준다.

" 역사는 우리의 것 "

쿠데타에 희생된 대통령

살바도르 아옌데

＼

여러분께 말하겠습니다. 우리가 수천, 수만 명 칠레인들에게 뿌린 씨앗은 영원히 썩지 않음을 확신한다고. 저들은 무력으로 우리를 지배할지 모릅니다. 하지만 사회의 진보를 범죄나 힘으로 막아 낼 수는 없습니다. 역사는 우리의 것이며, 역사를 만드는 것은 민중입니다.

나의 벗들이여, 분명 지금이 여러분에게 연설할 마지막 기회일 겁니다. 공군이 라디오 마가야네스의 안테나를 폭격했습니다. 비통하기보다는 실망스럽습니다. 충성 서약을 어긴 자들은 도덕적 징벌을 받아 마땅합니다. 칠레의 군 사령관들, 해군 사령관을 자처한 메리노 제독(1915~96), 어제 정부에 충성과 헌신을 맹세하고서는, 카라비네로스의 사령관으로 자신을 임명한 비열한 멘도사(1918~96)[1] 같은 자들 말입니다. 이런 상황에서, 저에게 유일하게 남은 것은 이 말뿐입니다. 노동자들이여, 나는 물러나지 않습니다![2]

살바도르 아옌데(1908~73)는 칠레 중부 발파라이소의 중상류층 집안에서 태어났다. 아옌데의 집안은 칠레의 민주주의·자유주의 운동과 뿌리 깊이 얽혀 있다. 할아버지 라몬 아옌데는 칠레 사상 처음으로 로마가톨릭과 상관없는 자유주의적인 학교를 설립한 사람이다. 변호사였던 아버지 살바도르 아옌데 카스트로와 삼촌들은 급진당 당원이었다.

아옌데는 칠레 대학에서 의학을 전공했지만, 학생 시절부터 사회에 관심이 많았다고 한다. 학생운동에 참여했고, 민중들의 비참한 생활을 목격한 뒤 사회주의자가 됐다. 1933년 마르마두케 그로베와 함께 발파라이소에서 칠레사회당을 세우고 대표를 맡기도 했다.

정치에 본격적으로 뛰어든 것은 1938년 페드로 아기레 세르다가 이끄는 인민전선El Frente Popular의 선거 캠페인에 참여하면서부터다. 당시 인민전선의 구호는 "빵과 지붕과 일자리를!"이었다. 먹을 것도, 살 집도, 일자리도 없었던 그 시기 칠레인들의 삶을 짐작케 하는 구호다. 선거에서 승리한 뒤 아옌데는 인민전선 정부의 보건장관이 됐다. 인민전선은 개량주의 조직이었지만 당시 정부에는 급진적인 사회주의자들이 더 많았다. 아옌데는 1940년대부터 상원 의원을 여러 차례 지내고 1966년에는 상원 의장을 역임했다. 그 사이 1952년과 1958년, 1964년 대권에 도전했지만 모두 실패로 끝났다. 1970년 온 국민의 추앙을 받던 시인 파블로 네루다(1904~73)가 공산당 후보로 대선에 출마하기를 포기하면서 진보 진영의 후보 단일화가 이뤄졌고, 마침내 인민연합Unidad Popular 후보로 나선 아옌데가 대통령으로 당선됐다.

\

당시 칠레는 다른 중남미 국가와 마찬가지로 빈부 격차가 극심했고 계급 간, 좌우파 간 갈등도 첨예했다. 군부에는 친미 기득권층이 포진해 있었고, 구리 광산을 비롯한 칠레의 자원과 산업은 미국에 종속된 상태였다. 칠레에 좌파 정권이 들어서자 미국은 칠레 경제를 파탄에 빠뜨려 민심을 이반시키고, 군부를 움직여 쿠데타를 유도하는 두 갈래 압박 작전을 썼다. 미국이 비축하던 구리를 시장에 풀자 값이 폭락하면서 예상대로 칠레 경제가 무너졌다. 다른 한편 군부 쿠데타를 사주하기 위해 미국은 800만 달러가 넘는 자금을 지원한 것으로 알려졌다. 칠레 자본가들과 지주들은 아옌데 정권에 맞서 사보타주했고 야당은 발목을 잡았다.

인상적이게도 민중은 여전히 아옌데를 믿었고, 1973년 3월 총선에서 아옌데가 이끄는 인민연합이 과반의 지지를 확보했다. 이를 발판 삼아 아옌데는 본격적인 개혁에 들어가기 위해 국민의 재신임을 묻는 투표를 실시했다. 예정된 투표일은 9월 12일이었다. 하지만 9월 10일 밤 칠레 해군과 미국 전함은 이미 칠레의 발파라이소 부근에 집결해 있었다. 투표 전날인 11일, 미국이 기획하고 칠레 군부가 실행한 쿠데타가 일어났다. 미군의 지원을 받은 군부는 군사혁명위원회를 만들고 아우구스토 피노체트(1915~2006) 육군 최고사령관을 의장으로 선출했다.

아옌데는 이미 쿠데타 움직임을 감지해 조사를 지시해 놓고 있었다. 11일 오전 쿠데타 사실을 보고받은 그는 대통령 관저인 모네다궁Palacio de La Moneda으로 갔다. 모네다궁의 독립홀Salon Independencia은 대통령 집무실이자 칠레 독립선언서가 소장된 유서 깊은 장소다. 아옌데가 경호원들과 함께 독립 홀에 들어갈 당시, 쿠데타군은 탱크를 앞세워 모네다궁으로 진격하고 있었다. 쿠데타군은 방송국을 점령했고, 아옌데는 점령당하지 않고 남은 유일한 국영방송인 라디오 마가야네스Radio Magallanes를 통해 유명한 '고별 연설'을 했다. 첫머리에 인용한 연설은 다음과 같이 이어진다.

역사의 갈림길에서 저는 민중에 대한 충성을 제 생명으로 보여 드리 겠습니다. 그리고 여러분께 말하겠습니다. 우리가 수천, 수만 명 칠 레인들에게 뿌린 씨앗은 영원히 썩지 않음을 확신한다고. 저들은 무 력으로 우리를 지배할지 모릅니다. 하지만 사회의 진보를 범죄나 힘 으로 막아 낼 수는 없습니다. 역사는 우리의 것이며, 역사를 만드는 것은 민중입니다.

내 조국의 노동자들이여, 당신들이 한결같게 보여 준 충성과 믿 음에 감사드립니다. 여러분은 정의를 향한 갈망을 대변할 대리인에 불과한 사람에게 그런 믿음을 보내 주었습니다. 저는 헌법과 법률을 지키겠다 말했고, 그렇게 했습니다.

지금은 제가 연설할 수 있는 마지막 순간입니다. 저는 여러분이 교훈을 얻기를 바랍니다. 외국 자본과 제국주의는 반동 세력과 손잡 고 무장 군인들이 전통을 깨뜨리게끔 분위기를 조성했습니다. 슈나 이더(1913~70) 장군[3]의 가르침을 통해 배우고 아라야 사령관을 통 해 확인한 전통을 말입니다.

저는 무엇보다도 이 땅의 겸손한 여성들, 우리를 믿어 준 캄페시 나campesina(시골) 여성들, 아이들에게 우리가 관심을 쏟고 있다는 걸 알아준 어머니들에게 이야기하고자 합니다. 또한 전문가 단체나 계 급주의 단체들이 자본가들의 이익을 옹호하고자 벌이는 선동에 맞서 서 끈질기게 싸워 온 칠레의 전문가들, 애국적인 전문가들에게 말씀드립니다. 청년들에게, 함께 노래하며 이 투쟁에 행복과 영혼을 바친 분들에게 말씀드립니다. 칠레 사람들, 노동자들, 농민들, 지식인들에게 말씀드립니다.

여러분은 곧 있으면 이 나라를 장악한 파시즘 세력에게 박해받게 되겠지요. 테러리스트들이 공격해 오고, 다리를 폭파하고, 철로를 끊고, 송유관과 천연가스관을 파괴하겠지요. 행동할 의무를 저버리고 침묵하는 사람들 앞에서, 저들은 그런 짓을 저지르고 있습니다. 역사가 저들을 심판할 것입니다.

모네다궁은 쿠데타 병력에 포위됐다. 피노체트는 아옌데에게 망명을 허용할 테니 항복하라는 최후통첩을 보냈다(훗날 밝혀진바 군부는 아옌데가 망명을 승낙하더라도 그가 탄 비행기를 격추할 계획이었다). 아옌데는 경호대에게 궁을 떠나라 명했고, 아옌데의 두 딸을 비롯한 여성들은 궁에서 빠져나갔다. 정오가 되자 쿠데타군은 전투기로 모네다궁을 폭격했다. 이어 탱크를 앞세운 지상군이 궁으로 진격했다. 얼마 뒤 총성이 들렸다. 쿠데타 사령부인 군사혁명위원회에 전문이 전달됐다. "임무 완수, 모네다 접수, 대통령 사망."[4]

이제 라디오 마가야네스가 끊어지면 차갑게 식은 금속 장치에 갇힌 제 목소리는 여러분에게 닿지 않을 것입니다. 그래도 여러분은 계속 귀 기울이겠지요. 저는 언제나 여러분 곁에 있을 겁니다. 적어도 이

나라를 사랑하는 존엄성 있는 사람들에게는 제가 기억으로 남을 겁니다.

민중은 스스로를 지켜야 합니다. 자신을 희생해서는 안 됩니다. 민중은 무너지거나 총탄 세례에 쓰러져서는 안 됩니다. 아무도 민중에게 굴욕을 줄 수는 없습니다.

이 나라의 노동자 여러분, 저는 칠레를 믿고 칠레의 운명을 믿습니다. 반역자들이 기승을 부리면 또 다른 이들이 이 어둡고 비통한 순간을 극복할 것입니다. 그렇게 알고 앞으로 나아가십시오. 머잖아 드넓은 길이 열리고, 자유를 찾은 사람들이 더 나은 사회를 건설하기 위해 그 길로 나아갈 것입니다.

칠레 만세! 민중 만세! 노동자 만세!

이것이 저의 마지막 말입니다. 저의 희생이 헛되지 않으리라고 굳게 믿습니다. 최소한 범죄자와 비겁자, 반역자 등을 벌할 도덕적인 교훈은 되리라 확신합니다.

아옌데의 최후는 끔찍했다. 시신의 머리가 갈라지고 뇌가 끔찍하게 손상된 상태였다. 군사혁명위원회는 아옌데가 궁지에 몰리자 권총으로 자살했다고 발표했다. 쿠데타 뒤 칠레에서는 일주일 새 시민 3만여 명이 학살당했다.

그렇게 살해된 이들 중에는 산티아고 국립경기장에서 모진 고문 끝에 숨을 거둔 민중 가수 빅토르 하라(1932~73)도 있었다. 그의 마지막 일주일을 아내 조안 하라가 재구성해 세상에 알렸다. "공포를 노래할 수밖에 없을 때 노래란 얼마나 괴로운 것인가/살아 있어 느끼는 공포, 죽어 가며 느끼는 공포/너무나 많은 순간 속 나를 본다/저 무한의 순간 침묵과 비명이 내 노래의 끝이다." 빅토르 하라가 마지막으로 남긴 말들 중에는 이런 구절도 있었다. "내 기타는 부자들을 위한 게 아니다/전혀, 전혀 그런 게 아니다/내 노래는 사다리다/우리는 별에 가닿는 사다리를 만들고 있다." 경기장에서 그가 남긴 노래를 칠레인들은 '선언'Manifiesto이라 불렀다.[5]

군사독재 정권은 1990년 3월 피노체트가 국민투표에서 패해 대통령직에서 물러날 때까지 17년 동안 계속됐다. 수많은 이들이 고문·감금을 당하고 살해됐다. 반정부 운동을 한 사람들 중 수백, 수천 명이 납치됐고 아직까지 '실종' 상태로 남아 있다. 이 끔찍한 인권유린의 상처는 지워지지 않았다.

피노체트는 대통령에서 물러나고도 1998년까지 군 참모총장을 지냈다. 이후 영국을 방문하던 도중 체포됐다가 2000년 3월 칠레로 송환됐다. 2006년 집권한 중도 좌파 미첼레 바첼레트 대통령은 취임 뒤 과거사 진상 규명에 적극 나서겠다고 밝혔다. 칠레 첫 여성 국방장관을 거쳐 첫 여성 대통령이 된 바첼레트 자신이 피노체트 독재 정권의 피해자였다. 군 장성이던 아버지가 피노체트의 쿠데타에 반대해 숙청된 이래 남은 가족은 온갖 고초를 겪었다. 하지만 피노체트는 아무런 단죄도 받지 않은 채, 그해 12월 가택 연금 한 달 만에 사망했다.

"역사는 우리의 것"
살바도르 아옌데

비단 칠레만의 일은 아니다. 오스카르 로메로(1917~80)는 동명의 영화로도 잘 알려진 엘살바도르의 가톨릭 사제였다. 수도 산살바도르 교구의 가톨릭 대주교가 된 것은 1977년. 당시 엘살바도르는 군부 내 좌우파 간 대립과 독재 정권의 억압으로 어지러웠다.

1979년 독재자 카를로스 로메로(1924~2017)를 축출하고 흔히 '훈타'Junta라 불리는 군사정권이 집권했다. 스스로를 '혁명 군사정부'Junta Revolucionaria de Gobierno, JRG라 칭했던 훈타는 1985년까지 계속됐다. 아돌포 마하노 라모스, 하이메 구티에레스 아베다뇨 등 다섯 명의 지도자가 훈타를 이끌었다. 훈타 내에서 이 사람 저 사람이 권력을 놓고 경합하는 사이, 정국은 어수선했고 국민들은 폭력과 빈곤에 시달렸다.

훈타 정부가 들어서기 전부터 군부와 가톨릭 간에 긴장이 이어지고 있었다. 미국을 등에 업은 군부는 가톨릭교회의 사제들과 노동조합원들, 소작농들을 잡아들였다. 정적을 숙청하는 데에 반대하고 군부 내 '좌파'에 동조한다는 이유였다.

1976년부터 1979년 사이에 가톨릭 사제 여섯 명이 암살당했고, 수많은 이들이 붙잡혀 고문당하거나 국외로 추방됐다. 군부와 연계된 살인 부대가 주민들을 감시하고 납치·고문·살해하는 일이 빈번했다. 지주계급의 지지를 받으며 권력과 부를 독점한 정부는 소작농과 농민을 짓눌렀다. 1980년이 되자 정부군과 좌파인 파라분도 마르티 인민해방전선 사이에 내전이 일어났다. 당시 미국의 로널드 레이건 행정부는 독재 정권에 무기를 대며 지원했다. 미국은 엘살바도르 국민들의 고통에 눈을 감은 정도가 아니라, 책임져야 할 당사자였다.

엘살바도르 가톨릭의 중심인 산살바도르 대주교로 취임한 로메로는 당초 보수적인 성향으로 알려져 있었다. 1917년 남부 산미겔San Miguel에서 태어난 로메로는 사제 서품을 받은 이래 가톨릭의 요직을 두루 거친 전통주의자였고, 라틴아메리카를 휩쓴 해방신학의 물결에도 반대한 사람이었다. 그래서 정부와 대립하지 않을 인물로 평가됐지만, 대주교가 된 이후 훈타와 우익 군사 조직의 인권침해를 목도하면서 '소리 없는 사람들'의 목소리가 되기 시작했다.

발단은 대주교가 된 지 3주 만에 일어난 예수회 신부 피살 사건이었다. 로메로의 동료로 지주들의 횡포를 대놓고 비판한 루틸리오 그란데가 살해되었다. 로메로는 약자의 편에 섰다가 위험에 빠진 사제들을 돕고자 나섰다. 엘살바도르는 기득권을 장악한 지주계급과 군부, 그리고 그들의 수탈에 시달리는 소작농으로 계급이 양분돼 있었다. 로메로는 강론을 통해 가난한 이들에게 희망을 주며 점차 민중들 속으로 들어갔다. 1980년 2월에는 지미 카터 미국 대통령에게 "인권을 탄압하는 엘살바도르 정부에 군사적 지원을 제공하는 것은 의심할 여지

없이 불의를 지원하는 것"이라며 공개서한을 보내기도 했다.

보수적인 교황 요한 바오로 2세는 라틴아메리카의 가톨릭 교회에 '현지의 사회운동에 개입하지 말라'고 경고했지만, 로메로는 폭력과 불의를 보고도 말하지 않는다면 무고한 사람들에 대한 박해를 정당화할 뿐이라고 여겼다.

1980년 3월 23일은 일요일이었다. 산살바도르의 메트로폴리탄 대성당Catedral Metropolitana de San Salvador에서 강론에 나선 로메로 대주교는 그 주에 일어난 비극적인 사건들을 돌아보고, 서로 대립하는 무장 세력 양측에 화해를 호소한다.

모든 나라에는 저마다 '출애굽기'가 있습니다. 오늘날 엘살바도르도 그렇습니다. 오늘 우리는 고통과 번뇌로 우리를 괴롭히는 시체로 뒤덮인 사막을 지나 해방으로 가고 있습니다. 모세를 따라간 사람들처럼 나서고 싶은 유혹을 오히려 고통스럽게 생각하는 이들, 다시 돌아가고 싶은 이들, [엑소더스의 행렬과] 어깨를 나란히 하고 싶지 않은 이들도 많습니다. 그러나 하느님은 새로운 역사를 만들어 그 사람들을 구하고자 하셨습니다.

역사는 실패하지 않습니다. 하느님이 붙잡아 주시기 때문입니다. 역사적인 과업으로 하느님의 영원한 계획을 담으려 노력하는 한, 그것은 곧 하느님의 나라가 됩니다. 이런 노력은 교회가 할 일입니다.

그래서 역사적으로 교회와 하느님의 사람들은 어떤 하나의 사회 체계, 특정 정치 조직, 정당과 밀착하지 않았습니다. 교회는 역사의 영원한 순례자이기 때문에, 하느님의 나라를 반영하는 순간이든 반영하지 않는 순간이든 역사적인 어느 순간에나 늘 지도적인 위치에 있어야 하기 때문에, 스스로를 어떤 권력과 동일시하지 않았습니다.[6]

로메로 대주교는 이 연설에서 "교회가 죄악 앞에서 침묵할 수는 없습니다"라고 했다. "어떤 군인도 주의 십계명을 어기라는 명령에 복종할 의무는 없습니다. 누구도 비도덕적인 법에 따를 필요는 없습니다. 이제 여러분의 양심을 회복하고 죄스러운 명령이 아닌 여러분의 양심을 따를 때가 왔습니다."

우리는 정부에 말하고 싶습니다. 어떤 개혁도 이렇게 많은 피를 대가로 바칠 만큼 가치 있지는 않다는 사실을 직시하라고 말입니다. 주의 이름으로, 날마다 하늘까지 닿을 만큼 점점 더 크게 울고 있는 고통받는 사람들의 이름으로 간청합니다. 부탁드립니다. 그리고 신의 이름으로 명령합니다. 탄압을 멈추시오.[7]

다음 날인 1980년 3월 24일 로메로 대주교는 산살바도르 프로비덴시아La Divina Providencia 병원에 있는 작은 성당에서 미사를 집전했다. 오후 6시 25분, 강론을 마친 로메로 대주교가 성찬기도를 하고 있을 때 괴한들이 나타나 총탄을 쐈다. 대주교는 쓰러졌다.

로메로 대주교의 장례식은 일주일 뒤 메트로폴리탄 대성당에서 열렸다. 세계 각지에서 25만 명이 넘는 추모객이 참석했다. 하지만 장례식이 거행되던 성당 계단에서 폭탄이 터져 유혈 사태가 빚어졌고 추도객 44명이 총에 맞아 숨졌다. 뒤이은 혼란으로 더 많은 이들이 희생됐다. 엘살바도르의 내전은 그러고도 12년간 이어졌다. 훈타 정부는 로메로의 죽음에 대해 침묵해 왔지만, 미국의 군사학교에서 훈련받고 군부 정권의 지원을 받은 암살단의 소행으로 알려져 있었다.

영화로도 나왔고 세상에 많이 알려졌음에도, 로메로의 나라에서 로메로의 죽음을 이야기할 수 있게 된 지는 그리 오래되지 않았다. 2009년 좌파 마우리시오 푸네스 대통령이 집권하면서 비로소 대주교의 비극적인 죽음에 대해 공개적으로 이야기할 수 있게 됐다. 2010년 3월 24일, 푸네스 대통령은 로메로 서거 30주년을 맞아 대주교의 죽음에 과거 정부가 관여됐음을 시인하고 사과했다. 남미 출신의 첫 가톨릭 수장인 프란치스코 교황은 2018년 10월 시성식에서 로메로 대주교를 성인 반열에 올렸다.[8] 로메로 대주교가 숨을 거두기 직전 마지막 강론에 남긴 말은 밀알의 비유였다.

그리스도의 사랑으로 가난한 사람들을 위해 일하는 이들은 죽음을 맞이한 밀알과 같이 살 것입니다. 밀알은 겉보기에는 죽은 것처럼 보입니다. 밀알 하나가 땅에 떨어져 죽지 않으면 그 한 알 그대로 남습니다. 열매는 그 밀알이 죽었기 때문에 맺어진 것입니다.[9]

> "
> # 날씨가 아닌
> # 시대의 기후를 살펴야 합니다
> "

미국을 바꾼 '노터리어스 RBG'

루스 베이더 긴즈버그

똑같은 틀에 매이지 않고 서로 다른 복잡한 특징을 지닌 여성들을 볼 수 있기를 바랍니다. 토머스 제퍼슨 대통령은 국무장관에게 '여성들이 공직하는 것은 국민들에겐 준비되지 않은 혁신이고 나도 아직 준비가 안 됐다'라고 말했지요. 아직 갈 길이 남아 있지만, 제퍼슨이 그런 말을 했을 때부터 우리는 긴 여정을 걸어왔습니다.

1993년 7월 미국 상원에서 연방대법관 인준 청문회가 열렸다. 미국 역사상 두 번째 여성 대법관 후보로 지명된 루스 베이더 긴즈버그가 청문회장에 등장했다. 60세가 다 된 이 노련한 변호사는 1950년대에 여성으로는 드물게 로스쿨에 입학하고, 수십 년간 법조계와 학계에서 버텨 내며 성차별과 싸운 인물이었다.

긴즈버그가 뒤에 대법관이 돼서 내놓은 판결이 그랬듯이, 혹은 판결문을 직접 작성하지 않았어도 대법관으로서 내놓은 공식적인 의견이 그랬듯이, 변호사로서 그가 맡은 사건 중 상당수가 미국의 법정과 사회 전체에 파장을 일으킨 '역사적인 사건'이었다. 그 사건들에서 긴즈버그가 한 변론들은 미국에서 개인의 권리와 사회의 가치관, 정부의 역할에 대한 시각을 바꾸는 데에 영향을 미쳤다. 대법관 인준 청문회의 초점은 그동안 긴즈버그가 재판정에서 다룬 사건들에 집중됐다.

스티븐 와이젠펠드라는 젊은 남성이 슬픈 일을 겪었습니다. 아내 파울라가 아이를 낳다가 사망한 것이죠. 파울라는 임신 기간 내내 건강했고, 튼튼한 남자아이를 낳았지만 결국 사망했습니다. 와이젠펠드 혼자 아들 제이슨을 맡아야 할 처지가 된 거예요.

와이젠펠드는 지역 사회보장사무소를 찾아가 유일한 부모로서 그가 받을 수 있는 혜택이 무엇인지를 물었죠. 그 사회보장 혜택은 이른바 '엄마 수당'mother's benefit인 보육 수당이었고, 자신은 받을 자격이 없다는 걸 알게 됐습니다.

제가 기억하기로 그 뒤 그는 지역 신문사 편집장에게 편지를 썼어요. 편지는 "여성해방운동에 대해 많이 들어 왔습니다. 제 이야기를 들려 드릴게요"라는 문장으로 시작됩니다. 아내가 월급을 받으며 남성이 내는 만큼 사회보장 관련 세금을 내왔음에도, 그가 양육 부모이지만 남성이라서 '엄마 수당'의 자격이 안 된다는 사실을 알렸습니다. 그는 편지를 이렇게 마쳤어요. "글로리아 스타이넘[1]에게 이 이야기를 전해 주세요." 그는 '여성해방'이라는 말에 질렸다고 했습니다.

그의 이야기는 젠더에 기반한 차별이 모든 사람을 해칠 수 있음을 보여 주는 완벽한 사례입니다. 그의 아내에게게부터 차별은 시작됐지요. 남성이 하듯이 일해 왔고 사회보장 세금을 냈는데, 정부는 '남성이 월급을 벌어 오는 다른 가정을 보호하는 방식으로는 당신의 가정을 보호할 수 없다'고 말한 것입니다.

그다음에 남편 와이젠펠드가 받은 차별이 있습니다. 아이를 돌보고 싶지만 그는 보육 수당을 받을 수 없다는 말을 들었죠. 그가 엄마가 아니라 아빠이기 때문입니다. 또한 아들 제이슨이 있습니다. 제이슨은 단지 세상을 떠난 사람이 아빠가 아니라 엄마라는 이유로, 남은 부모에게 돌봄을 받을 기회를 놓쳤습니다.[2]

긴즈버그 지명자는 에드워드 M. 케네디 상원 의원의 질문에 대답하면서 1975년 연방 대법원에 접수된 '와인버거 대 와이젠펠드 사건'Weinberger v. Wiesenfeld에 대해 이렇게 언급했다.

그가 와이젠펠드의 변호를 맡은 사건이었다. 사망한 아내가 관련 세금을 냈어도 보육은 '어머니의 영역'이라며 아내를 잃고 홀로 아이를 돌봐야 하는 아버지에게는 보육 수당을 지급할 수 없도록 한 제도가 지극히 성차별적임을 꼬집어 낸 대표적 사건이다. 이 사건에서 어떤 대법관은 이 제도를 탓하면 월급을 받고 세금을 내온 여성이 차별받는 게 된다고 주장했다. 반면에 똑같은 부모인데 아버지인 남성에 대한 차별이 될 수 있다고 주장한 대법관도 있었으며, 한 대법관은 아이에 대한 차별이라고 했다. 어쨌든 대법원은 만장일치로 아버지 와이젠펠드의 손을 들어 주었다.

일상생활에서 법을 느끼기 어렵지만 법에 대한 해석이 달라지면, 나아가 법 자체가 달라지면 우리의 삶은 크게 바뀐다. 1970년대 미국에서 여성 운동가들은 이 점을 강조했다. 젠더에 따른 차별을 전복하고자 법의 해석을 바꾸는 일, 의회를 움직여 법 자체를 바꾸는 투쟁을 시작한 것이다. 그리고 그 투쟁의 역사에 긴즈버그가 함께했다.

긴즈버그의 삶을 그린 다큐멘터리 영화 〈루스 베이더 긴즈버그: 나는 반대한다〉에는 그 시절 미국에 만연해 있던 차별의 실상들이 나온다. 당시 미국 대부분의 주에서 임신한 여성을 합법적으로 해고할 수 있었다. 12개 주에서는 남편이 아내를 성폭행하는 '부부 강간'을 범죄로 인정하지 않았다. 여성들이 은행에서 신용거래를 할 때 남편의 서명을 요구하는 은행들도 있었다. 1950년대에 대학을 졸업한 긴즈버그가 맞닥뜨린 현실도 그랬다. 그는 청문회에서 이렇게 말했다.

제가 하버드대 로스쿨에 있을 때의 일입니다. 하버드 로 리뷰Harvard Law Review[3]에서 일하고 있었고 라몬트 도서관의 정기간행물 코너에서 뭔가 확인할 게 있었어요. 자정 전에는 집에 들어가야겠다고 생각한 걸로 봐서, 꽤 늦은 밤으로 기억합니다. 그때 제 딸은 생후 14개월이 었습니다. 도서관 입구에서 어떤 남자가 저더러 들어갈 수 없다고 말했습니다. 이유를 물으니 "당신은 여성이니까요"라고 말하더군요.

'하버드 도서관은 여성들에게도 모두 개방돼 있다. 와이드너 도서관도 모두에게 열려 있다'고 항의했습니다. 하지만 라몬트 도서관의 그 열람실은 여전히 어떤 상징처럼 남아 여성에게 개방되지 않았습니다. 대학에 고용된 사람이 이 방엔 들어갈 수 없다고 말하는데, 그 앞에서 제가 할 수 있는 일은 아무것도 없었습니다.

1960~70년대 내내 긴즈버그는 자신의 전공인 법을 바탕으로 여성 권익을 옹호하는 활동을 했다. 법대 교수로서 성 평등과 관련한 수업을 폭넓게 개설하려 애썼고, 미국의 대표적인 인권 단체인 미국시민자유연맹 안에 여성권익증진단을 만들어 변호사 겸 자문 위원으로 일했다.

처음으로 대법원에 올라간 사건에서 변호사로서 변론에 나선 때는 1973년이었다. 샤론 프론티에로라는 여성이 군에 입대했는데, 여성이기 때문에 주택수당을 받지 못한다는 것을 알고는 남성과 똑같이 처우하라는 소송을 냈다. 지방법원에서 패소했고, 결국 대법원까지 갔다. 긴즈버그는 성에 따른 차별이 위헌이라는 논리의 변론을 펼쳤다.

결혼한 남성 군인은 자신뿐만 아니라 배우자의 수입과 관계없이 배우자에 대한 수당도 받습니다. 결혼한 여성 군인은 배우자에 대한 의료 수당과 본인, 배우자에 대한 분기 수당조차 받지 못합니다. 이 소송에서 프론티에로는 양육비의 3분의 2를 내고 있는데도 말입니다. 이런 이유로, 변호인들은 의회가 만든 성과 관련한 법이 합리성 기준을 충족하지 못한다고 믿습니다.[4]

당시 긴즈버그는 프론티에로가 직접 선임한 변호사는 아니지만 프론티에로를 지원한 미국시민자유연맹의 자문 위원 자격으로 변론했다. 긴즈버그는 "성性은 인종과 마찬가지로 능력과 관계가 없다"고 했다. 그럼에도 인종이나 성이 개인의 잠재력을 평가하는, 입증되지 않은 부당한 전제처럼 받아들여지고 있다고 비판했다. 그가 강조한 논점이 사회의 상식으로 오랜 시간에 걸쳐 퍼져 나간 것은 인류가 20세기 후반부에 이뤄 낸 가장 중요한 진보였다. 이어지는 변론으로 다시 돌아가 보자.

수정 헌법 14조[5]의 중요한 목적이 불순한 인종차별을 없애기 위해서임은 분명합니다. 수정 헌법 14조를 만든 사람들은 왜 인종차별을 혐오스럽게 여겼을까요? 사람의 피부색은 능력과 불가결하게 연관돼 있지 않기 때문입니다. 사람의 성별 역시 능력과 불가결한 관계가 없다는 상고인들의 주장과 비슷하게 말입니다.

이런 차별은 우리 사회에서 남성들이 차지한 자리 밑에 여성들이 뒤처져 있게 만듭니다. 성별을 이유로 여성을 열등하다고 낙인찍지 않는 현대적인 시각의 타당성이, 성별에 따른 분류 때문에 흔들린다고 상고인들은 생각합니다.

법원이 성별 분류가 위헌적인 기준일 수 있음을 분명히 해주기를 요청합니다. 1837년 남성과 여성의 동등한 권리를 주장한 세라 그림케의 강력한 진술을 빌려, 변호인으로서 제 입장을 말씀드립니다. 그는 돌려 말하지 않고 명료하게 밝혔습니다. "내 성별을 바꿔 달라고 부탁하지 않겠습니다. 내가 우리 형제들에게 부탁하는 것은 내 목에서 발을 치워 달라는 것입니다."

인종처럼 타고난 특징인 성별에 기초한 차별은 헌법에 위반되며, 따라서 남성과 여성이 동등한 권리를 보장받아야 한다는 그의 주장은 받아들여졌다. 여성들이 차별받아 온 역사를 흑인들이 차별받아 온 역사와 결합하면서 인종이나 성별에 따른 차이 없이 인권을 주장하는 전략, 여성의 권리는 '인간의 권리'에서 떼어 낼 수 없는 부분임을 강조하는 그의 전략은 남녀 모두에게 설득력이 있었고 당시의 시대적 흐름과 맞물려 법정에서 널리 받아들여졌다.

긴즈버그는 변론을 맡은 대법원 사건 여섯 건 중 다섯 건에서 승소했다. 이 가운데에는 여성이 배심원단에 들어가도 되는지와 관련된 사건도 있었다. 미국에서 일부 형사사건은 주민들 가운데 선정된 배심원단의 평결로 재판이 진행된다. 하지만 주민 '대표성'을 보장하는 것은 의무 사항이 아니었으며, 여성을 배심원단에 포함할지도 '선택 사항'이었다. 이는 여성들을 배심원단에서 배제하는 결과를 낳았다. 남성들의 '허락'이 없으면 여성들은 사실상 배심원이 될 수 없었던 것이다.

이와 관련된 소송 세 건이 진행됐다. 그런 재판 중 하나가 1979년의 '듀런 대 미주리 사건'이었다. 재판에서 긴즈버그는 여성들이 배심원단에서 배제됨으로써 형사사건 피고인들이 공정한 재판을 받지 못했다고 주장했다.

기분에 따라 이용할 수 있는 특권, 어떤 여자든 남자든 혹은 또 다른 크고 안정적이고 독특한 인구 집단이든 쉽게 이용할 수 있는 특권은 다양한 집단으로 구성된 대표자에게 심리받아야 한다는 피고인의 권리를 침해합니다. 모든 시민이 인종·국적·성별을 이유로 배제되지 않고 배심원단에 참여할 수 있어야만 피고인의 권리를 지킬 수 있습니다.[6]

긴즈버그 쪽이 승소했지만, 법정에서도 여성이 처한 현실을 보여 주는 웃지 못할 장면이 있었다. 변론 중 윌리엄 렌퀴스트 대법관이 긴즈버그에게 "당신은 수전 앤서니의 얼굴을 1달러 동전에 넣은 것으로는 만족하지 않습니까"라고 물은 것이다.

수전 앤서니(1820~1906)는 퀘이커 집안에서 태어난 여성으로, 19세기의 사회 개혁 운동가로 명성을 떨쳤다. 노예제에 반대하는 싸움에 앞장섰고 여성 참정권 운동에도 주도적으로 참여했다. 1979년 그의 얼굴이 미국 달러 동전에 새겨졌는데, 미국 화폐에 여성의 얼굴이 등장한 것은 처음이었다.

긴즈버그는 달리 반박하지 않고 조용히 자리에 앉았다. 훗날 긴즈버그는 이렇게 회고했다. "집으로 돌아오는 차 안에서야 어떻게 응수해야 했는지 생각이 났다. '아니요, 대법관님. 동전으로는 충분하지 않습니다'라고 말해야 했는데 아쉽게도 그런 말을 하지 못했던 것이다."7

어쨌든 긴즈버그는 '듀런 대 미주리' 재판에서 이겼고 그 뒤 오랜 세월이 흘렀다. 그러나 지금도 미국의 배심원단 구성은 '편파적'이라는 비판에서 자유롭지 않다. 2012년 플로리다주 샌퍼드Sanford에서 백인 자경단원 조지 지머맨이 트레이본 마틴이라는 17세 흑인 소년을 사살한 사건이 있었다. 이듬해 지머맨은 무죄 평결을 받았는데, 배심원단 중에 흑인은 한 명도 없었기 때문에 재판 결과를 놓고 거센 비판과 항의 시위가 일어났다. 당시 배심원단 여섯 명은 모두 중년 여성이었고 다섯 명은 백인, 한 명은 히스패닉이었다.[8] 인종이나 젠더, 연령 등 여러 면에서 '공정한 재판'을 확보하기 위해 배심원단을 구성하는 문제는 여전히 미국에서 뜨거운 이슈다.

\

대법관이 돼서도 긴즈버그는 줄곧 차별받는 이들의 편이었다. 1996년 대법관이 된 뒤 여성 인권과 관련해 처음 맡은 사건은 버지니아 군사학교Virginia Military Institute에 여성의 입학을 허가해 달라는 내용의 '연방 정부 대 버지니아 사건'이었다. 결론은 7 대 1로 여성 입학을 허용해야 한다는 것이었다. 긴즈버그가 판결문을 작성했다.

우리가 인지하고 있는 남성과 여성의 태생적 차이는 축하할 이유이지, 한쪽 성별에 속한 구성원을 폄하하거나 개인이 누릴 기회를 인위적으로 제약하는 근거가 아니다. "여성들이 겪어 온 심각한 경제적 방해물"에 대한 보상으로 "동등한 고용 기회를 촉진"하고, 국민의 재능과 능력을 온전히 발휘할 수 있도록 발전시키기 위해서라면 성별에 대한 차별[9]을 활용할 수도 있다. 그러나 과거와 같이 법적·사회적·경제적으로 열악한 여성들의 지위를 영속화하는 방향으로 차별을 활용해서는 안 된다.[10]

빌 클린턴 행정부에서 지명된 긴즈버그는 조지 W. 부시 정부가 들어서면서 '소수 의견의 아이콘'으로 떠오른다. 긴즈버그의 삶을 다룬 다큐멘터리 영화 제목도 그가 소수 의견을 내며 '나는 반대한다'라고 외쳐 온 데에서 나온 것이다.

그의 소수 의견이 큰 반향을 일으킨 대표적인 사건은 릴리 레드베터라는 여성 노동자가 굿이어 타이어 공장에서 남성보다 훨씬 적은 월급을 받고 있었음을 뒤늦게 알고 제기한 소송이었다. 19년간 이 회사에서 일한 레드베터는 사측이 1964년의 민권법 7장에서 금지한 '성별에 따른 차별'을 저질렀다고 주장하며 2007년 소송을 냈다.

그런데 새뮤얼 앨리토 대법관은 판결문을 낭독하며 "고용주의 조치에 차별 소지가 있다는 결정이 나오고 이를 알게 된 뒤 180일 이내에 문제를 제기했어야 한다"며 레드베터에게 패소 판결을 내렸다. 부당한 차별을 법원이 인정했음에도 실질적인 해법을 제시하기보다는 문제를 제기한 시점이 너무 늦었다는 형식 논리를 내세워 차별을 유지할 수 있도록 한 판결이었다. 앨리토 대법관은 또 민권법 7장이 고용 전반의 차별을 막기 위한 것이라면서 "20년 전 결정된 임금에 이 법을 적용할 수는 없다"고 했다.

대법관 아홉 명 중 다섯 명의 '다수 의견'에 따라 레드베터가 패했지만 네 명의 대법관은 동의하지 않았다. 긴즈버그가 소수 의견을 낭독했다.

"날씨가 아닌 시대의 기후를 살펴야 합니다"
루스 베이더 긴즈버그

오늘 판결을 통해 얻은 교훈이 있다면, 임금 격차가 있다는 걸 알았을 때 그것이 차별 때문인지 아닌지 확실하지 않더라도 일단 빨리 소송부터 해야 한다는 것이다. 또 하나 명백한 것은 레드베터가 인종, 종교, 나이, 출신 국가, 장애를 이유로 임금 차별을 겪었다고 하더라도 구제받지 못하리라는 점이다. 법원이 민권법 7장의 광범위한 구제라는 입법 취지에 부합하지 않게 해석을 내린 것이 처음은 아니다. 오늘 공은 다시 의회로 넘어갔다.[11]

영화 〈루스 베이더 긴즈버그〉에서 릴리 레드베터는 핵심을 짚는다. "그때 긴즈버그는 대법관 중 유일한 여성이었다. 긴즈버그는 '법원이 공장의 현실을 모른다'고 했는데, 정곡을 찌른 말이었다." 긴즈버그가 넘긴 공을 받아 의회는 2년 뒤 2009년 〈릴리 레드베터 공정임금법〉을 통과시켰다.

＼

대법원에서 '소수 의견'을 냈다는 것은 법관으로서 주장한 내용이 동료들을 설득하지 못했다는 뜻이 될 수도 있다. 소수 의견 단골인 긴즈버그를 두고 대법원 안팎에서 비판하는 목소리도 있었다. 하지만 대중들의 반응은 정반대였다.

2013년 보수적인 미국 남부 주들이 투표권법의 적용을 피할 수 있게 허락한 '셸비 카운티 대 홀더'Shelby County v. Holder 판결이 나왔다. 사실상 흑인들의 투표를 방해할 수 있게 대법원이 허가증을 내준 셈이었다. 이때에도 긴즈버그는 '소수 의견'을 냈다. 이 사건에서 열정과 분노를 담아 소수 의견을 낭독하는 긴즈버그의 모습에 특히 젊은 세대가 환호했다. 래퍼 '노터리어스Notorious(악명 높은) BIG'에 빗댄 '노터리어스 RBG'라는 별명이 생겼다. 법복 위에 착용하는 칼라는 긴즈버그의 상징이 됐다. 그의 이름을 새긴 머그잔과 배지, 인형 같은 굿즈들이 팔려 나갔다. '노터리어스 RBG'는 대중문화의 아이콘이자 '밈'meme이 됐다.

긴즈버그는 1990년대 암을 얻은 뒤 수차례 치료와 재발병을 반복했다. 그의 건강을 둘러싼 소식 하나하나에도 미국 언론들이 촉각을 곤두세웠다. '도널드 트럼프 시대'의 미국 대법원에서 사회의 진보적 가치를 지키는 보루로 여겼기 때문이다. 2020년 9월 18일 긴즈버그는 췌장암으로 세상을 떠났고 시민들은 애도했다. 존 로버츠 연방 대법관은 "지칠 줄 모르고 단호한 정의의 수호자"라며 그를 추모했다.

무엇보다 사람들은 긴즈버그가 보여 준, 원칙을 향한 비타협적인 꼿꼿함과 소수를 위한 목소리에 열광했다. 저널리스트 아이린 카먼 등이 쓴 책 『노터리어스 RBG』는 이렇게 평했다. "RBG는 일생에 걸쳐 매우 독특한 삶을 살아온 인물이다. 그러나 독주는 결코 아니었다. 그는 여성을 비롯한 소외 계층의 지위를 끌어올리는 데에 일평생 헌신한 사람이었고, 심지어 불가능해 보일 때조차 동료들과 협력하는 사람이었다."[12]

"날씨가 아닌 시대의 기후를 살펴야 합니다"
루스 베이더 긴즈버그

\

그는 시대의 변화를 읽는 사람이었다. 2015년 미시간대 로스쿨 학생들과 만났을 때 '특정 사건에서 법관의 표결에 여론이 영향을 미쳐야 할까'라는 질문이 나왔다. 긴즈버그의 대답은 "판사는 그날의 날씨가 아닌 시대의 기후를 살펴야 합니다"였다.[13] 늘 사회의 변화에 깨어 있고, 경직되지 않은 유연한 자세. 아닐 때에는 '아니다'라고 말하며, 비판을 두려워하지 않는 용기. 젊은이들이 앞선 세대에 기대하는 모습이었기에 긴즈버그가 시대의 아이콘이 된 것이었다.

긴즈버그는 인준 청문회에서 이렇게 말했다. "내 일생 동안 대법관 중에 세 명 또는 네 명, 어쩌면 훨씬 더 많은 여성들이 나오길 기대합니다. 똑같은 틀에 매이지 않고 서로 다른 복잡한 특징을 지닌 여성들을 볼 수 있기를 바랍니다. 토머스 제퍼슨 대통령은 국무장관에게 '여성들이 공직하는 것은 국민들에겐 준비되지 않은 혁신이고 나도 아직 준비가 안 됐다'라고 말했지요. 아직 갈 길이 남아 있지만, 제퍼슨이 그런 말을 했을 때부터 우리는 긴 여정을 걸어왔습니다."

긴즈버그의 말이 맞았다. 그의 생전에 미국 대법관 아홉 명 가운데 세 명이 여성이었다. 긴즈버그에 이어 2009년 푸에르토리코 출신인 소니아 소토마요르가, 2010년 엘레나 케이건이 대법관이 됐다. 모두 버락 오바마 대통령 때 임명된 사람들이다. 긴즈버그의 후임으로 트럼프 대통령의 지명을 받은 에이미 코니 배럿도 여성이다.[14] 아직도 성비에 비하면 적은 숫

자다. 하지만 긴즈버그의 말처럼 아직 갈 길이 남아 있으며, 그 길을 갈 수 있고, 가야 한다. 긴즈버그는 2016년 조지타운 대 로스쿨 강연에서 이렇게 말했다.

사람들은 내게 묻습니다. "대법원에 여성 대법관이 이제 세 명입니다. 몇 명이 되어야 충분하다고 생각합니까?" 저는 '아홉 명이 된다면?'이라고 생각합니다. (관객 웃음소리) 대법관이 아홉 명인 이래로 모두 남성이지 않았나요?[15]

"

톈안먼 광장의
잃어버린 영혼들에게

"

끝내 감옥을 나가지 못한 작가
류샤오보

평화적인 민주화 운동에 참여하면서, 정치적으로
다른 견해를 밝혔다는 이유만으로 교사가 강단에
서 내몰리고 작가는 출판할 권리를 빼앗기며 지
식인들은 뜻을 이야기할 기회를 잃고 있습니다.

2010년 12월 10일, 노르웨이 오슬로 시청에선 해마다 그랬듯 노벨 평화상 시상식이 열렸다. 그해의 수상자는 중국의 '반체제 인사' 류샤오보(1955~2017)였다.

노벨상 시상식에서 수상자들은 자신의 성과와 그 의미, 세계에 보내는 메시지를 담은 연설을 한다. 위원회는 사이트에 모든 이들이 읽을 수 있도록 각 부문 수상자들의 기념 연설 내용을 '노벨 강연'Nobel lecture이라는 이름으로 공개한다. 류샤오보의 '노벨 강연'에는 이런 내용이 담겼다.

증오는 사람의 지성과 양심을 썩게 합니다. 적대적인 감정은 국가의 영혼을 해치고, 잔인하고 치명적인 다툼에 불을 붙이고, 사회의 관용과 인간애를 파괴하고, 자유와 민주주의를 향한 국가의 여정을 가로막습니다. 니는 이 나라의 발전과 사회적 변화를 위해 내 개인적인 경험들을 넘어설 수 있게 되기를 바랍니다. 정권의 적대에 최대한 선의로 응하고, 사랑을 통해 증오를 몰아낼 수 있기를 바랍니다.

자신을 탄압한 중국 정권을 향해 '사랑'을 얘기한 류샤오보. 하지만 그는 상을 받아안는 영광을 누리지 못했고, 세계인들과 중국의 동료 시민들에게 자신의 목소리로 연설할 수도 없었다. 노벨 강연으로 기록됐지만 앞서 인용한 것은 오슬로 시청에서 노르웨이 출신 영화배우 겸 감독인 리브 울만이 읽은 류샤오보의 중국 법정 최후진술이었다.[1]

그날 노벨 평화상 시상식장에, 옥에 갇힌 그는 올 수 없었다. 중국의 억압을 상징하는 '빈 의자'가 중국의 현실을 극적으로 드러냈다. 토르비에른 야글란 노르웨이 노벨 위원회 위원장이 스트리밍 서비스로 생중계된 시상식에서 중국 북부 랴오닝성 진저우의 교도소에 수감돼 있던 류샤오보에게 수상을 축하한다는 인사를 보내자, 객석에선 기립박수가 나왔다. 야글란 위원장은 류샤오보가 자신의 영광을, 1989년 학살당한 베이징 "톈안먼 광장의 잃어버린 영혼들에게" 바치겠다는 뜻을 전해 왔다고 했다.

"13억 인구의 중국은 어떤 면에선 인류의 운명을 어깨에 짊어지고 있습니다. 만일 이 나라가 시민 권리를 온전히 존중하는 가운데 사회주의적 시장경제를 발전시켜 나갈 수 있음을 보여 준다면 세계에 엄청난 영향을 미칠 것입니다. 그렇지 않다면, 인류 모두에게 파장을 부를 사회와 경제의 위기가 올 수 있습니다." 야글란 위원장의 말이다.[2]

현실은 전자보다는 후자에 더 가까워 보였다. 류샤오보는 법정 진술에서 적대감 대신 화해와 포용을 설파하면서 "평화적인 민주화 운동에 참여하면서, 정치적으로 [정부와] 다른 견해를 밝혔다는 이유만으로 교사가 강단에서 내몰리고 작가는 출판할 권리를 빼앗기며 지식인들은 뜻을 이야기할 기회를 잃고 있습니다"라고 말했다. 그럼에도 "내게는 적이 없고 증오심도 없습니다"라고 했다. 자신을 감시하고 체포하고 심문한 경찰도, 기소한 검사도, 감옥에 가둔 판사도 미워하지 않는다고. "감시와 체포와 기소와 판결을 받아들이는 것 외에 내가 할 수 있는 것은 없었지만, 그래도 당신들의 성실한 임무 수행을 존중합니다"라고 했다.

＼

류샤오보는 중국의 작가이자 문학비평가, 철학자였고 인권 운동가였다. 1980년대 문학평론으로 명성을 얻은 그는 세계 여러 나라의 대학에 초청돼 강의하다가 1989년 공산당의 억압적 통치에 반대하는 톈안먼 시위가 일어나자 중국으로 돌아왔다. 대만 출신 작곡가 허우더젠, 베이징사범대학 편집장을 지낸 가오신, 베이징대 사회학과 교수 저우둬와 함께 단식 농성을 하며 '톈안먼 사군자四君子'라는 별명을 얻었다. 그해 그의 세 번째 저작인 『형이상학의 안개』形而上學的迷霧가 중국에서 출판됐다. 그러나 그는 이내 체포돼 1991년까지 징역형을 살아야 했고, 그의 저작들은 중국에서 모두 금서가 됐다. 이후 그의 삶은 고난의 연속이었다. 1992년 대만으로 건너갔고 이듬해 『종말의 날에서 살아남은 이의 독백』末日倖存者的獨白을 펴냈으나, 자신이 참여한 1989년의 대중운동을 비판하는 내용을 담아 논란이 일었다. 당국의 위협을 우려해서였다는 얘기가 나왔다. 몇 달 동안 오스트레일리아와 미국 등지를 떠돌던 그는 지인들이 망명을 권유했음에도 1993년 5월 중국으로 되돌아갔다. 하지만 톈안먼 시위를 재평가하고 정치 개혁을 할 것을 정부에 촉구하는 청원 운동을 시작했다가 구금됐다. 그 이후로는 가택 연금을 당해 베이징 외곽의 집에서 9개월 동안 감시받았다.

1996년 2월 연금이 풀리자 류샤오보는 다시 민주화 운동에 나섰다. 10월 8일 그는 동료 작가 왕시저 등과 함께 대만과의 평화적 통일 등을 주장한 '10월 10일 선언'雙十協定을 발표했다. 류샤오보는 또다시 노동 수용소로 보내졌다. 그곳에서 자신을 면회 오던 화가 겸 시인이자 사진작가인 류샤와 옥중 결혼을 했다. 류샤오보에게는 아내가 세상과의 유일한 끈이었다.

1999년 풀려난 뒤에도 류샤오보의 집은 늘 감시받았다. 그의 저작들은 중국이 아닌 대만과 홍콩에서 출간됐다. 2005년 톈안먼 사태 때 그나마 학생 시위대에 우호적이었던 자오쯔양 전 총리가 세상을 떠났을 때에는 또다시 동요가 일어날까 우려한 당국에 의해 2주간 가택 연금을 당하고 통신마저 끊겼다. 류샤오보는 자오 전 총리의 사망을 2주 뒤에야 들었다고 한다.

털끝만큼의 자유마저 완전히 빼앗긴 것은 2008년 12월 10일 중국 입헌 100주년, 세계인권선언 발표 60주년을 맞아 동료 지식인 일곱 명과 함께 '08헌장'零八憲章이라 불리는 선언문을 발표하면서였다. 헌법 개정, 권력분립, 입헌 민주주의, 사법 독립, 인권 보장, 집회·결사와 표현·종교의 자유 등을 요구한 선언문[3]을 중국 정부가 보고만 있을 리 없었다. 그는 발표하자

마자 다시 투옥됐다.

감옥에 갇힌 그가 노벨 평화상 수상자로 선정됐을 때 중국 당국은 탄압을 중지하기는커녕 노르웨이와의 교역을 중단하는 식의 보복으로 응수했다. 진저우의 감옥에서 간암을 얻어 2017년 6월 26일 선양의 병원에서 숨을 거두기까지 그는 '세계에 이름이 알려졌지만 세계가 만날 수 없던 사람'으로 남아 있었다.

노벨 평화상 수상으로 류샤오보의 처우가 세계의 이목을 끌고 미국이나 유럽 등 서방과의 외교 갈등이 불거지자 당국은 아내인 류샤마저 가택 연금했고, 류샤의 남동생도 징역형을 선고받았다. 옥중의 류샤오보를 간호하겠다는 호소도 당국에 거부당했다. 남편이 세상을 떠나고 류샤도 40일 넘게 외부와 연락이 끊겨 체포설 등이 돌았으나, 당국에 의해 윈난성으로 '강제 여행'을 간 것으로 드러났다.⁴ 류샤는 이듬해인 2018년 7월 8년 만에 가택 연금에서 풀려나 독일로 떠났다.

\

'사람이 마음을 정하면 하늘을 이긴다'人定勝天가 문신처럼 몸과 마음에 새겨지고, 우리 청춘의 좌우명이 되었다. 우리는 운명에 고개 숙이지 않겠다. 냉혹하고 무자비한 운명에 청춘의 열정을 꺼뜨리지 않겠다. 청춘은 이렇게 쓰는 것이라고 굳게 믿기에.⁵

2019년 중국 중앙정부에 맞선 '송환법 반대'로 시작된 홍콩 시민들의 싸움은 반년 만에 당국의 무력 진압으로 귀결됐다. 홍콩의 범죄 용의자를 중국으로 데려갈 수 있게 하려던 송환법은 '홍콩의 반체제 인사들을 탄압하기 위한 것', '홍콩 민주주의를 질식시키는 것'이라는 거센 반발에 부딪쳤다. 반년 동안 시위가 이어지면서 송환법은 보류됐지만 민주주의를 요구한 시민들도 홍콩과 중국 정부 당국도 모두 엄청난 타격을 입었다. 격렬한 충돌 속에 '마천루와 쇼핑몰의 홍콩'은 사라졌다. 점령과 봉쇄에 부서진 대학과 상점가, 실탄을 쏘는 경찰과 방독면을 쓴 시위대의 이미지가 홍콩을 덮었다. 미국 브루킹스 연구소의 중국 전문가 리처드 부시는 「홍콩을 위한 레퀴엠」에서 "우리가 알던 홍콩은 이제 없다"고 썼다.[6]

홍콩 시민들은 행정 당국과 베이징의 중앙정부를 상대로 1997년 중국 귀속 이래 세 차례 큰 싸움을 벌였다. 첫 번째는 2003년 둥젠화 당시 홍콩 행정장관이 추진한 보안법에 맞서 50만 명이 거리로 나선 '7월 행진'이었다. 결국 보안법 통과를 막아 냄으로써 시민의 힘을 보였지만, 이 사건은 중국 정부의 경계심을 키운 계기도 됐다.

두 번째는 2014년 우산혁명이었다. 홍콩의 정부 수반인 행정장관은 주민들이 아닌 선거위원회가 선출한다. 1200명 정원인 선거위원회는 정계·재계·문화계 등 각계 '대표자들'로 구성된다. 주민들이 투표로 뽑은 사람들이 아니니 간접선거라 부르기도 어렵다. 친중국계가 다수를 차지하는 선거위원회의 투표 절차일 뿐이다. 홍콩의 의회 격인 입법회도 마찬가지다. 시민들이 직접·평등·비밀·보통선거를 하자고 요구하며 거리로 나선 이유였다.

이 우산혁명을 이끈 사람들 중 한 명이 조슈아 윙이다. 윙은 2011년 결성된 학민사조學民思潮라는 중·고등학생 운동 조직을 이끌면서 2012년 중국의 국가주의 이데올로기를 강요하는 '국민교육' 반대 운동을 했고, 2014년에는 우산혁명 시위에 앞장섰다. 윙은 학민사조의 동지들과 함께 2016년 '데모시스토'라는 정당을 만들어 정치활동에 나섰지만 당국의 탄압을 받고 이듬해 수감됐다가 보석으로 풀려났다.

2019년 '송환법 반대'로 시작된 싸움에서 윙은 세계를 향해 홍콩인들의 목소리를 전했다. 홍콩 시민들과 중국 당국의 세 번째 싸움이라고 할 이 시위에서 양측은 전력으로 맞붙어 서로에게 타격을 줬다. 홍콩 이공대를 점거하고 농성을 벌이던 시위대는 무력 진압에 무너졌다. 그러나 시민들은 홍콩에서 유일하게 직접선거로 치러지는 구의원 선거에서 친중파가 아닌 '민주파'에게 승리를 안기며 중국 정부에 항의를 표출했다. 식민주의의 유산인 동시에 '금융자본주의의 꽃'이었던 홍콩은 이 과정에서 '체제 갈등의 격전장'으로 변했다.

중국의 응답은 '더 강도 높은 통제'였다. 2020년 중국은 '홍콩 국가보안법'을 만들었으며 7월 1일부터 시행에 들어갔다. 홍콩에서 국가 분열, 국가 전복, 테러 활동, 외국 세력과의 결탁 등 네 가지 범죄를 저지를 시 최고 무기징역형을 받을 수 있게 하는 등 강도 높은 통제를 담은 법이다. '홍콩 보안법'이라 불리는 이 법은 정확히 말하면 홍콩의 헌법 격인 '홍콩 기본법'에 중국이 '부칙'으로 끼워 넣은 것이다. 홍콩 의회가 아니라 중국 '본토'에서 전국인민대표대회(전인대)가 결정해 만든 법이다. '일국양제'一國兩制를 무시한 처사라며 홍콩인들은 반발했다. 송환법에서부터 보안법 항의로 이어진 홍콩인들의 이 싸움은 이전 두 차례 대립의 연장선에 있으면서도, '한 국가 두 체제'를 보장한다는 '일국양제'가 본토와 홍콩의 공존을 보장하는 틀이 될 수 없음을 결정적으로 드러냈다.

이 시위에는 중국의 억압적 통치뿐만 아니라 홍콩 내의 빈부 격차에 대한 청년층의 반발이 섞여 있었다. 2018년 국제구호 기구 옥스팜 보고서를 보면 상위 10퍼센트 홍콩 부자들은 매달 하위 10퍼센트가 버는 돈의 43.9배를 벌었다.[7] 베이징 지도부와 홍콩 비즈니스 엘리트들의 결탁 또한 굳건하다. 송환법 반대 시위가 한창일 때 홍콩 대기업들과 경제인 단체들은 시위대에 '진정'할 것을 촉구하는 광고를 여러 매체에 게재했다. 홍콩을 대표하는 토착 기업은 대개 부동산 회사들이다. CK애싯, 핸더슨토지개발, 순홍카이, 시노랜드, 그레이트이글홀딩스, 뉴월드개발 등 대표적인 부동산 개발 회사들이 광고에 이름을 올렸다. 『포브스』 추산 세계 28위 갑부 리카싱이 소유한 CK애싯은 홍콩에 고밀도 건물을 지어 돈을 벌지만 조세 회피처인 영국령 케이먼섬에 서류상 본사를 두고 있다.

억만장자의 돈이 늘어나는 것과 빈민이 늘어나는 것은 동전의 양면이다. 홍콩 당국의 통계를 보면 2017년 기준으로 전체 인구 734만 명 가운데 137만 명이 빈민이었다. 특히 아이들 네 명 중 한 명, 노인 세 명 중 한 명이 빈곤선 아래서 살아간다.[8] 부자들이 계좌를 늘리는 동안 서민들에게 늘어난 건 임대료와 공공 주택에 들어가기 위해 대기하는 기간뿐이다. 전문가들에 따르면 홍콩의 소득분포도는 중간이 비어 있다. 중위소득자는 적고 하층과 상층만 많은 구조라는 것이다. 집을 사려면 25~30년을 모아야 하는데, 중국이 약속한 일국양제 기간은 2047년까지다. 그때는 '사회주의화'되는 것이다.

모든 사건들의 배경을 경제에서 찾는 것은 때로는 그르다. 2019년 8월 폴 찬 홍콩 재무장관은 저소득층을 위해 돈을 풀겠다는 '당근'을 내놨다. 그러자 시민들은 1992년 미국 대선에서 빌 클린턴 후보가 내세운 '바보야, 문제는 경제야'를 패러디한 '바보야, 문제는 경제가 아니야'라는 구호로 응답했다.[9] 극심한 부의 편중이 사태의 배경에 있다지만, 중요한 것은 부의 집중 자체가 아닌 '정치의 부재'이기 때문이다.

시민들의 목소리를 대변하고, 정책을 만들고, 격차를 줄일 행정을 펼칠 정치 집단이 형성되지 못하게 중국 정부가 기를 쓰고 막고 있는 탓이다. 정치적 통로가 없다는 좌절감이 시민들을 거리로 이끌었다. 홍콩인들은 험난한 길을 한 걸음씩 나아가고 있지만, 홍콩의 민주주의는 '중국이 민주화되는 속도'에 계속 연동될 수밖에 없다.

\

홍콩 이공대를 점거한 젊은이들이 무장 경찰들에 에워싸인 채 민주주의를 외치던 2019년 11월 18일, 광둥성 선전에서는 초과 근로 수당을 달라는 택배 기사들의 시위가 벌어졌다. 전날 윈난성 쿤밍에서 건설 노동자들이 체불임금을 달라고 항의했다. 간쑤성 란저우 택시 기사 수백 명의 파업, 선전 제조업체 노동자들과 건설 노동자들의 연좌시위, 안후이성 추저우 보온병 공장 노동자들과 광저우 판위番禺 의류 공장 노동자들의 체불임금 지급 요구 시위 등이 잇달아 일어나고 있었다.

홍콩인들의 저항은 세계의 시선을 모았다. 중국은 시민 자유를 옥죄는 홍콩 보안법으로 홍콩인들의 입에 재갈을 물렸다. 그러나 진짜로 알려지지 않은 것, 홍콩에서 벌어지는 일들보다 훨씬 숨겨진 것은 중국에서 일어나는 노동쟁의다. 중국 언론에 보도되지 않고 외부로 알려지는 것도 당국이 통제하기 때문이다.

여기서 언급한 노동쟁의들은 홍콩에서 활동하는 노동운동가들이 본토 상황을 집계한 '중국노공통신'CLB[10]에 보고된 내용이다. CLB는 연락망을 통해 쟁의나 사고 소식을 전해 듣고 그때그때 지도에 기록한다. 쟁의 지도와 함께 열악한 노동환경에서 벌어지는 사고들도 집계해 사이트에 공개한다. 이 쟁의 지도와 사고 지도에 표시된 기록은 '세계의 공장' 중국이 저임금 노동자들의 삶을 어떻게 희생해 가며 고속 성장을 해 왔는지 단적으로 보여 준다.

바깥 세계엔 알려지지 않은 채 중국의 노동쟁의는 갈수록 늘고 있다. CLB에 따르면 2017년 1200건, 2018년 1700건이었다. 30년 가까이 이어진 초고속 성장세가 한풀 꺾인 점이 늘어나는 쟁의들을 읽는 하나의 열쇠다. 중국의 경제성장률은 2017년 6.9퍼센트에서 2018년 6.6퍼센트로 낮아졌고 2019년에는 6.1퍼센트로 6퍼센트대를 간신히 넘겼다.

과잉생산으로 재고가 잔뜩 쌓인 철강과 건설자재는 21세기판 실크로드라는 '일대일로'一帶一路 같은 프로젝트를 통해 다른 나라들에 넘길 수 있다지만, '사람들'은 떠넘길 수도 없앨 수도 없다. 성장이 주춤해지자 '파이'를 키울 때에는 덜 두드러졌던 갈등이 터져 나온다. 쉴 틈 없이 공장들이 돌아가던 지역에서 젊은이들을 흡수할 일자리가 줄어드는 것도 문제다. 당국이나 고용주가 시키는 대로 따르던 노동자들의 권리 의식도 전보다 높아졌다.

2019년 4월 중국에서는 정보기술IT업계 노동자들을 중심으로 '996 항의' 운동이 벌어졌다. 오전 9시부터 오후 9시까지 주 6일 일하는 것에 반발한 이들은 '996.ICU'라는 웹페이지를 만들어 초과근무 실태를 서로 제보하며 기업들의 블랙리스트를 만들었다.

특히 쟁의가 많이 일어나는 곳이 중국의 경제 엔진인 광둥성 일대로 홍콩과 맞붙은 지역이다. 중국이 홍콩 시위를 강도 높게 탄압하는 것은 힘없던 시절 어쩔 수 없이 약속한 일국양제에 불만이 있거나 민주화를 거부하고 싶기 때문만은 아니다. 시진핑 국가주석이 말하는 '샤오캉小康 사회'로 가려면 경제성장을 계속해야 한다. 그러려면 노동자들의 요구가 분출되지 않도록 억눌러야만 하는 상황인 것이다.

중국 정부는 홍콩 시위의 싹을 자르지 않으면 광저우를 시작으로 곳곳에서 '희생을 강요하는 체제'에 대한 반발이 터져 나올까 우려한다. 전례도 있다. 영국이 홍콩을 식민 통치하던 1925~26년 광저우-홍콩 연대 파업(칸톤 봉기)은 당시 중국과 영국 모두를 긴장하게 했다. 홍콩에서 긴급정황구제조례(긴급법)가 발동됐던 1967년의 반영국 시위도 노동자들의 파업으로 시작됐다.

경제성장의 버팀목이면서 정작 혜택에선 소외된 노동자들의 싸움을 돕고 알리는 일을 하는 것이 주로 홍콩 사람들이다. 영국 SOAS 런던 대학 중국 전문가 팀 프링글은 2018년 발표한 논문에서 광둥성을 기반으로 활동하는 홍콩 노동단체들을 '연대의 기계'라고 표현했다.[11] 중국의 '노동단체'들이나 노동연구자들이 마르크스주의 노동관에 머물러 있는 반면, 세계의 흐름과 보편적 기준을 잘 아는 홍콩인들이 중국 노동자들에게 권리를 일깨우고 있다는 것이다.

노조가 없는 중국 공장들에서 홍콩과 연결된 노동단체들은 사실상 노조 역할을 해왔다. CLB는 본토의 산발적인 노동쟁의가 최근 노조 결성 움직임으로 이어지고 있다고 전한다. 글로벌화된 홍콩의 시스템은 광저우·선전·마카오를 잇는 주장강 삼각주의 노동자들에게 큰 영향을 미친다. 주장강 삼각주는 노동 여건과 공중 보건, 인프라 문제가 갈수록 커지면서 중국 정부에 고민을 안기고 있다.

공산당 지도부도 노동자들의 요구를 언제까지 묵살할 수는 없다는 것을 안다. '모두가 편안하고 풍족한 사회'를 가리키는 샤오캉이라는 구호도 그래서 나왔다. 그러면서도 '중국몽'中國夢을 외치는 시 주석과 공산당 지도부는 아직은 때가 아니라며 제 몫을 달라는 노동자들의 목소리를 억누르고 있다. 지방정부는 기업들에 쟁의를 무산시키라 압박하고, 사업장들은 파업하는 노동자들을 내쫓고, 공안(경찰)은 노동 지도자들을 구금한다. 덩샤오핑의 개혁·개방이 궤도에 오른 1989년 톈안먼 학살이 벌어지자 서방 언론은 대학생들에게 초점을 맞췄다. 그러나 실제로 탄압받은 이들은 노동자였다. 미국의 중국사학자 모리스 마이스너는 『마오의 중국과 그 이후』에서 "투옥된 사람 대부분과 사형당한 사람은 모두 노동자나 일반 시민이었고, 학생들의 경우 '긴급 수배자' 명단에 들어간 21명의 주모

자들을 제외하면 비교적 관대한 처벌을 받았다"고 지적한다.[12]

캐나다 토론토 대학 중국 전문가 다이애나 푸가 『뉴욕 타임 스』에 말한바 "교사들이 수업을 거부하고 트럭 운전사들이 수송을 중단하고 건설 노동자들이 일손을 멈추면 중국몽을 쫓는 것은 불가능해진다".[13] '중국몽이 중국인들의 꿈을 짓밟는' 역설이다.

＼

2003년 중증급성호흡기증후군SARS(사스)이 퍼지고 중국 당국이 은폐에 급급했을 때, 중국을 방문하고 돌아오던 미국인 환자가 경유지인 베트남 하노이 병원에서 숨졌다. 이 환자의 죽음을 세상에 알린 것은 세계보건기구 소속으로 일하며 하노이 병원 현장을 조사한 이탈리아 의사 카를로 우르바니였다. 우르바니도 사스에 걸려 결국 숨졌고, 의료진 감염 문제가 대두됐다.

그 후 17년이 지나 중국은 후베이성 우한에서 시작된 '코로나19' 사태를 만났다. 처음 환자가 확인된 것은 2019년 말이었다. 사스와 비슷한 신종 질병이 퍼질 것이라 걱정한 우한중앙병원 의사 리원량은 동료에게 말을 꺼냈고, 동료 의사가 위챗WeChat의 대화방에 그 내용을 올렸다. 하루 이틀 사이였지만 위챗 대화방 화면을 캡처한 메시지가 소셜 미디어를 타고 돌기 시작했다. 그러자 공안 당국은 2020년 1월 3일 리원량을 비롯한 의사들에게 훈계서를 들이밀고 서약을 받았다. '화난華南수산시장에서 사스 확진자 일곱 명이 나왔다고 한 가짜 여론'을 퍼뜨릴 경우 처벌받겠다는 서약이었다.

리원량은 환자들과 접촉하다가 코로나19에 감염됐다. 1월 31일 그는 블로그에 투병 중인 자신의 모습을 공개했다. 당국이 전염병 경고를 무시하고 의료진을 윽박지른 사실이 세상에 알려졌다. 리원량은 2월 7일 세상을 떠났다. 서른세 살 의사의 죽음은 중국 당국의 폐쇄주의와 강압적인 처사에 대한 분노에 기름을 부었다. 홍콩 『사우스 차이나 모닝 포스트』에 따르면, 우한에 있는 화중사범대학 탕이밍 국학원 원장과 동료 교수들은 "리원량의 경고가 유언비어로 치부되지 않았다면, 모든 시민이 진실을 말할 권리를 행사할 수 있었다면 전 세계에 영향을 미친 이 국가적 재앙은 일어나지 않았을 것"이라는 공개서한을 발표했다. 이들은 언론 자유 등 '중국 헌법 가치'를 강조하면서 리원량 등 의사들에게 침묵을 강요한 경위를 조사하고 당국이 사과·배상할 것을 요구했다.[14] 칭화대 법대 교수를 지낸 쉬장룬은 「분노하는 인민은 더는 두렵지 않다」라는 글을 발표하고 당국을 비판했으며 시진핑 국가주석 퇴진을 공개적으로 요구했다.[15]

당국은 리원량 애도 열기가 번지자 태도를 바꿔 그를 '영웅'으로 미화했다. 4월 2일 중국 정부는 리원량 등 사망한 의료진에게 '열사' 칭호를 수여했다. 동시에 중국 정부는 내부의 비판 여론을 막으려 애썼다. 시 주석은 정부 조치를 따르지 않는 이들을 처벌하겠다고 엄포를 놓았다. 마오쩌둥이 말한 '인민의 전쟁'이라는 표현까지 인용했다.

유럽과 미국으로 전염병이 더 많이 퍼지면서 중국의 초기 대응에 대한 비난은 다소 묻혔다. 그 틈을 타 중국 정부는 체제를 비판한 이들을 처벌했고, 시 주석의 통치 및 코로나19 대응을 자화자찬했다. 지도부의 코로나19 대응을 비판하고 정치개혁을 요구한 쉬장룬은 7월 6일 경찰에 체포됐다. 그가 성 매수를 했다는 이유였지만, 병환에 시달리며 궁핍하게 생활하면서도 정부를 꾸준히 비판해 온 그에게 뒤집어씌워진 이 혐의를 믿는 사람은 별로 없었다. 쉬장룬은 엿새 만에 풀려났지만 결국 칭화대에서 쫓겨났다.[16]

한때 중국의 입장은 '도광양회'韜光養晦(은밀히 실력을 키움)로 요약됐다. 어느 순간부터 중국은 도광양회의 옷을 벗었다. 그러나 지식인에게도, 노동자에게도, 의료진에게도, 홍콩의 시민에게도 여전히 '말할 자유'는 없다. 조슈아 웡이 2020년 펴낸 책의 제목은 『자유롭지 않은 말』[17]이다. 의사의 죽음, 그리고 말의 자유를 잃은 홍콩은 세계 양대 강국(G2)의 한 자리를 차지한 중국의 두 얼굴이다.

4부

더 나은 세상으로

"
30루피로
가족을 먹여 살려요
”

슬럼의 목소리

찬드니 칸

＼

제 이름은 찬드니 칸입니다. 다섯 살 때부터 아빠를 따라 거리를 누비며 마술쇼나 춤, 뱀쇼 공연을 했어요. 공연은 늦은 밤까지 이어지기도 했지요. 가끔씩 쓰레기를 주우러 다녔어요. …… 일곱 살이 되면서 아예 넝마주이로 전업했어요. 쓰레기를 줍다 보면 욕을 먹거나 개에게 물리는 일이 매일같이 일어납니다.

제 이름은 찬드니 칸입니다. 다섯 살 때부터 아빠를 따라 거리를 누비며 마술쇼나 춤, 뱀쇼 공연을 했어요. 공연은 늦은 밤까지 이어지기도 했지요. 가끔씩 쓰레기를 주우러 다녔어요. 그런데 아빠가 갑자기 세상을 떠났고, 제가 가족을 먹여 살릴 처지가 됐습니다. 하루에 30루피를 간신히 벌었지만요. 일곱 살이 되면서 아예 넝마주이로 전업했어요. 쓰레기를 줍다 보면 욕을 먹거나 개에게 물리는 일이 매일같이 일어납니다. 무언가 훔쳤다고 오해를 받아 감옥에 갇힌 적도 있다니까요. 꽃을 팔고 옥수수도 팔았죠. 제가 하는 일은 계속 바뀌었어요. 열 살이 되도록 연필 쥐는 법도 몰랐습니다.[1]

인도 델리의 위성도시인 노이다Noida의 빈민촌에서 자란 찬드니 칸이 21세였던 2018년에 옛일을 떠올리며 한 얘기다. 다섯 살 여자아이가 누군가에게 고용되어 벌었다는 30루피는 2020년 환율로 500원이 채 되지 않는다. 하루 500원을 벌어 가족의 생계를 책임지는 절대 빈곤.

세계은행 통계에 따르면 인도에서는 하루 1.9달러(약 2400원) 이하를 버는 빈곤층이 전체 인구의 21퍼센트에 이른다. 인도인 다섯 명 중 한 명은 빈곤선 아래에서 살아간다는 얘기다.[2] 슬럼에 사는 사람이 1370만 명이다. 수도나 전기 같은 기본적인 생활 시설도 모자라고 건강과 영양 상태가 좋지 않은 이들이 많다. 무엇보다 벌이가 일정하지 않다. 빈민촌은 대부분 대도시에 붙어 있다. 인도 도시의 63퍼센트가 주변에 빈민가를 끼고 있다는 통계도 있다.

중국과 함께 '친디아'CHINDIA라 불리며 눈부시게 성장해 온 나라 아니냐고 한다면, 그 말도 맞다. 하지만 그 이면에 가려진 엄청난 숫자의 빈민, 그리고 빈민이 생겨날 수밖에 없는 정치적·사회적 구조가 결국 인도의 아킬레스건이 되리라는 관측도 동시에 나온다. 아무리 외쳐도 들리지 않는 목소리를 가진 인도 빈민의 삶은 어떠하며, 경제성장을 거듭하는데도 이들은 왜 계속 가난할까.

안나와디에서 사하르 공항로까지는 약 200미터인데, 이 지점에서 새로운 인도와 해묵은 인도가 충돌하며 또 다른 인도가 만들어졌다. SUV[스포츠 유틸리티 차량] 운전사들은 각각 달걀 300개씩 싣고는 빈민촌 양계장에서 쏟아져 나오는 자전거 배달 소년들을 향해 맹렬하게 경적을 울려 댔다. 뭄바이 빈민촌이라는 점에서 보면 안나와디 자체는 특별할 게 없었다. 집들은 전부 기우뚱해서 조금이나마 덜 기울어진 집이 똑바로 선 것처럼 보였고, 오물과 질병은 삶의 일부 같았다.[3]

인도 서부 아라비아해에 면한 경제도시 뭄바이에는 인도와 세계를 잇는 관문 차트라파티 시바지 국제공항이 있다. 잘 닦인 활주로에, 세계적 체인의 호텔들이 번쩍거리며 공항 주변에 늘어서 있다. 1991년부터 도심 북서쪽 드넓은 빈 땅 주변에 남부 타밀나두 지방에서 온 노동자들이 몰려들기 시작했다. 공항 공사가 시작되면서였다. 공사가 끝나도 이들은 돌아가지 않고 터미널 맞은편에 둥지를 틀었다. "타밀 사람들은 뱀이 사는 덤불을 베어 내고 마른 흙을 퍼다 습지를 메웠다. 한달이 지나자 대나무 장대를 땅에 박아도 힘없이 넘어가지 않았다. 장대를 꽂고 시멘트 포대를 덮었더니 그럭저럭 잠 잘 곳이 생겼다."[4]

그렇게 생겨난 곳이 빈민촌 안나와디Annawadi다. 미국 잡지사 뉴요커에서 일하며 미국 내 빈곤층에 대한 탐사 보도로 이름을 알린 언론인 캐서린 부는 인도 남성과 결혼한 뒤 2012년 '인도의 가장 가난한 곳'에서 살아가는 사람들의 이야기를 담은 책 『안나와디의 아이들』을 냈다. 2007년 11월부터 2011년 3월까지 빈민층 사람들을 만나 증언을 들었고, 인도 정부에 정보 공개를 청구해 3000건 넘는 공공 기록을 확보했다. 오랜 기간에 걸친 방대한 취재를 통해 작가는 안나와디 슬럼 사람들의 목소리를 생생하게 풀어낸다.

6월부터 넉 달여의 우기가 시작되면 모든 주민이 시름에 잠겼다. 빈민촌은 우묵한 분지 형태인데다 불법 폐기물에 둘러싸여 있어 홍수라도 나면 속수무책이었다. 2005년 뭄바이 대홍수 때 파티마는 가진 걸 대부분 잃었다. 주민 두 명이 물에 빠져 숨졌다. 올해는 우기가 일찍 시작됐고 일주일 가까이 세찬 비가 쏟아졌다. 피부병이 창궐해

조그만 조각상 같은 균이 발밑에서 불쑥불쑥 돋아났는데 발가락 반지를 끼는 풍습인 사람들에겐 특히 골칫거리였다.[5]

쓰레기 더미보다 한 치 정도 높은 곳에서 자면 숨쉬기가 한결 쉬워진 다며 카람이 얼마 전에 산 철제 침대 밑에도 여지없이 폐품이 들어찼 다. 하지만 박쥐처럼 천장에 매달려 잔들 냄새를 피할 수는 없었다. 쓰레기 냄새에 쾨쾨한 화덕 연기, 물이 충분하지 않아 제대로 씻지 못하는 11명의 체취까지.[6]

＼

뭄바이 인구 가운데 빈민촌 인구는 40퍼센트가 넘는 900 만 명 정도다. 인도 전체를 놓고 보면 1억 400만 명가량이 빈 민촌에 사는데 인도 전체 인구의 약 9퍼센트다. 한 번쯤 들어 봤을 다라비Dharavi 빈민촌이 뭄바이에 있는데, 뭄바이에서는 가장 크고 아시아에서도 파키스탄 카라치의 오란지Orangi Town 다음으로 큰 빈민촌이다.[7] 이곳 사람들은 대부분 고물이나 쓰 레기를 주우며 생존해 간다. 『안나와디의 아이들』에 등장하는 아이들 역시 고물을 줍고, 고철 안에서 플라스틱을 분리해 내 고, 빈민촌 너머 호텔에서 그럴 듯한 일을 하기를 꿈꾸고 있 다. 부모가 있는 아이들은 쓰러져 가는 집에서, 간혹 매질당하 면서도 부모의 보살핌을 받지만 그렇지 못한 아이들은 고아원 에 간다. 빈민촌의 사람들은 쓰레기를 줍고, 쓰레기 위에서 먹고 자는 넝마주이를 보며 사정이 낫다고 생각한다.

빈민촌 사람들의 삶은 상상을 초월한다. 세계은행이 '빈민의 목소리들'이라는 프로젝트를 진행해 2000년 펴낸 여러 편의 보고서에는 세계화의 그늘이라고 할 만한 빈민들의 목소리가 담겼다. 국가가 제공하는 인프라나 복지 제도는 개인의 노동 소득과 상관없이 한 사회의 수준에 따라 누릴 수 있는 것이기에 '사회 임금'이라고도 불린다. 빈민촌에는 그런 인프라나 복지가 턱없이 부족하다. 사회적 혜택이 빈민들에게는 돌아가지 않는 것이다. 『우리 이야기를 들을 수 있나요?』라는 제목의 보고서는 이렇게 언급한다.

가장 큰 문제는 먹는 물이다. 식수는 공동 우물에서 떠오는데 낙엽과 쓰레기가 떨어져 썩어 가고 있다. 소아마비, 말라리아 등 수인성전염병이 빈발한다. 보건 의료 담당자들은 이런 곳을 찾지 않는다. 손으로 작동하는 펌프가 몇 개 있으나 물은 나오지 않았다.[8]

또 다른 보고서인 『변화를 위한 외침』에는 만지하르Manjihar 지역에 사는 빈민 여성 나지나 데비의 이야기가 나온다.

우리 가족은 초가집에 살았어요. 하루 두 번 끼니를 먹을 길조차 없었어요. 점심은 사탕수수 뭉치 하나로 끝입니다. 가끔씩 사뚜sattu,[9] 콩, 감자 등을 먹을 수 있었지만 그건 특별한 경우였어요. 비가 오면

초가지붕으로 물이 쏟아졌고, 젖지 않으려면 구석에서 덮을 거리를 찾아야 했죠. 거친 천으로 만든 옷 한두 벌로 1년을 버팁니다. 일을 하면 곡물 1킬로그램 정도를 일당으로 받아요. 시어머니의 학대를 못 견뎌 결혼한 지 3년 만에 남편과 헤어졌습니다.[10]

빈곤층의 삶은 세계 어디든 비슷하다. '빈민의 목소리들' 프로젝트는 1990년대 50개국에서 4만 명의 빈민들을 인터뷰해 작성한 참여적 빈곤 평가PPA 81개에 기초해 작성됐다. 나라마다 사회구조와 역사적 배경은 달라도 빈곤 양상은 국경을 초월해 유사했다. 세계은행은 보고서들의 서문에서 이렇게 밝혔다.

이 보고서에는 다양한 장소에서 가난한 사람들의 경험을 통해 끌어낼 수 있는 일반적인 유형이 담겨 있다. 빈곤과 빈민에 대해 깊이 분석할수록 그들이 사는 곳의 모순과 사회적·집단적 특성을 매번 발견할 수 있었으며, 동시에 여러 국가에서 빈곤을 겪는 이들의 경험에는 공통점이 있었다. 조지아에서 브라질까지, 나이지리아에서 필리핀까지 드러나지 않던 주제들이 떠올랐다. 기아, 박탈, 무력감, 권위의 추락, 사회적 고립, 회복력, 이용 가능한 자원, 연대, 정부의 부정부패, 공무원의 무례함과 성 불평등 등이었다.

이 보고서가 나온 지 20년 지난 지금의 사정을 살필 자료도

있다. 디지털 플랫폼에 기반해 정리된 세계 빈곤 통계는 다음과 같다.[11]

◇ 세계 인구의 절반에 가까운 30억 명은 하루에 2.5달러도 못 번다. 13억 명 이상은 하루 1.25달러 이하를 버는 극빈곤층이다. 세계 인구의 80퍼센트는 하루 10달러 미만으로 살아간다.

◇ 아이들 10억 명이 빈곤에 처해 있다. 유니세프에 따르면 하루 2만 2000명의 어린이가 가난 때문에 죽는다.

◇ 8억 500만 명이 먹을 음식을 충분히 제공받지 못한다. 기아는 세계 사망 원인 1위이고, 에이즈·말라리아·결핵에 따른 사망을 모두 합친 것보다 더 많은 사람이 기아로 죽는다.

◇ 7억 5000만 명은 깨끗한 물을 마시거나 쓸 수 없다. 부적절한 식수나 위생, 더러운 손으로 옮겨진 설사병으로 말미암아 매년 84만 2000명, 하루에 2300명가량이 숨진다.

◇ 5세 이하 영유아 1억 6500만 명이 만성 영양실조로 성장이나 발달 속도가 떨어지는 것으로 나타났다(2011년 기준).

◇ 설사나 폐렴처럼 예방할 수 있는 질병인데도 돈이 없어 치료를 못 받고 죽는 아이들이 1년에 200만 명에 달한다(2013년 기준). 돌이 지나지 않은 아기 2180만 명은 DTP[12]백신 접종을 하지 못한다.

◇ 인류의 4분의 1인 16억 명은 전기 없이 산다.

열악한 빈민촌에서 공통적으로 확인되는 것은 국가의 부정부패나 시스템 붕괴다. 게을러서 못 배운 게 아니라 돈이 없어서 못 배우고, 배우지 못해 가난하다. 빈곤의 핵심 이유는 국가의 부패와 실정이다. 그래서 가장 해결하기 어려운 부분이기도 하다.

예를 들어 인도는 국제투명성기구의 2019년 부패 인식 지수 조사에서 100점 만점에 41점을 기록했다. 공무원과 정치인 등이 얼마나 부패해 있다고 생각하는지를 수치화한 것으로, 점수가 높을수록 투명하다. 인도의 경우 2012~13년 36점, 2014~15년 38점, 2016~17년 40점, 2018년 41점으로 국가별 순위로는 180개국 중 80위 정도다.[13]

인도 오리사주[14] 지역에서 빈민들이 공적 대출을 받지 않으려는 이유는 두 가지다. 첫째, 부정부패가 심하다. 은행의 대출 담당자가 챙기는 돈이 대출 자금의 20~50퍼센트에 이른다. 둘째, 대출 과정이 너무 느리다.[15]

대출뿐만 아니라 교육과 의료 등 복지 인프라에서도 빈민들은 소외된다. 인도 사례에 대한 최근 연구를 보면 부패가 가난한 이들에게 더욱 가혹하다는 것이 다시 한번 증명된다.

뉴델리에서 활동하는 미디어연구센터Centre for Media Studies[16]는 2012년 3월 도시 아홉 곳에서 2500여 명을 대상으로 일곱 가지 필수 공익 서비스에 대한 인터뷰를 했다. 75퍼센트 정도가 1년 동안 식품과 등유 배급, 의료보험, 공중위생과 쓰레기수거 등 시 당국의 세 가지 서비스 영역에서 뇌물을 요구받았다고 했다. 프로젝트를 이끈 알록 스리바스타바는 뇌물을 주지 않으면 공공 서비스를 이용할 수 없으니 빈민촌 사람들에게는 '다른 선택'이 없다고 말했다. 응답자 중 35퍼센트는 뇌물을 주지 못해 서비스를 거부당했다. 그는 "[부정부패] 문제의 심각성이 [빈민촌 거주자들에게는] 매우 크다"고 말했다.

반부패 활동가 안나 하자레는 단식투쟁을 하며 인도의 부정부패를 세계에 고발해 왔다. 2011년 반부패법 입법을 요구하며 그는 이렇게 말했다.

우리가 왜 싸워야 하나고요? 국가의 돈은 우리의 돈이기 때문입니다. 도둑이 아니라 그것을 지켜야 할 사람들이 나랏돈을 위협합니다. 적이 아니라 반역자들이 국가를 배신합니다. 이 나라의 젊은이들은 반부패 법안 입법 싸움을 멈춰서는 안 됩니다. 현행 선거제의 잘못을 고치는 개혁을 해야 합니다. 선거제도의 허점 탓에 150명의 범죄자가 의회에 입성해 있습니다.[17]

사회의 혜택을 누리지 못하는 빈민층은 얄궂게도 정치인에게 가장 큰 '고객'이다. 2019년 총선을 1년 앞두고, 집권 인도

국민당Bharatiya Janata Party, BJP은 빈민을 향한 캠페인인 '가리브 라스 야트라'Garib Rath Yatra를 시작했다. 빈민촌 주민 2만 5000 명에게 정부가 주는 혜택을 알리기 위해 닷새간 빈민촌이 있는 여섯 개 도시의 227개 선거구를 방문한다고 떠들었다. 재개발하고 집을 더 지어 가장 시급한 주택 문제를 해결하겠다는 게 주요 공약이었다. 제1야당도 빈민층에게 '월 10만 원 기본소득' 정책을 꺼내들었다. 뭄바이만 보더라도 주민 절반가량이 빈민촌에 산다는 통계가 있을 정도인데 정치인들이 '표'를 놓칠 리가 없다. 그러나 표를 줘도 빈민들은 아무것도 얻지 못한다. 표의 대가로 이들의 삶이 나아졌다면 고개를 끄덕일수 있겠으나 현실은 이런 '정당한 거래'와는 거리가 멀다.

　그러니 사람들이 맞는 좌절은 끝이 없다. 가난이라는 물질적 환경에 처한 이들이 받는 심리적 영향은 생각보다 더 부정적이며 깊이 박힌 상처와 같다. "자녀를 잘 먹일 수 없다는 고통, 다음 끼니를 어떻게 해결할 수 있을지 알 수 없는 불안감, 식량 없이 살아가야만 한다는 것에 대한 부끄러움 같은 감정들은 상당한 상징적 의미를 지닌다"고 '빈곤의 목소리들' 보고서는 말한다. 부끄러움, 낙인, 모욕, 절망, 무기력, 주변화. '물질적' 빈곤이 '존재적' 빈곤으로 이어지는 이 비극이야말로 빈곤의 악순환을 끊어야 하는 이유다. 안나와디에서 고물을 줍는 압둘의 마음도 이와 다르지 않다.

압둘은 문득 물과 얼음을 생각했다. 물과 얼음은 성분이 같았다. 압둘은 사람도 같은 성분으로 이루어졌다고 생각했다. 재활용품을 분류하듯 실질적인 성분으로만 인류를 분류한다면 거대한 더미가 될지도 모른다고 생각했다. 하지만 바로 거기에 흥미로운 점이 있었다. 얼음은 원래 성분인 물과 다르며, 압둘이 보기엔 물보다 나았다. 압둘도 자신이 이루어진 성분보다 더 나은 존재가 되고 싶었다. 뭄바이의 더러운 물속에서 얼음이 되고 싶었다. 이상을 갖고 싶었다.[18]

급변하는 세상에서도 가난한 이들의 미래는 제자리걸음을 한다. 제자리걸음만 하면 다행일지도 모른다. 인류가 처한 위기는 빈민들에게 더 가혹하다. 세계를 휩쓴 코로나19의 공포 속에서 빈민촌 사람들이 보내는 시절은 어떨까. 2020년 3월 25일 인도에 전 국민 이동 금지령이 내려진 뒤 31세의 샤이크 바하두레샤는 이렇게 말했다.

작년엔 두 달간 뭄바이의 길거리에서 살았어요. 그러다 결혼했고 아내와 살 작은 아파트를 빌려 이사했습니다. 그런데 택시를 몰아서는 하루 5달러도 못 벌어요. 승객도 없고, 렌틸콩이나 쌀 말고는 음식을 살 여유가 없어요. 저축한 돈이 없으니 월세를 못 갚으면 다시 거리로 나왔겠지요. 미국은 잘사니 한 달 동안 나라를 봉쇄해도 버티겠지만 인도는요? 봉쇄는 말도 안 돼요. 가난한 사람들을 돌봐요.[19]

빈민촌은 다른 어떤 곳보다 감염병에 취약하다. 『힌두스탄 타임스』는 2020년 3월 지속가능성센터의 감염증 확산 시뮬레이션 연구를 보도했다.[20] 델리의 빈민가에서 코로나19가 퍼지는 속도는 상당히 빨랐는데 "빈민가의 독특한 인프라가 감염증 확산을 촉진하고 있다"고 했다. 슬럼에서는 사람들끼리 물리적 거리를 둘 수가 없다. 일단 빈민가는 인구밀도가 월등히 높다. 인도의 평균 인구밀도는 1제곱킬로미터당 385명인데 빈민촌에선 그보다 10~100배가 높다. 보험 혜택 등 공적 사회보장 제도에 가입하지 못하는 것도 빈민들의 취약점이다. 뭄바이 다라비 빈민촌에선 1440명당 한 개 꼴로 화장실이 있다. 이러니 전염병이 돌면 슬럼 주민들이 가장 위험하다. 도시 빈민들은 전염병이 돌 때 가장 먼저 버림받기도 한다. 2014년 서아프리카에 전염병이 돌자, 라이베리아의 수도인 먼로비아 외곽에 있는 슬럼들은 그대로 봉쇄됐다. 말이 '봉쇄'이지 방치된 채 사람들이 죽어 나갔다.

기후변화도 세계의 가난한 이들을 먼저 위협한다. 특히 인도와 파키스탄, 방글라데시 같은 남아시아의 저지대는 기후변화로 해수면이 올라가면 가장 먼저 물에 잠길 지역으로 꼽힌다. 게다가 인도양 저지대는 세계에서 가장 많은 인구가 몰려 사는 곳이다. 인도에서는 해마다 수천 명이 열파heat wave 같은 극단적인 날씨로 숨진다. 물이 부족한 빈민촌은 더 문제다. 물이 넘치거나 폭우가 쏟아져도 문제다. 아라비아해에 면한 뭄바이는 평균 해발고도가 14미터에 불과하다. 빈민촌은 대개 비닐 따위로 지붕을 엮는데, 비가 쏟아지면 속수무책이다.

＼

통계상 빈곤층은 조금씩 줄고 있다. 얼마나 많은 이들이 극빈층으로 살아가고 있는지를 표시한 '세계빈곤시계'[21]를 보면 세계의 극빈층은 감소하고 있다. 인도만 봐도, 미국 브루킹스 연구소의 분석 결과 하루 1.9달러 이하로 살아가는 사람들이 2016년 1억 2400만 명에서 2018년 7006만 명으로 줄었다. 2022년에는 1500만 명으로 줄어들 것으로 예상됐다.[22] 하지만 국제 연구자들이 말하는 '극빈층'의 정의가 현실과 맞지 않는다는 지적도 나온다. 2017년 세계은행은 상대적 빈곤을 반영하기 위해 '중하위 소득 계층'의 개념을 추가하기도 했다.[23]

정부와 사회가 노력을 기울이지 않는 것은 아니다. 2004년부터 10년간 집권한 인도의 만모한 싱 정부는 정보·통신 기술 ICT 중심으로 성장을 일궜지만 격차를 심화했다는 비판이 적지 않았다. 그래서 2011년 대대적인 도시 빈곤 경감 정책을 추진했는데, 그 핵심이 집들을 새로 짓고 집 살 돈을 빌려 주고 이미 지은 판잣집들은 재산권을 보장해 주는 '라지브 아와스 요자나'Rajiv Awas Yojana, RAY라는 주거정책이었다.

2019년 노벨 경제학상을 받은 에스테르 뒤플로와 아비지트 바네르지 부부는 인도의 빈곤을 실질적으로 연구한 학자들이다. 이들은 현장에 직접 찾아가 무작위 실험을 바탕으로 효과가 뛰어난 빈곤 퇴치 방식을 연구했다. 이들은 갈등을 풀거나 가장 가난한 이들에게 돈을 더 많이 주라는 기존 논리에서 벗어나 '참여적 방식'을 택하는 것이 빈곤을 줄이는 길임을 보여 줬다. 이들은 저서 『가난한 사람이 더 합리적이다』에 이렇게 썼다.

우리에게는 가난의 뿌리를 근절할 스위치가 없다. 이를 인정한다면 우리가 기댈 것은 시간뿐이다. 당장 해결할 수 있을 것처럼 허세를 부리지 말고 좋은 의도를 품은 세계 전역의 수백만 명과 함께 크고 작은 아이디어를 무궁무진 개발하자. 그러한 아이디어가 99센트로 하루하루를 살아야 하는 사람이 단 한 명도 없는 세계로 우리를 이끌어 갈 것이다.[24]

캐서린 부는 책의 마지막에서 "집이 기울어져 무너진다면, 그 집이 놓인 땅 자체가 비스듬하다면, 모든 걸 곧게 세우는 것은 과연 가능한 일인가"라고 묻는다. 구조를 바꾸는 변화의 시작은 한계 속에서도 역동적으로 움직이고 적응하는 사람의 힘이다.

그리고 찬드니에게서 빈민촌의 꺼지지 않는 희망을 본다. '열 살이 되도록 연필 쥐는 법도 몰랐던' 찬드니는 우연히 비정부기구NGO를 접하면서 빈민촌 아이들을 대상으로 한 교육의 기회를 얻었다. 수업을 들으면서 자신도 빈민촌 아이들을 가르쳤다. 역시 빈민촌 출신 친구와 함께 '슬럼의 목소리'라는 NGO를 만들고, 자신과 같은 빈민촌 아이들을 위해 신문을 만든다.

우리는 거리 아이들의 삶을 둘러싼 다양한 이야기를 알고 있습니다. 성적 학대, 아동노동, 경찰의 잔인함은 물론 긍정적인 변화가 담긴 희망에 대해서도요. 이런 것들이 우리의 삶 일부가 되어 영원히 기억될 겁니다.[25]

"30루피로 가족을 먹여 살려요"
찬드니 칸

> ❝
> # 기억하는 것은
> # 끝나지 않을 책임입니다
> ❞

나치 수용소에 간 총리

앙겔라 메르켈

우리는 결코 잊지 않을 것입니다. 희생자들을 위해, 우리 자신을 위해, 미래 세대를 위해 잊지 않을 것입니다.

수용소에 서니 깊은 슬픔과 부끄러움이 저를 채웁니다. 이 수용소는 끔찍하고 전례 없는 역사의 한 장을 보여 줍니다. 동시에 이곳은 끊임없이 경고하고 있습니다. '독일이 어떻게 출신지, 종교 혹은 성적 지향 때문에 사람들의 생존권을 빼앗는 지경에 이르렀을까.'

오늘날 대부분의 독일인들은 무슨 일이 일어났는지에 눈을 감아 버렸습니다. 제 방문이 역사에서 현재로, 그리고 우리가 계속 만들어 가려는 미래로 가는 다리가 되길 바랍니다.[1]

2013년 8월 독일 남부 바이에른주 다하우Dachau 강제수용소 앞에 앙겔라 메르켈 독일 총리가 섰다. 독일 총리로는 처음으로 이 수용소를 찾은 것이었다. 다하우는 1933년 나치가 세운 첫 유대인 수용소다. 이곳에 연인원 20만 명 넘게 수감됐고, 1945년 4월 29일 미군에 해방될 때까지 3만 명이 목숨을 잃은 것으로 알려졌다. 미군이 도착한 뒤 굶주려 사망한 수용자들의 시체 더미를 담은 이미지가 세계에 알려지면서 홀로코스트의 참상을 전했다.

'수용소의 원형'으로 자리 잡은 이곳의 철문에 새겨진 문구가 유명하다. '노동이 너희를 자유롭게 하리라'Arbeit macht frei. 그 뒤 다른 나치 수용소들 몇 곳에도 이 문구가 붙었다. 극악한 인종주의로 특정 집단과 사회적으로 취약한 이들을 잡아가둬 일을 시키면서 '자유'를 거론한 이 문장은 지독히 모순적이다. 이 문구는 결국 대량 학살로 이어진 나치의 범죄와 참혹한 비극을 상기시키는 장치로 지금도 수용소에 남아 있다.

2년 뒤인 2015년 5월 4일 메르켈 총리가 다시 다하우를 찾았다. 두 번째 방문은 수용소 해방 70주년을 맞아 이뤄졌다.

독일인들은 나치가 죽음의 수용소에서 저지른 '말할 수 없는 공포'를 결코 잊어서는 안 됩니다. 강제수용소 해방 70주년 기념일이 다가오는 최근 몇 주 동안 수용소에 대한 대중의 관심이 높아졌습니다. 이곳에서는 도처에 헤아릴 수 없는 공포가 있었습니다. 우리에게 절대 잊어서는 안 된다고 말하고 있습니다.[2]

메르켈 총리는 다시 고개를 숙이고 과거를 반성하며, 역사의 책임과 기억을 강조했다. "우리는 결코 잊지 않을 것입니다. 희생자들을 위해, 우리 자신을 위해, 미래 세대를 위해 잊지 않을 것입니다." 과거에 죄를 짓지 않은 민족이나 나라는 없다. 과거를 직시하고, 잘못을 반성하고, 되풀이하지 않겠다는 다짐을 세대에서 세대로 전달하는 것이 중요하다. '잊지 않겠다'는 메르켈의 단호한 말처럼 분명한 메시지가 또 있을까.

두 차례 방문으로 끝나지 않았다. 2019년에는 악명 높은 수용소인 폴란드 아우슈비츠를 찾았다. 아우슈비츠-비르케나우 재단 설립 10주년을 기념한 것으로 메르켈 총리에게는 첫 번째 방문이었다. 그에 앞서 1977년 헬무트 슈미트 당시 총리, 1989년과 1995년에 헬무트 콜 당시 총리가 이곳을 찾은 바 있다. 아우슈비츠는 1939년 유대인 학살을 위해 만들어진 곳으로, 나치가 세운 수용소 가운데 규모가 가장 컸다. 얼마 떨어지지 않은 곳에 1941년 비르케나우Birkenau 수용소가 만들어졌다. 1945년 1월 소련 군대가 이곳에 도착하기 전까지 독가스실을 비롯해 수용소 곳곳의 '학살장'에서 100만 명 넘게 희생됐다. 이곳 문 앞에도 '노동이 너희를 자유롭게 하리라'라는 글귀가 붙어 있다. 메르켈은 '죽음의 벽'에 헌화한 뒤 이렇게 연설했다.

> 범죄를 기억하는 것은 끝나지 않을 책임입니다. 그것은 독일과 분리할 수 없습니다. 이 책임을 자각하는 것은 우리 민족 정체성의 일부분이며, 계몽되고 자유로운 사회, 민주주의국가로서 우리 스스로도 이를 잘 이해하고 있습니다. 독일은 아우슈비츠-비르케나우에서 일어난 일에 대해 수치심을 느끼고 있습니다. 우리의 슬픔을 표현할 말이 없습니다. 홀로코스트 희생자들 앞에 머리를 숙입니다. 반유대주의와 싸우려면 수용소의 역사를 함께 나눠야 합니다.[3]

수십 년 전에 국가가 저지른 범죄와 과오를 기억하기란 쓰리고 아린 일이다. 직접 연루된 자들은 세상을 떠났고, 남아 있는 이들의 기억은 희미해졌고, 뒤에 태어난 세대는 아무런 기억도 없다. 시간은 흐르고 시대는 변하고 죄책감은 희석된다. 그런데 독일은 끊임없이 과거를 기억하고 책임을 상기하며 고개를 숙인다. 나치의 행태는 어떤 식으로도 용서받을 수 없으며 국가의 책임은 영원하다는 메시지를 거듭 내보낸다. 독일의 과거사 청산과 기억, 반성의 원천은 무엇일까. 그들은 어떻게 계속해서 고개를 숙이는 것일까.

\

독일 나치의 반인륜 범죄는 제2차 세계대전이 끝난 뒤 뉘른베르크 국제군사재판에서 심판대에 올랐다. 유대인을 비롯해 슬라브족, 동성애자, 정치범, 집시 등을 학살한 홀로코스트를 비롯해 숱한 전쟁범죄를 저지른 나치 독일의 지도부가 기소됐고 심판받았다. 독일 정부도 이에 따라 홀로코스트 범죄 배상에 착수했다.

1970년 당시 서독의 빌리 브란트 총리는 폴란드 수도 바르샤바의 유대인 희생자 위령탑 앞에 무릎을 꿇었다. '무릎 꿇은 총리'의 모습은 나치 범죄를 사죄하는 독일의 상징이 됐다. 브란트 총리는 한 인터뷰에서 당시 무릎을 꿇은 것에 대해 "히틀러에 가장 격렬하게 반대했던 사람 중 한 명으로 내가 할 수 있는 일은 신호를 보내는 것, 우리 독일 사람들을 대표해 용서를 구하고, 용서해 달라고 기도하는 것뿐이었다"고 밝혔다.[4]

홀로코스트를 비롯한 나치의 잔혹성은 수많은 영화나 문학 작품으로도 알려져 있지만, 독일은 있는 그대로의 실제 기억을 스스로 소환한다. 피해자들에게 직접 말하게 하고 날것의 이야기를 듣는다. 1월 27일은 아우슈비츠 수용소가 해방된 날이다. 1996년부터 독일은 이날을 국가사회주의(나치즘)에 희생된 모든 이를 기리는 날로 정해 왔다.

2014년 1월 27일 독일 의회 분데슈타크Bundestag에서 러시아 작곡가 드미트리 쇼스타코비치의 현악 4중주 8번이 울려 퍼졌다. 1960년 쇼스타코비치가 파시즘과의 전쟁에서 희생된 이들을 위해 만든 곡이다. 제2차 세계대전 중인 1941년부터 독일군은 옛 소련의 레닌그라드(현재 상트페테르부르크)를 포위했다. 당시 쇼스타코비치는 레닌그라드 의용대원이었다. 3년 가까이 지속된 레닌그라드 포위전 동안 이 도시로 향하는 모든 도로가 끊겼고, 도시 안의 사람들은 질병과 굶주림과 추위에 시달리다 죽어 갔다. 그런 죽음이 100만 명에 이른다.

연주가 멈추자 백발이 성성한 노인이 의사당에 섰다. 메르켈 총리를 비롯해 요아힘 가우크 대통령, 국회의원들이 그를 주시했다. 95세 노인은 러시아 작가 다닐 그라닌이었다. 그라닌은 레닌그라드 전투에 참여했고, 살아남았고, 살아남은 자들의 이야기를 써냈다. 독일 의회는 피해자의 목소리를 직접 듣기로 했다. 그가 40분 가까이 펼쳐 놓은 이야기의 일부다.

우리는 포위됐습니다. 전쟁도 마찬가지였지만 포위도 갑작스러웠습니다. 보급도 없었고 연료도 식품도 없었습니다. 식권을 끊고 빵을 배급받았습니다. 재앙이 시작된 거죠. 전기가 끊어졌고, 수도관은 말라 갔습니다. 하수도와 난방기도 작동하지 않았습니다. 포위가 낳은 비극이 시작됐죠. 매일 폭격이 벌어지고 불이 붙었습니다. 집이 불탔습니다. 꺼내 올 물건도 없었고 불을 끌 물도 없었으니 집은 온종일 타들어 갔습니다. 까만 연기가 피어오르면 전선에서 뭐가 타고 있는 것인지 짐작해 보곤 했습니다.

전쟁이 끝나고야 알았지만, 독일은 시가전을 피하려고 도시에 들어오지 않기로 했다더군요. 독일 군대는 추위와 배고픔에 시달린 도시가 항복하길 기다렸습니다. 전쟁이 더는 전쟁이 아니었던 것이죠. 그해 12월 사람들이 쓴 일기를 봤습니다. '신이시여, 풀이 자라날 때까지 살게 해주세요'라고 써있었습니다. 100만 명이 죽었어요. 굶주림이 가장 큰 이유였을까요? 아닙니다. 사람들은 추위가 가장 무서웠다고 말합니다. 전쟁 후 벨라루스 작가인 아다모비치[5]와 저는 포위기간에 생존자가 살아남은 방법에 대해 작품을 썼습니다.

세 살짜리 아이가 죽었어요. 엄마는 창틀에 주검을 놓습니다. 그리고 잘라서 다른 딸에게 먹여요. 적어도 열두 살인 그 딸은 살릴 수 있으니까요. 엄마는 압니다. 자신이 죽거나 미치면 안 된다는 걸. 다 자란 딸과 이야기를 나눴는데, 그때는 자기가 무엇을 먹었는지 몰랐다고 합니다. 지금은 알고 있습니다. 전쟁이 끝나고 한참 뒤에야 안 거죠. 이런 사례를 얼마든지 들 수 있습니다. 포위된 삶에 대해서요. 저는 독일군을 오랫동안 용서할 수 없었습니다. 물론 시간이 지나면서 기억은 흐려지고 있습니다. 그러나 나는 내가 겪은 것을 기억합니다. 전쟁이란 더럽고 피로 범벅돼 있다는 것을.[6]

그의 발언이 끝나자, 엄숙하게 가라앉아 있던 회의장에 박수가 터져 나왔다. '용서할 수 없었지만 시간이 지나면서 기억은 희미해지더라'라는 노작가의 말은 어쩌면 피해자의 가장 솔직한 마음일 것이다. 그의 이야기를 듣고, 그의 아픔을 새기며 잊지 않는 것은 오롯이 가해자의 몫이다.

'사과'와 '반성'은 피해자의 목소리를 듣는 데에서 시작된다. 독일이 끊임없이 과거의 아픈 현장을 찾는 이유이기도 할 것이다. 그라닌의 연설에 앞서 노베르트 람메르트 하원 의장은 독일이 저지른 짓을 거듭 반성했다.

우리는 모두를 기억합니다. 가스를 마시고, 맞고, 불타고, 굶주리고, 일하다 죽은 사람들을 기억합니다. 저항하다가 죽거나 처형되고, 사람들을 도와수나가 죽은 이들을 기억합니다. 이런 질문이 남습니다. '이런 반인도 범죄가 어떻게 일어났을까.' 이는 유럽의 역사에서 가장 어두운 부분으로 남아 있을 것입니다. 독일인으로서 우리에게는 영원한 책임이 있습니다. 모든 형태의 배제와 제노포비아(인종 혐오)에 맞서 싸울 의무가 있습니다.

＼

'과거와의 맞대면'을 이야기할 때 아르헨티나를 빼놓을 수 없다. 아르헨티나의 '진실위원회'는 세계의 관심을 모은 최초의 과거사 청산 기구들 중 하나였다.

"기억하는 것은 끝나지 않을 책임입니다"
앙겔라 메르켈

아르헨티나 군사독재 정권은 1970~80년대에 저항하는 시민들을 납치해 고문하고 살해했다. '더러운 전쟁'Guerra sucia이라 불린, 군부가 자국민을 상대로 벌인 잔혹한 전쟁이었다. 무수한 이들이 실종됐고, 시신조차 찾지 못했다.

1983년 군부 독재가 종식되면서 라울 알폰신 대통령에게 진상을 조사하고 책임자를 처벌하라는 요구가 쏟아졌다. 알폰신 대통령은 국내외 위원 10명을 위촉해 실종자 진상조사 국가위원회를 만들었다. 위원회는 1984년 5만 쪽에 달하는 「눙카 마스」라는 제목의 조사 기록 보고서[7]를 내놨다.

눙카 마스는 '절대로 다시는'이라는 뜻이다. 보고서에는 납치와 고문에 대한 증언, 수용소와 비밀 구류 센터 등 잔혹 행위가 일어난 장소들에 대한 이야기, 어린이와 청소년, 임산부 등이 겪은 피해와 남은 가족의 진술이 광범위하게 담겼다. 보고서에 따르면 위원회는 실종자 가족이나 비밀 수용소에서 풀려난 이들, 그리고 탄압에 가담한 보안부대원들의 진술 등을 모아 7380개의 파일을 만들었다. 전국에서 수많은 조사를 했고 국군과 보안부대, 민간과 공공 기관의 정보를 수집했다. "조사 결과, 위원회는 비밀 수용소들의 존재를 증명하는 1086명의 진술이 담긴 문서 증거를 법정에 제시할 수 있었고, 일부 실종자 명단과 심각한 범죄를 저지른 군인과 보안부대원의 명단을 제시했다."

보고서가 발표될 때까지도 행방을 몰라 실종 상태인 사람은 8900명이 넘었고, 반체제 인사들을 구금한 비밀 수용소가 340개에 달했다. 소설가이기도 한 에르네스토 사바토 위원장은 보고서 서문에 이렇게 적었다.

헌법이 정한 대통령으로부터 위임받아 임무를 수행하면서 우리의 마음은 비애로 가득 찼습니다. 고의로 단서를 없애고 문서를 불태우고 건물들을 부순 지 몇 년이 지나 우리는 그림자 같은 조각들을 짜기워야 했습니다. 매우 힘든 작업이었습니다. 그래서 우리의 작업은 지옥에서 가까스로 탈출한 사람들이나 그 친척의 진술, 억압 행위에 연루됐지만 자신들이 아는 것을 말해 주려 다가온 이들의 증언에 근거했습니다.

범죄자들이 뉘우치고, 진리에 바탕한 정의를 실현할 때까지 진정한 화해는 없습니다. 우리가 이해하는 것은 이런 방식의 진실과 정의뿐입니다.

큰 재앙은 교훈을 남깁니다. 1976년 3월 군사독재에서 시작된 비극은 우리가 겪은 가장 끔찍한 비극입니다. 이런 규모의 공포로부터 국민을 구할 수 있는 것은 민주주의뿐이며, 인간의 신성하고 본질적인 권리를 지킬 수 있는 유일한 수단도 민주주의입니다. 이를 이해하는 데에 이 비극이 도움이 될 것입니다. 오직 민주주의를 통해서만, 슬프게도 아르헨티나의 악명을 세계에 떨치게 한 사건들이 절대로 다시는 반복되지 않으리라고 확신할 수 있을 것입니다.

"기억하는 것은 끝나지 않을 책임입니다"
앙겔라 메르켈

한 국가가 과거를 청산한다는 것은 가해자의 범죄를 단죄하고 반성함으로써 재발을 막는다는 역사적 책임의 측면이 있다. 동시에 청산 과정 자체가 민주주의나 인권의 가치를 되새김질하는 과정이며 이를 통해 성숙한 사회를 만들 수 있는데, 이 점에서 아르헨티나의 경험은 의미를 지닌다. 과거를 침묵 속에 가두는 대신 '이야기하게' 함으로써 앞으로 나아갈 힘을 얻는다. 그래서 각국이 저마다 뼈아픈 과거를 되돌아보는 것이다.

아르헨티나 같은 나라들이 국내의 잔혹사를 되새기며 과거를 직시하려는 이유는 분명하다. '청산되지 않은 과거'는 미래를 뒤틀리게 만든다. 역사의 이름으로 정의를 바로 세우지 않으면 내부의 분열이 언제든 고개를 쳐든다.

＼

과거사위원회, 진실위원회 등 이름은 다르지만 정부 주도로 독립된 기구를 만들어 인권침해 실태를 조사하고 기록하는 국가는 많다. 특히 남미나 아프리카 국가 가운데, 민주주의로 이행하는 과정에서 과거 독재 정권이 저지른 사건들을 조사하는 경우가 많았다. 르완다는 학살의 실태를 조사했고 마을마다 세워진 법정에 가해자들을 소환했다. 남아프리카공화국은 백인 정권의 아파르트헤이트 시절 인권침해를 조사하면서 '진실화해위원회'라는 과거사 청산 모델을 만들었다.

남아공의 사례를 들여다보자. 수십 년간 아파르트헤이트로 고통받았던 남아공에서 1994년 넬슨 만델라 대통령이 취임했다. 남아공 정부는 이듬해 진실화해위원회를 설치했다. 노벨 평화상 수상자인 데스몬드 투투 주교를 위원장으로 한 이 위원회는 3년 동안 아파르트헤이트와 관련된 인권침해를 조사했고 여러 기관을 상대로 청문회를 열었다. 공소시효를 두지 않았지만, 가해 사실을 고백한 사람들을 사면했다. 피해자들이 '고백사면위원회'라며 반발하는 등 논란도 적지 않았다. 똑같이 진실화해위원회를 만들어 독재 정권의 인권침해를 조사한 필리핀, 공산 정권의 만행을 조사한 옛 유고슬라비아에서도 비슷한 비판이 불거졌다. 그러나 '가해의 기억'까지 불러내 말하게 하는 것 또한 반성과 용서와 화해의 길로 가는 중요한 시작이라는 점에서, 진실화해위원회의 노력에는 역사적 의미가 있었다.

위원회는 1998년 만델라 대통령에게 다섯 권의 보고서를 냈고(2003년 두 권을 더 제출했다), 만델라 대통령은 1차 보고서를 받은 뒤 화해와 단합을 강조하는 성명을 냈다.

인종차별 정책 때문에 심각한 인권침해가 일어났다는 점을 받아들이기 힘들어하는 사람들이 많을 수 있습니다. 그러나 우리의 건국이념에 충실하고 싶다면 인권침해를 강요하는 제도를 모른 척할 수는 없습니다. 명확한 요구에 대해서는 불협화음이 나올 수 없습니다. 다시

"기억하는 것은 끝나지 않을 책임입니다"
앙겔라 메르켈

는 안 됩니다!

화해의 기초를 세우는 일에 우리의 작업이 도움이 됐다고 믿습니다. 평화의 집을 만들기 위해서는 '내 손'이 필요합니다. '당신의 손'도 필요합니다.[8]

그러나 모든 나라가 과거의 상처를 들여다보고 이를 되풀이하지 않으려 충실히 노력하는 것은 아니다. 노력하는 이들은 어느 나라에나 있지만, 한 국가의 움직임이나 시민사회의 가치관이 일관되게 이어지지도 않는다. 전범 국가이면서 독일과는 다른 행보를 보이는 일본이 대표적이다.

나치 독일에 대한 재판은 '국제 법정'으로 유럽 여러 나라들이 참여했으며, 대량 학살과 반인도 범죄에 대한 국제법적 틀을 만드는 계기가 됐다. 그러나 일본에서 열린 도쿄 전범 재판은 다소 달랐다. '점령국' 미국이 '패전국' 일본의 지도부를 '처리'하려고 연 재판이었기에 인권은 첫 번째 잣대가 되지 못했다. 일본군 위안부, 731부대의 세균전, 식민지 민족말살정책 같은 반인도 범죄들은 재판에 회부되지 않았다.

일본에서는 '도쿄 재판으로 과거사는 청산됐다'고 간주하고, 원폭 피해 등을 들며 '일본도 피해자'라는 주장이 계속되어 왔다. 심지어 시간이 흐르면서 '가해자에 의한 단죄였다'며 일본의 '억울함'을 주장하는 목소리까지 나왔다. 2016년 일본의 역사 교과서를 분석한 국내 논문에 따르면 일본사 교과서는 원자폭탄에 대한 피해 참상을 다루면서도 징용 등으로 끌려가 일본에 있었던 조선인들의 원폭 피해는 서술하지 않았다. 조선인 피해자에 대한 책임과 보상에 대한 언급도 없었다. 논문에서는 "이런 의식구조는 전쟁 책임에 대해 일본인 스스로 민족적 책임 논리를 발전시키는 데에 걸림돌이 돼왔다. 침략은 일부 정치인들과 군인들이 저질렀으며 일본 국민도 그 피해자라는 논리를 통해 그들의 전쟁 협력에 대한 죄의식을 걸어 내고자 하는 것이다"라고 분석했다.[9]

과거를 회피하는 일본에 대해 피해자들 쪽에서만 비판하는 것은 아니다. 미국 학자 재러드 다이아몬드는 일본의 무책임이 주변국과의 갈등을 격화하고, 결국은 일본의 미래를 스스로 갉아먹을 것이라고 말한다.[10]

\

독일의 '기억 전쟁'은 거저 얻어지지 않았다. 1940~50년대 내내 기성세대들은 전쟁의 기억을 외면했다. 게다가 당시 '서독'은 미국이 주도하는 냉전 질서에 깊이 편입돼 있었고, 경제 발전의 구호 아래 과거를 덮었다. 그러나 1960년대 후반부터 유럽과 세계를 휩쓴 '68혁명'이 일어나면서 젊은 세대들은 '부모가 말하지 않는 과거'에 관심을 기울였다. 이후 치열한 싸움과 고민 속에 역사를 반성하는 목소리가 커졌고 마침내 브란트 총리가 사죄하기에 이르렀다. 독일의 경험은 여러

측면에서 '공짜로 얻어지는 역사란 없다'는 것을 일깨운다.

그렇게 해서 희생자를 기리는 홀로코스트 추모비가 베를린에 세워졌다. 독일 정부는 2000년 '기억, 책임 그리고 미래 재단'을 설립했고, 피해 보상의 범위를 넓혀 외국인 강제 노역 피해자들에게까지 다가섰다. 반성과 사죄의 범위가 확장되면서 독일이라는 국가가 옹호하고 지향하는 가치가 무엇인지가 뚜렷해지고 그 과정에서 사회의 근간이 튼튼해진 셈이다.

물론 기억 전쟁을 가로막는 것도 있다. 1998년 독일 출판 평화상 시상식에서 수상자인 작가 마르틴 발저는 홀로코스트 기념물을 비판하며 "나치 과거를 놓고 그동안 독일 사회는 '습관적인 죄의 고발', '참혹한 기억의 의무', '우리의 수치를 끝없이 드러내기'에 매달려 왔다"면서 "이제는 이로부터 벗어날 때가 됐다"고 주장했다.[11] 과거를 덮으려는 것을 넘어 네오나치즘이라는 형태의 신종 파시즘이 고개를 든 지도 꽤 됐다.

시간이 흘러 전쟁의 직접적인 가해자도 피해자도 아닌 세대가 등장하면 '기억'이 아니라 '학습'을 통해 과거를 되새길 수밖에 없다. 이 자체가 근본적인 도전 과제다. 그럼에도 독일은 끊임없이 '기억을 학습할' 방법을 찾아내며 실천하고 있다.

아우슈비츠 해방 75주년을 맞은 2020년 아우슈비츠-비르케나우 박물관은 한 해의 문구를 "우리는 알고 있기 때문에 어두운 예감이 든다"로 정했다. 폴란드의 유대인으로 아우슈비츠에 수감됐다가 이웃한 비르케나우의 수용소 반란에 참여했던 잘만 그라도프스키의 글에서 따온 문구로, 수용소에 갇힌 포로들의 공포와 고통을 짐작케 한다. 그라도프스키는 수용소에서 동유럽계 유대인 언어인 이디시어로 쓴 원고들을 여러 권 남겼다. 거기엔 이런 내용이 적혀 있다.

아무 이유 없이 수백만 명이 붙잡혀 있다가 여러 가지 수단으로 학살당하리라고 누가 생각했겠는가. 경멸스러운 범죄자 패거리의 극악무도한 뜻에 따라 한 민족 전체가 파멸로 치닫고 있다고 믿을 준비가 된 사람이 누가 있었겠는가.

　권력과 패권을 위한 싸움에서 패배를 보상받으려면 한 민족 전체를 몰살해야 한다고 누가 믿었겠는가. 사람들이 죽음과 파괴로 이어지는 법을 맹목적으로 따를 것이라고 누가 믿었겠는가.[12]

누구도 믿기 힘든 일을 저지른 독일이 지금도 그 일을 꺼내고 또 끄집어내는 이유가 무엇인지를 피해자가 들려주는 듯하다. "독일 정부는 인종차별과 반유대주의, 우익 극단주의, 그리고 다른 모든 형태의 반인도적 집단으로부터 자유민주주의를 수호해야 할 의무를 잘 알고 있습니다." 돌이킬 수 없는 아픈 과거가 다시는 반복되지 않도록 하는 것이 피해자들에 대한 가장 큰 사과이자 반성이라고 메르켈은 말한다. 아우슈비츠 해방 75주년을 앞두고 전시된 생존자들의 얼굴 앞에서.[13]

"기억하는 것은 끝나지 않을 책임입니다"
앙겔라 메르켈

> **"**
> # 빼앗긴 이들의 이름을 말합시다
> **"**

히잡을 쓴 뉴질랜드 총리

저신다 아던

여기 와서 만난 모든 분과 나눈 짧은 인사입니다. 사랑하는 이들과 벗들의 죽음을 목격한 이 공동체 사람들이 흔히 나누는 짧은 말입니다. 다쳐서 병원에 누운 이들에게 속삭이는 짧은 말, 이 공격으로 피해를 입은, 내가 만난 모든 유족들이 하는 짧은 말. 아살라무 알레이쿰, 평화가 당신에게.

암흑 같던 14일을 보내고 우리는 여기 모였습니다. 3월 15일의 테러 공격 뒤로 우리는 한동안 말을 잃었습니다. 남성, 여성, 아이 등 50명이 목숨을 잃고,[1] 숱한 이들이 다쳤습니다. 그 고통을 어떤 말로 표현하겠습니까. 증오와 폭력의 표적이 된 우리 무슬림 공동체의 고뇌를 어떤 말로 담아낼까요. 그 고통을 아는 이 도시의 슬픔을 담을 말은 무엇일까요.

그런 말은 아마 없을 겁니다. 그러니 나는 여러분에게 그저 간단한 인사를 건네고자 합니다. 아살라무 알레이쿰Asalamu Aleykum,[2] 평화가 당신에게. 여기 와서 만난 모든 분과 나눈 짧은 인사입니다. 사랑하는 이들과 벗들의 죽음을 목격한 이 공동체 사람들이 흔히 나누는 짧은 말입니다. 다쳐서 병원에 누운 이들에게 속삭이는 짧은 말. 이 공격으로 피해를 입은, 내가 만난 모든 유족들이 하는 짧은 말. 아살라무 알레이쿰, 평화가 당신에게.

증오와 폭력을 맞닥뜨린 그들에겐 분노를 표현할 권리가 있습니다. 하지만 이 말을 통해 그들의 공동체는 우리가 함께 슬퍼할 수 있게 문을 열어 주었습니다. 그래서 우리는 가장 소중한 것을 잃은 그들 앞에서 할 말이 더 없는지도 모릅니다. 꽃을 놓고, 하카haka[3]를 공연하고, 노래를 부르고, 혹은 그저 안을 수 있었을 뿐입니다.

당신들에게 건넬 말은 없었지만, 당신들의 말을 우리는 들었습니다. 당신들은 우리를 가까이 모이게 하고, 단결하게 했습니다. 지난 2주 동안 우리는 들었습니다. 테러범에게 공격당한 사람들, 그들의 용감한 이야기를. 이 땅에서 태어나고 자란 사람, 뉴질랜드를 집으로 삼은 이들의 이야기를. 망명할 곳을 찾아온 사람, 자신과 가족들을 위해 더 나은 삶을 찾아온 사람들의 이야기를. 이제 그 이야기들이 우리 모두의 이야기가 되고 있습니다. 그들은 영원히 우리와 함께할 것입니다. 그들이 우리입니다.

그러나 기억에는 책임이 따릅니다. 이곳을 우리가 바라는 곳으로 만들 책임. 다양하고, 환대하고, 친절하고, 공감하는 곳으로 만들 책임. 그런 가치들이 바로 우리를 가장 잘 보여 줍니다.

인종주의는 여기서 환영받지 못합니다. 우리 중 누구든 신념이나 종교 때문에 공격하는 행위는 여기서 환영받지 못합니다. 폭력과 극단주의는 여기서 환영받지 못합니다. 지난 2주 동안 우리가, 당신이, 이를 행동으로 말했습니다. 타인의 고통과 상처를 보며 슬픔에 잠을 이루지 못해 버스를 타고 집회에 나온 95세 노인도 있었습니다.

이제 우리 앞에 놓인 과제는 우리를 보여 주는 이런 가치들을 매일의 일상으로 만드는 일입니다. 우리는 증오와 두려움 같은 바이러스에 면역력이 없습니다. 그런 면역을 만들지 못했습니다. 그러나 치료법을 찾아내는 나라가 될 수는 있습니다. 여러분에게는 이 자리를 떠난 뒤에도 할 일이 있습니다. 증오와 싸우는 일을 정부에만 맡겨 두지 마십시오. 우리는 누구나 말과 행동과 일상의 친절함을 통해 보여 줄 수 있는 힘이 있습니다. 그런 힘을 3월 15일의 유산으로 남깁시다. 우리가 원하는 나라를 만듭시다.

뉴질랜드에, 우리의 무슬림 공동체에 손길을 내밀며 함께한 국제 사회에, 여기 모인 모든 이들에게 감사합니다. 더불어 폭력과 테러리즘에 대한 비판이 우리 모두의 집단적인 대응이 될 수 있도록 도와 달라고 호소합니다. 세계는 극단주의를 키우는 악순환에 빠져 있습니다. 이제 끝내야 합니다. 우리가 외롭게 이 문제와 싸울 수는 없습니다. 누구도 혼자서는 못합니다. 국경에 얽매이지 않을 때에 해답을 찾을 수 있습니다. 해답은 민족이나 무력이나 통치 체제에 있지 않습니다. 우리의 인간됨에 있습니다.

그렇지만 지금은 이곳을 떠난 이들을 기억하겠습니다. 다른 이들을 구하고자 앞장선 이들을 기억하겠습니다. 이 나라의 눈물을, 우리의 결심을 기억하겠습니다. 우리는 이곳이 완벽한 집이 아니고 완벽할 수도 없음을 새깁니다. 그럼에도 우리 국가國歌에 나와 있는 말들에 충실하려고 노력할 수는 있습니다. "모든 신조와 인종의 사람들이 여기 당신 앞에 모여/이 땅을 축복해 달라고 호소합니다/불화와 질투와 증오로부터, 그리고 부패로부터/신이 이 자유의 땅을, 이 나라를 지켜 주기를/이 나라를 선하고 위대하게 만들어 주기를."

타토우 타토우Tātou Tātou.[4] 아살라무 알레이쿰.[5]

2019년 3월 15일 뉴질랜드 크라이스트처치의 모스크 두 곳에서 연쇄 총기 난사 사건이 벌어졌다. 범인은 오스트레일리아 출신의 28세 남성이었다. 백인 우월주의에 심취한 극우파였다. 인종주의 선언문을 소셜 미디어에 올린 뒤, 페이스북 동영상으로 범행을 생중계했다. 희생자들은 아프가니스탄·파키스탄·방글라데시·인도네시아·인도·이집트 등에서 온 무슬림이었다.

사건이 발생하고 2주 뒤인 3월 29일 크라이스트처치의 해글리 공원에서 열린 추모식에서 저신다 아던 총리가 연설했다. 아던 총리는 히잡을 쓰고 무슬림 공동체를 만나 공감과 애도를 표하기도 했다.[6] 보복과 비난 대신에 슬픔을, 화합과 포용을 이야기한 연설에서, 뉴질랜드는 물론이고 세계가 아픔과 치유를 동시에 느꼈다. 세계 최고층 빌딩인 아랍에미리트 두바이의 부르즈칼리파 빌딩에는 아던 총리의 모습이 전광판으로 아로새겨졌다.[7]

추도식에 앞서 의회를 찾은 아던 총리는 현장에서 테러범을 제압한 경찰관들을 치하하고 용기 있게 나선 시민들을 호명했다. 테러범에게 달려들어 총을 빼앗기 위해 싸운 파키스탄 출신의 나임 라시드, 무장한 테러범에 맨손으로 맞선 아프가니스탄 태생의 압둘 아지즈……. 그러고는 이어진 연설에서 "가해자의 이름은 말하지 않겠다"고 선언했다.

뉴질랜드의 우리 무슬림 공동체를 노린 테러의 중심에 한 사람이 있습니다. 오스트레일리아 국적인 이 28세 남성은 살인죄로 이미 기소됐고 앞으로 여러 죄로 추가 기소될 겁니다. 뉴질랜드에서 법의 심판을 받을 겁니다. 그는 테러로 여러 가지를 노렸고, 악명을 떨치는 것도 그중 하나였습니다. 그래서 나는 여러분에게 그의 이름을 말하지 않으려 합니다. 그는 테러범입니다. 범죄자입니다. 극단주의자입니다. 그러나 그는 이름이 없을 것입니다. 여러분에게 호소합니다. 빼앗은 자의 이름 대신, 빼앗긴 이들의 이름을 말합시다. 악명을 추구한 그에게 뉴질랜드는 아무것도 주지 않을 것입니다.[8]

아던 총리는 "우리는 200개 부족, 160개의 언어가 있는 나라"이자, 누구에게든 문을 열고 반기는 나라라고 했다. 무슬림 공동체에 보내는 인사말로 시작한 의회 연설에서 그는 크라이스트처치 추모식 연설처럼 마오리어로도 애도했다.

공감은 위로를 준다. 하지만 정부 지도자가 할 일은 위로에 그쳐서는 안 된다. 아던 총리는 곧바로 의회에서 강력한 총기 규제 법안을 통과시켰고, 두 달 뒤에는 에마뉘엘 마크롱 프랑스 대통령과 함께 '크라이스트처치 콜'Christchurch Call이라 불리는 소셜 미디어 테러 대응 방안을 발표했다. 각국 정부와 거대 기술 기업들이 소셜 미디어에서 인종주의와 폭력, 테러리즘을 설파하는 극단주의자들의 선전을 차단하기 위해 협력해야 한다는 것이었다.[9] '자발성'에 기댄 호소였지만 극단주의 테러 공격에 맞서는 하나의 프로토콜이 됐다는 평가를 받는다.

＼

2018년 기준으로 뉴질랜드 인구 488만 명 중 72퍼센트는 민족적으로 '유럽계'이고 16.5퍼센트는 마오리족이다. 아시아계와 폴리네시아계가 그 뒤를 잇는다.[10] 1961년에는 유럽계가

92퍼센트였고 마오리족이 7퍼센트였으며 아시아계나 폴리네시아계는 1퍼센트에 그쳤다. 그런데 이후 아시아계의 이주가 늘고 마오리족 공동체가 커지면서 비율이 바뀌었다.

오스트레일리아의 애버리지니와 태즈메이니아인이 백인의 정착과 함께 사실상 절멸을 맞았던 것과, 뉴질랜드 마오리족의 상황은 역사적으로 엇갈렸다. 드넓은 땅에 소집단을 이루며 흩어져 살았던 오스트레일리아 원주민들과 달리 마오리족은 강대한 부족국가를 이루고 있었고, 뉴질랜드에 정착한 유럽 출신들도 절멸 정책을 펴지는 않았다. 이는 이후 뉴질랜드를 오스트레일리아와는 다른 길로 이끌었다. 뉴질랜드는 마오리족 문화를 '선주민 문화'로 공식 인정하고 있으며, 2013년에는 북섬North Island과 남섬South Island으로 불리던 두 주요 섬의 명칭으로 마오리족 이름인 '테이카 아 마우이'Te Ika ā Māui, '테 와이 푸나무'Te Wai Pounamu를 같이 쓰기로 공식화했다.[11] 아던 총리는 2018년 영국을 방문해 엘리자베스 2세를 만날 때 마오리족 의상을 입기도 했다.[12] 정치적 발언권이 있는 소수집단의 존재는 사회 전체의 다양성을 높이고, 그 자체로 다수파의 횡포를 막아 주는 역할을 한다. 오스트레일리아가 아시아나 중동에서 온 난민들을 태평양 섬나라 나우루나 인도네시아와 가까운 오스트레일리아령 크리스마스섬 등에 가둬 두는 것과 달리 뉴질랜드의 난민 정책이나 이주자 수용 정책은 훨씬 포용적이다.

아던은 1980년생이다. '나이 든 남성들'이 지배하는 정계에서 마이너리티라고 할 법한 '젊은' '여성'이다. 대학을 졸업한 뒤, 훗날 유엔개발계획UNDP 수장이 된 헬렌 클라크 총리 밑에서 일했고 2008년 의회에 진출했다. 하지만 그가 소속된 노동당은 클라크 총리의 퇴임과 함께 무너져 이후 9년간 집권하지 못했다. 아던도 젊은 초선 의원으로 끝나는 듯했다. 그러나 2017년 의회에 다시 들어가 30대의 나이에 당 대표로 선출되며 노동당의 구원투수로 등장했다. 그해 선거에서 아던의 노동당은 국민당을 큰 의석 차로 따돌렸지만 정부를 구성하려면 협상력이 필요했다. 아던은 뉴질랜드제일당과 녹색당 등을 설득해 집권에 성공했다. 총리가 됐을 때 그의 나이는 37세였다.

당 대표 선거에 출마할 무렵 임신 사실을 알게 된 그는 총리가 된 뒤 첫아이를 낳았다. 아이 아빠인, 아던의 '파트너'는 낚시 방송에 출연하던 사람이었는데 그 뒤로 육아를 전담하고 있다. 세계에 여성 지도자도 드물지만 집권 중 아이를 낳은 여성 지도자는 더 드물다(1988년 파키스탄 총리로 재임하던 베나지르 부토에 이어 아던이 두 번째였다). 아던은 아기를 데리고 유엔 총회에 참석하기도 했다.

아던의 행동이 신선하게 비친 것은 사실이지만, 여성 총리의 이런 활약이 일순간에 가능했던 것은 아니다. 뉴질랜드는 여성 참정권을 최초로 인정한 나라였고, 핵무기를 실은 함선의 영해 진입을 금지한 최초의 나라였다. 아던은 1990년대 집권한 제니 시플리와 헬렌 클라크에 이은 뉴질랜드의 세 번째 여성 총리다. 2020년까지는 세 여성을 제외하면 백인 남성들만 총리가 됐으나, 이제는 언제 마오리족 총리, 혹은 이주민 출신이나 무슬림 총리가 나와도 '기적'은 아닐 것이다.

테러 참극 뒤 아던이 보인 태도 덕분에 국제 무대에서 존재감이 크지 않던 뉴질랜드의 명성도 올라갔다. 참사 1년 뒤 미국 시사 주간지 『타임』은 "겨우 7주의 캠페인으로 노동당 대표가 되고 이어 총리가 됐지만 아던은 능숙하면서도 차분하게, 혁명적인 방식으로 위기를 관리해 세계의 주목을 받았다"고 평했다. 아던은 자신의 생각을 '실용적인 이상주의'라고 표현한다. 양모와 유제품을 수출하는 태평양의 섬나라 지도자는 세계에 '공포와 비난 대신 책임성과 희망'이라는 메시지를 던짐으로써 세계에서 가장 영향력 있는 사람 중 한 명이 됐다.[13]

＼

무엇보다 세계는 지쳐 있었다. 2001년 9·11 테러 뒤 미국의 조지 W. 부시 대통령은 아프가니스탄을 침공했다. 알카에다Al Qaeda 지도자 오사마 빈라덴이 은신한 곳이라는 이유에서였다. 테러범이 숨어 있는 나라의 국민들에게 전쟁이라는 '집단적 징벌'을 가하는 것은 정당화될 수 없는 비윤리적 행위다. 그는 석연찮은 명분을 들며 대테러전을 이라크 침공으로 이어갔다. 미국의 오만함과 일방주의 탓에 세계가 혼란과 분노에 휩싸였으며 이슬람 극단주의자들의 테러, 무슬림과 이민자들에 반대하는 백인 극우파의 테러가 되풀이됐다. 2015년 11월 프랑스 파리에서 이슬람 극단주의자들의 연쇄 테러가 일어나자 프랑수아 올랑드 당시 프랑스 대통령은 지중해에 샤를 드골 항모를 보내 시리아를 폭격했다. 공격과 보복의 악순환에 빠진 세계에, 아던의 연설은 탈출구를 제시했다.

부시나 마크롱을 비롯해 테러가 일어난 나라 지도자들의 '보복 선언'과 비교하면 아던의 연설은 더욱 빛을 발한다. 증오와 분열을 선동하는 도널드 트럼프 미국 대통령의 발언들과는 품격이 다르다. 아던을 이야기하며 '여성 리더십'을 거론하는 이들도 적지 않다. 코로나19가 세계를 휩쓴 뒤 독일의 앙겔라 메르켈 총리와 함께 아던의 전염병 대응이 높게 평가받았을 때에도 여성 리더십에 대한 이야기가 나왔다.

아던의 추모식 연설이 큰 반향을 불러일으키자 오스트레일리아에서 시작된, 언론인들과 학자들의 공론 매체 〈더 컨버세이션〉은 과연 아던이 '여성 지도자여서' 포용적이고 공감 어린 대응을 했는지 분석했다. 2011년 노르웨이에서 백인 극단주의자 아네르스 베링 브레이비크의 테러가 일어났을 당시 옌스 스톨텐베르그 총리의 연설, 2011년 미국 위스콘신주 시크교 사원과 2015년 조지아주 찰스턴 흑인교회에서 백인 극우파가 공격한 뒤 버락 오바마 미국 대통령의 발언, 2018년 피츠버그 유대교회당 총기 난사 뒤 도널드 트럼프 대통령의 발언, 2017

년 캐나다 퀘벡주 모스크 총기 난사 뒤 쥐스탱 트뤼도 총리의 발언, 그리고 아던 총리의 크라이스트처치 모스크 참사 뒤 발언에서 피해자·가족에 초점을 맞춘 언급과 테러범에 대한 언급이 어떤 비중으로 나타나는지를 살폈다.

스톨텐베르그는 44퍼센트, 오바마는 18퍼센트, 트럼프는 5퍼센트, 트뤼도는 41퍼센트, 아던은 40퍼센트를 피해자 이야기로 채웠다. 가해자에 대한 이야기는 오바마 18퍼센트, 트럼프 7퍼센트, 트뤼도 8퍼센트, 아던 18퍼센트였다. '누구에 대해 이야기하느냐'만으로는 성별에 따라 지도자를 평가할 수 없다는 얘기다.[14]

여성으로서 아던의 정체성과 개방적인 사고방식이 참사에 대응하는 데에 영향을 미쳤을지도 모른다. 그러나 '여성 리더십'을 거론하는 것 자체로 정치인을 젠더에 따라 규정하는 정형화가 될 수 있고, 공격적이고 폭력적 성향을 띠는 정치인의 선동을 '남성이기 때문에 당연한' 것으로 은연 중 합리화할 수도 있다. 이보다는 정치 지도자를 선택하고, 정치 지도자의 선택에 영향을 미치는 사회의 가치관이 더 중요하다.

〈더 컨버세이션〉이 분석한 연설 가운데 가해자에 대해 한마디도 언급하지 않은 사람은, 뒤에 북대서양조약기구 사무총장이 된 스톨텐베르그 당시 노르웨이 총리다.

노르웨이가 제2차 세계대전 이후 최악의 잔혹 행위로 타격을 받은 지 이틀이 지났습니다. 충격과 절망, 분노, 그리고 울음으로 가득 찬 시간이었습니다.

우리 중 많은 이가 희생자의 지인입니다. 저도 몇 명을 압니다. 그중 한 명인 모니카의 남편과 딸들이 지금 여기 있습니다. 우리가 함께 울고 있다는 걸 알아줬으면 좋겠습니다. 노동당 청년동맹[15]의 지도자이자 재능 있는 정치인이던 토레 아이켈란도 영원히 떠났습니다. 곧 있으면 이 모든 공포 속에서도 악행의 전모가 드러날 겁니다. 새로운 시련이 되겠지만 우리는 이겨 낼 수 있습니다.

이 모든 비극 속에서도, 나는 이 나라에 사는 것이 자랑스럽습니다. 내가 만난 이들의 위엄과 연민과 결의에 감명받았습니다. 작은 나라이지만 자랑스러운 국민입니다. 충격은 채 가시지 않았지만 결코 우리의 가치를 포기하지 않을 겁니다.

우리의 대응은 더 많은 민주주의, 더 많은 개방성, 더 많은 인간성입니다. 노동당 청년동맹의 한 소녀가 CNN 인터뷰에서 한 말이 이를 가장 잘 표현합니다. "한 사람이 그렇게 큰 증오를 일으킬 수 있다면, 우리가 함께함으로써 얼마나 많은 사랑을 만들어 낼 수 있을지 상상해 보세요."[16]

아던 총리가 결코 환영받지 못하리라고 언급한 인종주의와 폭력, 극단주의는 사라지지 않았다. 모스크 참사 뒤 애도와 공감의 물결이 뉴질랜드를 휩쓸었다. 그러나 참사 1주기를 앞두고 있던 2020년 3월 초, 모바일 메시지 앱에 검은 복면을 쓴 남성이 테러가 난 크라이스트처치의 모스크 앞에서 총기 공격을 상징하는 제스처를 취하는 모습이 담긴 글이 올라왔다. 테러 몇 달 뒤 결성된 백인 우월주의 단체 '액션 질란디아'Action Zealandia 관계자로 알려졌다. 뉴질랜드 정보국장은 의회 보고에서 크라이스트처치 사건 뒤 극단주의 테러 공격을 하겠다고 위협해 당국이 조사에 나선 사람이 늘었다고 했다. 뉴질랜드에 60~70개의 극우 단체가 있고 150~300명의 핵심 활동가가 있다는 극단주의 전문가의 연구도 있었다. 이슬람 지도자들과 전문가들은 크라이스트처치 공격이 극우 백인 민족주의자들과 반이민 운동가들이 온라인과 오프라인에서 더 적극적으로 활동하게 만들었다고 경고했고, 무슬림 여성들은 더 큰 공포를 드러내고 있다고 로이터통신은 보도했다.[17]

경제성장이 한계에 부딪치고 일자리가 줄어 삶이 팍팍해질 때, 나 아닌 누군가에게 책임을 돌리려는 마음이 고개를 든다. 지도자의 감동적인 말이 사회를 완전히 바꿀 수는 없다. 그럼에도 사회의 다수에게 와닿는 정치적 메시지는 큰 힘을 지닌다. 스톨텐베르그 총리가 언급한 노르웨이 소녀의 말처럼 '우리가 함께함으로써 얼마나 많은 사랑을 만들어 낼 수 있을지'를 상상하게 하는 힘 말이다.

"약을 못 구해 죽는 사람은 없어야 합니다"

못 다 이룬 의사의 꿈

이종욱

슬프게도 잘못된 낙관주의였습니다. 개발된 나라에서 HIV를 앓는 사람들은 대부분 효과적인 치료에 접근해 10년 이상 수명을 연장할 수 있습니다. 그러나 개발도상국에 사는 사람들은 같은 혜택을 누리지 못합니다. 올해에만 300만 명이 에이즈로 사망했습니다. 매일 8000명이 죽습니다. 효과적이고 안전하며 값싼 약을 구했다면 정상적인 생활로 돌아갈 수 있는 사람들이었습니다.

세계보건기구WHO를 대표해 오늘 이곳 리빙스턴에 서게 돼 영광입니다. 이곳은 우리가 HIV[1] 전염병을 그냥 두고 보기만 하지는 않겠다는 다짐을 보여 주는 자리입니다. 이 대륙을 휩쓴 역사상 가장 파괴적인 전염병에 맞서 여러분과 함께하겠습니다.

WHO와 유엔에이즈UNAIDS[2]는 2005년 말까지 HIV/에이즈와 함께 살아가는 개발도상국의 300만 명에게 항레트로바이러스 치료를 제공하는 '3 바이by 5'(2005년까지 300만 명에게) 이니셔티브를 오늘 여기서 발표합니다.

항레트로바이러스 요법은 1990년대에 현대 과학의 승리로 환영받았습니다. 전문가들과 언론은 에이즈의 패배가 시작됐다고 선언했습니다. 마침내 희망이 생겼습니다. 이른 죽음을 피할 수 있다고 여겼습니다.

슬프게도 잘못된 낙관주의였습니다. 개발된 나라에서 HIV를 앓는 사람들은 대부분 효과적인 치료에 접근해 10년 이상 수명을 연장할 수 있습니다. 그러나 개발도상국에 사는 사람들은 같은 혜택을 누리지 못합니다. 올해에만 300만 명이 에이즈로 사망했습니다. 매일 8000명이 죽습니다. 효과적이고 안전하며 값싼 약을 구했다면 정상적인 생활로 돌아갈 수 있는 사람들이었습니다.

국제사회는 에이즈 대유행을 막는 데에 온 힘을 다해야 합니다. 명백한 도덕적 의무이자, 그 필요성을 인식하고 대응할 실천적인 문제입니다. 이 사회적 참사의 규모 앞에 우리는 망연자실해집니다. 우리가 효과적인 조치를 오랫동안 취하지 않으면 이런 상황은 점점 더 우리를 압도할 것입니다. 4000만 명이 HIV에 감염됐습니다. 유니세프는 2010년까지 사하라 이남 아프리카에서 에이즈로 부모를 잃은 아이가 1000만 명이 될 것으로 예상합니다. 우리에게는 익명으로 존재하는 수많은 사람들이지만, 그 아이들 한 명 한 명은 엄마와 아빠의 얼굴을 다시는 보지 못합니다.

효과적인 백신을 만들어 성공적으로 예방하는 것이 해답입니다. 그러나 효과적인 치료를 제공하는 것도 강력한 예방 수단입니다. 브라질이나 아이티 등지에서 경험했듯이 사람들은 치료받을 수 있다는 사실을 알게 될수록 상담을 받고 치료에 나설 동기와 용기가 생깁니다. HIV에 대해 사람들이 인식하는 것이 변화의 가장 큰 힘입니다. 더 많은 이들이 HIV에 대해 알아 갈수록 마음을 열고 낙인도 줄어들 겁니다.

올해 9월 22일 유엔에이즈, 글로벌에이즈·결핵·말라리아기금과 함께, 항레트로바이러스 치료를 모두가 받지 못하는 세계 보건 문제에 시급히 나서야 한다고 선언했습니다. 이 치료를 모두가 보편적으로 받게 하는 것이 최종 목표입니다. '3 바이 5'라는 목표는 첫걸음일 뿐입니다. 하지만 중요하고도 어려운 걸음이며 이 걸음은 이미 시작됐습니다.[3]

2003년 12월 1일 '세계 에이즈의 날'을 맞아 이종욱 WHO 당시 사무총장이 아프리카 남부의 내륙 국가인 잠비아의 리빙스턴(마람바)에서 연설했다. 2000년 총조사에서 잠비아는 인구의 15퍼센트인 100만 명이 에이즈에 걸려 있고, 그중 60퍼센트가 여성으로 집계됐다.

유엔에이즈의 몇 가지 통계만 살펴봐도 에이즈라는 질병의 위험을 짐작할 수 있다. 2019년 기준으로 세계의 HIV 감염자는 3800만 명으로 추정된다. 이 한 해 동안 69만 명이 에이즈 관련 질환으로 목숨을 잃었다. 에이즈가 1980년대 초반 세상에 알려진 이래로 감염자는 7600만 명, 사망자는 3300만 명에 달한다. 2019년 현재 감염 상태인 3800만 명 가운데 1800만 명은 0~14세 아이들이다.

이종욱 사무총장이 설명했듯이, 에이즈는 항레트로바이러스 치료제를 이용한 치료법이 발전하면서 당장 목숨을 앗아가는 질병이 아니라 '관리'를 통해 생명을 연장할 수 있는 만성질환처럼 치명성이 줄었다. 문제는 치료다. 2019년 현재 항레트로바이러스 치료를 받는 사람은 2540만 명이니 1260만 명은 바이러스에 감염되고도 치료받지 못한다는 얘기다.[4]

항레트로바이러스 치료를 제공하는 일은 보건 재정과 인력 배치, 그리고 다른 질병의 예방과 통제라는 광범위한 문제들과 떼어 놓을 수 없습니다. 약값 때문에 치료를 못 받는 이들이 없도록 세심한 주의를 기울여야 합니다. 지금은 한 명당 1차 치료비로 연간 300달러를 쓰는데, 2005년 말에는 그 절반으로 떨어질 것으로 봅니다. 그때가 되면 300만 명이 1년간 투약받는 비용이 10억 달러를 훨씬 밑돌아야 합니다. 이 사람들이 죽지 않고 살아난다면 경제와 사회에 얼마나 많이 기여할지를 헤아려 보세요. 비용은 진정한 방해물이 아닙니다. 선생님들이 학교로 돌아가고 농부들이 땅을 일굽니다. 부모가 아이를 돌봅니다. 이 약들은 생명을 구할뿐더러 사회를 재건하는 데에 도움을 줍니다. 치료가 필요하다는 사실을 무시할 때 드는 비용이 치료에 들어가는 비용보다 훨씬 큽니다.

몇 달 사이에 '3 바이 5'는 대략적인 아이디어에서 구체적인 계획으로 바뀌었습니다. 2년 뒤에 그것은 300만 명의 생명을 구하는 사건이자 현실로 거듭날 것입니다. 이제 무엇이 필요한지 알았으니, 우리의 임무는 그것을 실현하는 것입니다.[5]

1990년대 초반, 중미의 섬나라 아이티에서 독재 정권의 탄압과 빈곤으로부터 탈출하려는 수많은 사람들이 보트에 몸을 실었다. 난민들은 유입을 거부하는 미국 정부의 방침에 막혀 쿠바 관타나모섬의 미군 기지에 억류됐다(훗날 미국이 아프가니스탄과 이라크를 침공하고 이른바 '테러 용의자'들을 불법 구금한 곳이기도 하다). 거기서 2년 동안 억류된 아이티인들 가운데 수백 명이 HIV 양성반응을 보였다.

건강은 질병의 영향을 받지만, 질병은 사회의 구조와 정부 정책의 영향을 받는다. 건강을 개인의 문제나 바이러스 혹은 질병의 문제로만 보지 않고 사회적 구조와 연결해 보는 관점을 가리켜 사회 역학social epidemiology이라 부른다. 세계적인 사회 역학 전문가 폴 파머 하버드 의대 교수는 세계 곳곳을 돌며 질병과 사회 역학을 탐색한 『권력의 병리학』에서 에이즈에 걸린 아이티 난민들을 살폈다.

감염자들 중 일부는 미군에 억류돼 관타나모 기지로 보내졌다. 미군은 캠프 안에 HIV 격리 시설을 두고 감염자임을 알리는 팔찌를 채웠다. 감염자 중에는 쿠바의 아바나 근교 치료 시설로 보내진 이들도 있었다. 거기서 운명이 갈렸다.

한 격리 시설은 햇볕에 달아오른 아스팔트와 철조망으로 둘러싸여 있었고, 다른 시설은 풍요로운 라틴아메리카의 주택가처럼 푸르고 그늘이 드리워진 구내를 갖추고 있었다. 한쪽에는 군인들과 수감자들이 있었고, 다른 쪽에는 의사, 간호사, 환자, 그리고 한 명의 안전 요원이 있었다. 한쪽은 단 한 명의 전염병학 전문의가 있는 군사시설에 환자들을 수용했던 반면, 다른 쪽은 다수의 전문의, 간호사, 사회복지사를 직원으로 두고 있었다.[6]

결론부터 말하자면, 같은 쿠바 땅이지만 미국의 '조차지'인 관타나모 기지에 수용된 사람들 중 많은 이가 사망했다. 반면에 아바나로 간 사람들은 대부분 살았다. 미국은 HIV에 감염된 난민을 입국시키지 않았지만 쿠바는 받아들였을뿐더러 치료했다. 배제할 것인가, 포용할 것인가. 밀어낼 것인가, 함께 건강하게 살 수 있도록 도울 것인가. 태도와 관점이 병에 걸린

이들의 생사를 갈랐다.

건강이 정책과 사회적 대응에 달렸다는 것을, 2020년 코로나19 사태를 거치면서 세계가 절감했다. 제대로 대응하지 못한 나라, 정치적 리더십이 작동하지 못한 나라들은 글로벌 전염병 앞에서 속절없이 무너졌다. 이런 상황에서 쿠바는 이탈리아를 시작으로 세계에 의료진을 파견해 코로나19 대응을 도왔다. '하얀 가운 부대'는 전 국민 주치의 제도 등 1차적 의료 체계를 탄탄히 갖추고 '의료의 사회적 기능'을 강조해 온 쿠바의 역량을 세계에 알렸다. 쿠바 의료진을 노벨 평화상 수상자로 추천하자는 움직임까지 일었다.[7]

에이즈이든 코로나19든, 질병 대응 능력은 국가마다 차이가 크다. 정부의 역량이 부족해도 민간 기업, 즉 '시장'에만 맡길 수도 없다. WHO 같은 국제기구가 존재하는 이유다.

1948년 설립된 WHO에는 190개 남짓한 국가·영토가 가입돼 있다. 유엔에서는 리히텐슈타인 정도만 빼놓고 거의 모든 국가가 회원국이다. 팔레스타인은 미국과 이스라엘이 반대한 탓에 '옵서버'로 가입했으며 바티칸도 옵서버다. 재정은 회원국 기여금과 유엔을 비롯한 다른 기구들의 지원금으로 충당한다. WHO 보고서에 따르면 2020~21년 예산은 약 48억 달러다. 이 돈으로 코로나19 같은 팬데믹이 퍼졌을 때 각국의 대응을 조율하고 연구를 지원하는 일도 하지만, 평시에도 WHO는 폴리오(소아마비) 백신 접종을 비롯해 저개발국의 열악한 보건 인프라를 메운다. 그런데 미국 도널드 트럼프 정부는 코로나 19에 제대로 대응하지 못한 책임을 떠넘기려고 WHO가 '중국 편을 든다'고 트집을 잡더니 결국 탈퇴를 선언했다. 이 기구가 1년 동안 쓰는 돈의 5분의 1을 미국이 내고 있었으니 당분간 세계의 방역망에 구멍이 뚫릴 수밖에 없다.

WHO가 늘 칭찬만 받은 것은 아니다. 2003년 중증급성호흡기증후군(사스)이 창궐했을 때에는 사태를 쉬쉬하려던 중국에 막혔다. 2009년 신종플루 때에는 글로벌 전염병의 경고 단계 6단계인 '팬데믹'을 선언했으나 공포를 부추기는 제약업계의 마케팅에 휘둘렸다고 비판받았다. 결국 독립조사위원회까지 만들어 조사한 결과 WHO의 일부 전문가들이 제약업계와 적절치 않은 관계를 맺고 있었던 것으로 드러났다. 그럼에도 글로벌 전염병이 갈수록 늘어나는 지구에서 '글로벌한 대응'이 반드시 필요하며 앞으로 점점 더 필요해지리라는 점을 부인하기는 어렵다.

사스와 신종플루 사이, 2003년 7월부터 2006년 5월까지 WHO를 이끈 사람이 한국 출신의 이종욱 사무총장이었다. 서울에서 의대를 나와 1983년 WHO에 합류했다. 남태평양 섬나라 피지에서 나병 환자를 치료하는 일로 시작해, 이후 여러 지역을 돌며 결핵 치료와 예방 가능한 질병에 대한 어린이 예방

접종 사업을 주도했다. 1994년 제네바의 본부로 이동해 백신 부문을 떠맡았다. 미국 과학 잡지 『사이언티픽 아메리칸』*Scientific American*은 1997년 그를 '백신 황제'Vaccine Czar라 불렀다.[8]

2003년 사무총장이 되고 나서 에이즈 유행을 통제하는 데에 주력하며, 이를 위해 '3 바이 5' 이니셔티브를 선언했다. 처음부터 호응을 끌어내지는 못했다. 국제에이즈학회의 요에프 랑어 회장은 "완전히 비현실적인" 구상이라고 했다.[9] 국경없는 의사회도 WHO 사무총장이 실현하기 힘든 목표에 치중한다는 반응을 보였다.[10] 하지만 이종욱 사무총장은 에이즈가 창궐하던 수단의 분쟁 지역 다르푸르Darfur, 2004년 인도양 쓰나미로 타격을 입은 섬나라 마다가스카르와 모리셔스를 비롯해 60여 개국을 다니며 설득했다. WHO는 그런 그를 보고 '행동하는 사람'이라 불렀다.[11]

＼

유엔에이즈의 통계를 보면, 2019년 한 해 동안 170만 명이 HIV 양성 진단을 받았다. 확산세가 정점에 이르렀던 1998년과 비교해 연간 신규 감염자 수는 40퍼센트 줄었다. 2010년에는 어린이 31만 명이 양성 진단을 받았는데 2019년에는 절반 이하인 15만 명으로 감소했다. 2004년과 비교해 에이즈와 관련된 사망은 60퍼센트 줄었다. 세계의 에이즈 치료 투자액은 2000년 48억 달러에서 2019년 200억 달러로 늘었다.

에이즈 확산을 막는 것은 WHO뿐만 아니라 유엔 차원에서 2000년부터 '밀레니엄 개발목표'MDGs로 삼고 추진해 온 과제였다. 유엔에이즈는 2015년 7월 에티오피아의 아디스아바바에서 에이즈 확산 예방 정책이 당초 목표치를 달성했다는 보고서를 공개했다. 2000년부터 15년 동안 1500만 명의 에이즈 감염자를 치료한다는 목표를 반년 앞당겨 달성했다는 것이었다. 「에이즈는 어떻게 모든 것을 바꿨나」라는 제목의 이 보고서는 "지금처럼 계속 성과를 거둔다면 2030년에는 에이즈 확산 위기를 종식할 수 있을 것"으로 내다봤다.[12]

유엔을 비롯해 국제사회가 에이즈 확산을 막아야 한다고 목소리를 높여 온 것은, 이 질병이 보건·의료 이슈일 뿐만 아니라 지역 공동체와 경제구조를 무너뜨리기 때문이다. 1990년대 이후 에이즈가 확산된 남아프리카공화국 등 사하라 이남 아프리카 국가들은 에이즈 사망자가 늘면서 노동력을 잃은 것은 물론이고, 에이즈로 부모를 잃은 이른바 '에이즈 고아' 문제가 심각하다. 이종욱 사무총장이 앞서 인용한 연설에서 언급했듯이 아이들에게는 '부모의 얼굴을 다시는 보지 못하는' 비극인 동시에 국가와 지역 전체로 보면 엄청난 재정적·사회적 부담으로 작용해 왔다.

에이즈와의 싸움에서 성과를 거둔 사례들을 보면, 어떤 질병보다 무서워 보이는 전염병이라 해도 어떻게 대응하느냐에 따라 위험과 피해가 달라질 수 있다. 유엔에이즈의 2015년 보고서에서 거론된 가장 성공적인 사례 중 하나는 에티오피아였다. 이 나라는 어린이들의 에이즈 감염을 막는 데에 주력했다. 2000년 에티오피아에서는 3만 6000명의 어린이가 에이즈에 걸렸으나 2014년에는 4800명으로 줄었다. 어린이들의 에이즈 감염을 막기 위한 항레트로바이러스제 처방은 이 기간에 73퍼센트 늘었다. 에티오피아의 에이즈 관련 사망자 수는 2005년부터 2014년 사이에 71퍼센트 감소했다.

아디스아바바의 보건 센터에서 일하는 아비요트 고다나는 HIV에 감염된 여성이다. 그는 이 보고서가 공개되는 자리에 나와 "HIV를 안고 살아가는 엄마로서 내 아이들이 전염되지 않게 하는 것이 가장 중요했는데 두 아이 모두 에이즈에 걸리지 않았으며 '에이즈로부터 자유로운 세대'의 일부가 됐다"고 말했다.

그럼에도 에이즈는 여전히 지구상의 가장 가난한 사람들을 위협하는 질병이다. 이종욱 사무총장이 '치료에 대한 보편적 접근'을 주장한 것은, 특히 아프리카와 아시아, 중남미의 저개발국을 괴롭히는 이 질병의 치료제를 모두가 싼값에 살 수 없어서이다.

일례로 2006년 1월 미국은 태국과 자유무역협정FTA을 체결하면서 '제네릭 약품(복제약)을 금지한다'는 조항에 합의할 것을 요구했다.[13] 미국은 제네릭 약품을 규제하고 기업 특허를 보호하면 기업들의 기술혁신을 촉진하고, 다국적 제약 회사들의 약 판매가 늘어 에이즈 치료에 이로울 것이라고 주장했다.

세계무역기구는 의약품 특허를 20년간 보호하도록 규정하고 있다. 2001년 카타르 도하에 모인 141개국은 인도와 남아프리카공화국, 브라질 등의 요구로 저개발국에서 에이즈 치료제의 특허권을 유예하는 조치에 합의했다. 당시 이 나라들은 에이즈 치료제를 거액에 파는 다국적 제약 회사들에 거세게 항의하면서 제네릭 약품을 생산하겠다고 선언했다. 글락소스미스클라인, 브리스톨마이어스스큅 같은 거대 제약 회사들은 생명이 우선이라는 목소리에 결국 손을 들었다. 부자 나라들에서 연간 1만 달러쯤 들던 에이즈 약값은 도하 선언 덕분에 빈국에서는 약 140달러로 떨어졌다. 미국도 도하 선언에 동참해 에이즈 치료제 특허권 유보 조항에 서명했다. 하지만 태국 사례에서 보듯 미국은 FTA를 빌미로 기업의 편에 서서 특허권 보호를 요구하곤 한다. 태국은 '죽음의 거래'를 할 수 없다며 이 조항을 거부했고, 그해 12월 제네릭 약품 자체 생산과 인도산 저가 치료제 수입을 선언했다.[14]

기업들의 이윤 추구를 보호할지, 생명을 지키는 시민의 권리를 옹호할지를 결정하는 문제는 에이즈에 국한되지 않는다. 일례로 미국 제약 회사 길리어드Gilead는 1997년 도널드 럼즈펠드를 영입했고, 럼즈펠드는 2001년 1월 조지 W. 부시 행정부의 국방장관으로 임명될 때까지 길리어드의 이사회장으로 있었다. 심지어는 장관이 되고도 정부 윤리 지침을 어겨 가면서까지 길리어드 주식을 내놓지 않아 거세게 비판받았다. 럼즈펠드와 길리어드의 공생 관계는 양쪽 모두에게 큰 이익이 됐다. 타미플루 때문이었다.

WHO가 2009년 신종플루를 '팬데믹'으로 선언한 뒤 치료제 타미플루를 생산하는 스위스 제약 회사 로슈는 막대한 이익을 거뒀다. 'WHO가 제약 회사들과 결탁했다'는 비난을 불러일으킨 주범이 로슈였다. 그런데 당시 세계 언론의 타깃은 로슈였지만 타미플루의 특허권은 길리어드가 가지고 있었다. 다만 길리어드는 대량생산 능력이 없어 로슈에 라이선스를 넘기고 특허료를 받아 챙겼다. 미국 정부는 타미플루를 시장 가격보다 비싸게 사들였고, 이 과정에서 길리어드와 럼즈펠드 모두 이익을 챙겼다.

길리어드는 2000년대 내내 해마다 인수·합병을 거듭하며 몸집을 불렸다. 2012년에는 미 식품의약국FDA으로부터 '에이즈 예방약'으로 불리는 트루바다Truvada의 판매 승인을 받기도 했다. 하지만 논란이 끊이지 않았다. 길리어드는 미국에서 C형간염 치료제 소발디Sovaldi를 1정당 1000달러에 팔았다. 환자 한 명이 12주 동안 치료받으려면 8만 4000달러가 들었다. 이 약이 사회적 이슈가 되고 미 상원에서까지 문제를 삼자 어쩔 수 없이 가격을 내렸다.

세계무역기구 도하 회의에서 특정 약품에 대해 제네릭 약품을 생산할 수 있게 하자는 개도국 주장이 일부 받아들여졌을 때에도 길리어드는 인도를 비롯한 개도국의 제약 회사들에 불공정한 경쟁 조건을 강요해 반발을 샀다. 2020년 3월 코로나19가 아시아를 넘어 세계로 확산되고 렘데시비르Remdesivir가 치료제로 부상하자 길리어드는 곧바로 자신들에게 특허권이 있는 이 약에 대해 7년간 판매 수익을 독점하는 희귀 의약품ODS 지정을 받았다. 개발도상국들은 렘데시비르도 제네릭 약품 생산을 허용하라고 요구할 것이고, 에이즈 치료제에 이어 또 한 차례 '제네릭 싸움'이 벌어질 판이다.[15] 건강, 보건 의료, 사람의 몸은 부자 나라와 가난한 나라 혹은 기업과 사회가 치열하게 각축을 벌이는 전장이다.

＼

안타깝게도 이종욱 사무총장은 임기 중인 2006년 5월 22일 제네바에서 뇌혈전증(경막밑출혈)으로 쓰러져 응급수술을 받았으나 끝내 회복되지 못하고 세상을 떠났다. WHO 사이트에 올라와 있는 사망 전 마지막 연설은 말라리아 퇴치에 대한 것이었다.[16]

WHO는 헌사에서 "그는 겸손했지만 대단한 지도자였다"고 평가했다. "'3 바이 5'는 지도자들이 가난한 나라 사람들에게 필요한 에이즈 약에 대해 생각하는 방식을 변화시켰다. '3 바이 5'의 성공과 추진력은 의약품에 대한 보편적인 접근이 가능하다는 것을 보여 주었고, 도덕적 의무가 되었다."

헌사에 인용된 이종욱 사무총장의 생전 발언은 보건 의료에 대한 그의 생각을 잘 보여 준다. "보편적 접근은 무엇을 의미할까? 나에게 이것은 약을 못 구해 죽는 사람은 없어야 한다는 뜻이다. 의료 시설이 없어 검사, 진단, 치료, 보살핌을 못 받고 놓치는 사람이 없으리라는 뜻이다."

코피 아난 당시 유엔 사무총장은 "그는 남녀노소 누구든 건강과 질병 예방과 돌봄을 누릴 권리가 있다고 강하게 주장했고 가장 가난한 이들을 대변했다"고 회고했다.[17] 이종욱 사무총장의 장례식이 열린 제네바의 노트르담 성당에는 1000여 명이 모여 애도했다.

"약을 못 구해 죽는 사람은 없어야 합니다"
이종욱

"
네트워크는
민주주의의 은유

"

디지털 세상의 예언자

앨 고어

＼

이웃나라 사람들이 서로를 잠재적 적이 아닌 잠
재적 동반자로 보는 지구촌을 만듭시다. 넓은 세
계에서 점점 서로 연결되는 인류 가족의 구성원
으로서 말이죠.

900명이 참여할 회의실. 회의를 주재할 사람이 안으로 들어서는데 그를 맞은 건 의자 하나와 컴퓨터 한 대뿐이다. 그것도 검은색 바탕에 흰색 커서가 깜빡이는 도스DOS 화면이 뜬 컴퓨터. 사람들은 어디 있을까? 900명은 미국 전역에 흩어져 자신의 컴퓨터 앞에 앉아 있었다. 최초의 '인터넷 라이브 온라인 타운홀 미팅'이 이뤄지는 순간이었다.

1994년 1월 13일 오후 5시 30분. 컴퓨터 자판을 두드리며 회의를 주재한 사람은 앨 고어(1948~) 당시 미국 부통령이다.

사회자 : 곧 앨 고어 부통령이 백악관 웨스트윙 사무실에서 온라인으로 함께할 예정입니다. 질문하실 분은 빗금(/) 뒤에 '질문'이라고 쳐주십시오. 메시지를 받으셨다면, 질문이 채택됐다는 뜻입니다. 질문은 한 문장 정도로 짧게 타이핑해 주십시오. 프랭클린 루스벨트 대통령이 1939년 뉴욕 세계박람회에서 세계 첫 텔레비전 방송에 등장했듯이 정보 초고속도로information superhighway[1]의 주요 제안자인 앨 고어 부통령이 인터랙티브 회의를 실시간으로 진행하는 최초의 부통령으로 역사를 쓸 것입니다. 저는 사회를 맡은 US뉴스&월드리포트의 윌리엄 앨먼입니다.

[질문 1] 디온 더글러스 : 부통령님, 저는 인디애나주 해먼드 출신입니다. '가상 공동체'virtual communities에 대해 어떻게 생각하십니까? 부통령님이 참여하고 있는 네트워크가 있습니까?

앨 고어 : 아주 멋지다고 생각합니다. 저도 가상 공동체에서 많은 일을 합니다.

디온 더글러스 : 감사합니다. 그리고 지금 C-SPAN 보고 있어요. :)

앨 고어 : 잠시 자리를 비웠네요. 죄송합니다. 이곳 백악관에도 가상 공동체 같은 것이 있고 그것을 통해 여러 가지 일을 합니다. 하지만 외부와 연결하지 못했어요. 곧 그렇게 되길 기대합니다.

[질문 2] 에런 디키 : 부통령님, 여기는 웨스트버지니아주 헌팅턴입니다. 저는 스물세 살이고 학생입니다. 저와 제 친구들은 점점 더 많은 시간을 현실 세계보다는 컴퓨터 앞에서 보내고 있습니다. 결국 우리 모두가 면대면 대화나 사교에 충분한 시간을 쓰지 않고 너무 많은 시간을 넷net에서 보낼까 봐 걱정되지는 않으신가요? (에런 디키가 'HelpF'라고 침. "아빠가 선을 잡아당겨 방해받았어요. 미안해요, 부통령님.")

앨 고어 : 네, 그렇지만 인터랙티브가 되지 않는 화면 앞에서 보내는 것보다는 낫겠죠. 게다가 풀 모션 비디오와 훨씬 빠른 링크 덕분에 [넷은] 더욱 풍부해질 겁니다. 그렇게 되면 '진짜 공동체'에 대한 새로운 욕구로 이어지리라고 봅니다.

[질문 65] 래리 H. 루이스 : 부통령님. :-) 캘리포니아주 알타로마입니다. 저는 장애인이고 많은 시간을 넷에서 보냅니다. 가정용 컴퓨터로 직업을 가질 수 있을까요? 그렇다면 경제에는 어떤 영향

을 미칠까요?

앨 고어 : 아실지도 모르지만, 백악관 포럼의 시솝(시스템 관리자)인 조지아 그리피스가 청각장애인이에요. 장애인들이 네트워크 안에서 생산적으로 능력을 사용할 기회가 아주 많아질 겁니다. 제 고향인 테네시주 잭슨에는 스타센터라는 멋진 곳이 있는데, 그곳에서는 어떤 장애가 있든 사람과 사람을 연결하는 새로운 의사소통 방식을 찾아냅니다. 사실 그들은 어떤 장애가 있는지조차 묻지 않습니다. 그들은 '무엇이 가능한가요'라고 묻습니다.[2]

컴퓨터 화면의 이모티콘, 갑자기 끼어들어 통신을 버벅거리게 만드는 불청객 아빠, 중단됐다가 다시 시작되는 채팅. 이 모든 장면이 의회와 정부 활동을 주로 보도하는 케이블 채널 C-SPAN을 통해 전국에 생중계됐다. 사회자가 컴퓨터 화면에 뜬 질문과 고어 부통령의 답변을 읽어 주는 식으로 말이다.

아직 30년도 되지 않은 시절의 '대화록'을 2020년에 읽으면 너무 고색창연해 웃음이 날 정도다. 컴퓨터가 갓 대중적으로 퍼지고 '온라인' 'PC통신'에 젊은이들이 열광하던 시절의 이야기다. 지금 보면 특별하기는커녕 이전 세대의 추억담으로나 느껴질 이 대화를 놓고 사회자는 '역사를 쓸 것'이라고 말한다. 그랬다. 실제로 이 대화는 세계가 디지털로 연결되는 세상의 서막이 열리는 장면이었다.

2019년 소셜 네트워크 서비스 분석업체 위아소셜We Are Social과 소셜 미디어 관리 플랫폼 훗스위트Hootsuite가 작성한 보고서에 따르면 세계의 인터넷 사용자는 43억 9000만 명으로 2018년보다 3억 6600만 명이 늘었다. 모바일 폰 사용자 수는 이보다 더 많은 51억 1200만 명. 각각 세계 인구의 57퍼센트와 67퍼센트에 달한다.

인터넷 사용자들은 매일 평균 여섯 시간 42분을 온라인에서 보낸다. 이 중 모바일 기기로 인터넷을 이용하는 비율은 48퍼센트다. 가장 많이 방문하는 사이트는 구글, 유튜브, 페이스북, 바이두 등의 순서로 나타났다. 인터넷으로 상품을 사고파는 사람은 28억 1800만 명으로, 그 가치는 1조 7860억 달러에 달했다.[3] 이처럼 네트워크가 사람과 사람, 사람과 세상을 연결하고 경제적 가치를 창출하며 공동체를 구성하는 세상을 예고한 중요한 인물 중 하나가 고어다.

빌 클린턴 정부가 출범한 1993년은 냉전이 끝나고 얼마 지나지 않았을 때였다. 세계는 '패권'의 향방에 촉각을 곤두세웠다. 소련이 무너진 세상에서, 의심할 나위 없이 미국이 단일 패권 국가가 되리라고 믿는 분위기도 있었다. 클린턴이 취임하기 직전에 냉전의 마지막 후예라 할 법한 조지 H. W. 부시 미국 대통령은 이라크를 상대로 전쟁을 일으켰고 압도적인 화력을 쏟아부으며 손쉬운 승리를 거뒀다. CNN 방송으로 '미국의 전쟁'이 세계에 생중계되는 시대가 열렸고, 미국 앞에 거칠 것이 없어 보였다.

하지만 그런 상황에서 취임한 클린턴 정부의 메시지는 세계의 예상과는 좀 달랐다. 패권이나 세계 경찰로서의 위용이 아닌 다른 뭔가를 가지고 세계를 주도하고 싶어 하는 듯했다. 그들이 원하는 패권은 핵무기나 스타워즈, '람보 스타일' 권력과는 어딘가 달라 보였다. 그런 '다름'을 주도한 이가 부통령인 고어였다. 그는 취임하기 전인 1992년에 펴낸 『위기의 지구』로 환경 파괴에 대한 경각심을 불러일으키며 '지구온난화'에 세계가 관심을 쏟게 한 주역이었다. 임기를 마친 뒤 〈불편한 진실〉이라는 다큐멘터리에 출연하고, 같은 제목의 책을 출간했으며, 노벨 평화상도 받았다.

기후변화와 함께 고어가 세계에 던진 화두가 바로 정보 초고속도로였다. 클린턴은 대선 캠페인 때 '바보야, 문제는 경제야'라는 슬로건을 내세워 부시를 누르고 당선됐다. '현존 사회주의'가 몰락한 이후 미국의 새 대통령이 추진할 경제모델은 무엇인지를 세계가 묻고 있었다. 고어가 내놓은 대답인 '정보화'는 이미 시작된 '세계화'와 함께 지구의 형상을 바꿨다. 고어는 정보화와 기후변화, 경제와 환경을 연결했으며 이를 메시지로 만들어 세계에 설파했다. 유일 패권국으로서 미국의 압도적 위상이 그 선전에 힘을 실었다. 1994년 3월 국제전기

통신연합ITU 주최로 아르헨티나 부에노스아이레스에서 열린 제1차 세계전기통신개발회의WTDC에서는 이렇게 말했다.

빌 클린턴 대통령과 저는 인류의 지속 가능한 발전을 위한 필수적 전제조건이 이 네트워크의 창조라고 믿습니다. 이를 위해 입법, 행정, 기업가들은 글로벌 정보 인프라Global Information Infrastructure, GII를 구축하고 운영해야 합니다.

이런 고속도로, 더 정확히 말하면 분산 지능 네트워크는 우리가 정보를 공유하고, 연결하며, 글로벌 공동체로서 소통할 수 있게 할 것입니다. 이를 통해 우리는 지속 가능한 경제 발전, 강력한 민주주의, 세계적이고 지역적인 환경 문제에 대한 더 나은 해결책, 개선된 의료, 그리고 궁극적으로 우리의 지구에 대한 더 큰 공동 책임을 이끌어 낼 수 있습니다.

GII는 아이들을 교육하고, 지역사회에서 또 국가들 간에 아이디어를 교환할 수 있도록 할 것입니다. 가족들과 친구들이 서로 시간과 거리의 장벽을 넘나들 수단이 될 것입니다. 소비자가 제품을 사고팔 수 있는 글로벌 정보 시장이 열릴 것입니다.

어떤 의미에서 GII는 민주주의의 은유가 될 것입니다. 자만하며 모든 결정을 내리는 만능 중앙정부에서 대의 민주주의는 작동하지 않습니다. 공산주의도 그래서 붕괴된 것이지요. 시민 개개인이 자신의 삶을 통제할 힘을 갖고 정치적 결정을 내릴 수 있는 것이 한 국가가 정치적 결정을 내리는 가장 좋은 방법이라고 생각할 때 대의 민주주의는 작동합니다.

GII는 경제성장의 열쇠가 될 것입니다. 1990년대 미국 경제에서 정보 인프라의 위상은 20세기 중반 교통 인프라가 차지한 정도와 비슷합니다. 컴퓨터 기술과 정보 네트워크가 경제에 통합됨으로써 제조업체들은 생산성과 경쟁력을 높이고 변화하는 환경에 더 잘 적응할 수 있게 됐고, 이는 다른 나라의 경제에도 마찬가지일 것입니다.[4]

미래를 내다본 듯한 연설이었다. 이제 인터넷 없는 세상을 상상할 수 없다. 정보는 빠르게 공유되고, 세상은 실시간으로 연결된다. 중동과 북아프리카에서 독재자를 무너뜨린 '아랍의 봄'은 소셜 미디어에서 출발했다. 인종차별과 성차별 등에 반대하는 21세기의 시위는 해시태그(#)를 달고 세계적인 연대를 이끌어 낸다. 고어가 연설한 1994년에도 이미 인터넷 세상에서는 이런 일이 벌어지고 있었다.

네덜란드 출신의 구호 활동가 밤 캇은 크로아티아 자그레브에서 1년 반 넘게 인터넷을 통해 전자 일기를 방송했습니다. 캇이 쓴 크로아티아 일기를 읽은 뒤, 세계 사람들은 구호 활동에 쓰라며 돈을 보내기 시작했지요. 그 결과 전쟁으로 파괴된 마을에 집 25채를 다시 지을 수 있었습니다. 정부가 한 일이 아니라 사람들이 한 일입니다. 이런 일들이 미래의 희망입니다. 이웃나라 사람들이 서로를 잠재적 적이 아닌 잠재적 동반자로 보는 지구촌을 만듭시다. 넓은 세계에서 점점

서로 연결되는 인류 가족의 구성원으로서 말이죠.[5]

디지털은 끝없이 확장한다. 이제 뉴스 소비의 대부분은 시간 맞춰 배달되는 종이 신문이나 정해진 시간에 방송하는 지상파 텔레비전이 아니라 다양한 디지털 플랫폼을 통해 맞춤형으로 이뤄진다. 의견 교류나 정보 교환도 인터넷 게시판이나 소셜 미디어를 통하면 더 쉽다. 디지털은 만능처럼 보인다.

페이스북 설립자 마크 저커버그는 더욱 도발적인 질문을 던진다. "연결은 인간으로서 당연한 권리일까?" 2013년 저커버그는 이런 의문을 제기하며 모든 사람이 연결되는 미래를 지향한다는 목표를 공개적으로 발표했다. 그에게 연결은 곧 인권인 셈이다.

지난 10년간 페이스북의 임무는 서로 연결된 열린 세상을 만드는 것이었습니다. 현재 11억 5000만 명이 페이스북을 통해 연결되어 있으며 다음 목표는 50억 명입니다. 이를 위해 한 가지 중요한 문제를 해결해야 합니다. 세계 인구의 절반이 인터넷에 접속할 수 없다는 점입니다. 데이터 이용료가 스마트폰보다 훨씬 더 비싸기 때문입니다. 세계를 하나로 연결하는 것은 우리 세대가 안고 있는 가장 큰 과제 중 하나입니다. 이제 목표 달성을 위한 장기 프로젝트의 첫발을 디뎠습니다. 이 꿈을 향해 모두 함께 일할 수 있어서 가슴이 벅찹니다.[6]

저커버그의 목표는 인터넷닷오아르지internet.org라는 프로젝트를 통해 구체화됐다. 아프리카 등의 개발도상국에서도 비용 걱정 없이 인터넷을 쓸 수 있어야 하며, 그 인프라를 만드는 데에 페이스북이 나서겠다는 것이었다. 이 프로젝트 홈페이지에 다양한 구상이 공개돼 있다. 독수리를 뜻하는 아퀼라Aquila라는 아이디어도 그중 하나다. 거대한 드론을 띄워 인터넷에 무선 접속할 수 있게 한다는 것이다. 상공을 유영하는 초대형 드론이 이동형 무선 기지국이 되는 셈이다. 또 차이나모바일 등과 함께 아프리카에 3만 7000킬로미터 길이의 해저 케이블을 설치한다는 계획도 발표했다.[7] 구글도 유럽과 아프리카를 연결하는 해저터널 구상을 발표한 바 있다.

\

그러나 우리는 유토피아 같은 디지털 세상만을 기대할 수 없다는 사실도 이미 잘 알고 있다. 디지털이 가져온 수많은 혜택만큼 부작용과 우려도 흘러넘친다. 가장 큰 문제는 디지털 세상이 평등하지 않다는 점이다. 세계 인구의 절반 이상이 인터넷에 접속할 수 있다는 것은, 달리 말하면 절반 가까이가 인터넷에 접속할 수 없다는 뜻이다. 인터넷 종주국이라는 미국조차 2018년 조사에서 학생 다섯 명 중 한 명은 집에 컴퓨터가 없거나 고속 인터넷에 접속할 수 없는 것으로 나타났다.[8]

특히 인권 단체들은 코로나19처럼 세계적인 위기가 발생했을 때 디지털 격차digital divide가 더 심해질 것이라고 우려한다. 언택트 시대에 디지털 정보나 접속에 대한 권리는 생존과 삶의 질에 직접 영향을 준다. 휴먼라이츠워치는 인터넷 접근이 인권을 보장하는 가장 기본적인 수단이라고 강조하면서 "가장 가난한 나라들이 인터넷 연결에서 가장 소외되지만, 부유한 나라 안에도 디지털 격차는 존재한다"고 지적했다.[9] 실제 코로나19 이후 재택근무와 온라인 교육이 활성화되면서 디지털 기기를 갖추었는지, 언제든 인터넷에 접속할 수 있는지가 중요해졌다. 일례로 코로나19의 진원지인 중국에서는 '디지털 가난'이 이슈가 됐다. 스마트폰으로 수업을 들어야 하는데 폰이 없어 곤란해진 14세 소녀가 목숨을 끊으려 한 사건이 일어났던 것이다.[10]

미얀마의 소수민족인 로힝야족이 많이 살고 있는 라카인Rakhine주에는 코로나19의 존재조차 모르는 사람들이 있다. 정부가 인터넷을 차단해 전염병에 대한 기본적인 정보를 얻지 못한 채 감염 위기를 맞고 있다는 우려가 제기됐다.[11] 접속이 곧 생명이고, 연결되지 않으면 도태되는 세상에서 디지털 격차는 통신망에서의 격차가 아니라 일과 삶 전체를 규정하는 차이와 차별을 낳는다.

단순히 인터넷 접속이 가능한지, 인터넷 접속 속도가 얼마나 빠른지에 따른 불평등뿐만 아니라 자유나 공정 같은 본질적인 가치 자체가 디지털 격차 탓에 손상될 수 있고, 그에 따라 불평등이 고착화할 것이라는 지적도 나온다. 역사학자 유발 하라리는 『21세기를 위한 21가지 제언』에서 디지털 독재에 따라 데이터 접근에서 차별이 생기고, 인공지능AI이 발달하면서 불평등이 가속화될 것이라 경고한다. "데이터를 손에 넣기 위한 경주는 이미 시작됐다. 선두 주자는 구글과 페이스북, 바이두, 텐센트 같은 데이터 거인들이다. 무료 정보와 서비스, 오락물을 제공해 우리의 주의를 끈 다음 그것을 광고주들에게 되판다. [하지만] 이들의 진짜 사업은 결코 광고를 파는 것이 아니다. 오히려 우리에 관한 막대한 양의 데이터를 모으는 것이다."[12]

하라리는 지배적인 거대 기업들의 데이터 독점이 "미래에 생활을 통제하고 형성하는 열쇠가 될 수 있다"고 우려한다. 데이터 기업들을 정부가 통제하는 방안은 어떨까? 하라리는 그럴 경우엔 디지털 독재로 이어질 수 있다고 경고한다. 그의 표현을 빌리면 "나의 데이터를 블라디미르 푸틴보다는 마크 저커버그에게 주는 쪽을" 택하는 편이 낫다.

페이스북의 인터넷닷오아르지 같은 프로젝트를 비판하는 이유도 비슷하다. 결국 사업을 확장해 돈벌이할 만한 '페이스북 왕국'을 건설하려는 의도라는 것이다. 페이스북이 아퀼라 구상을 발표한 2015년 2월 미국 인터넷 매체 〈쿼츠〉의 조사에 따르면 '페이스북이 인터넷'이리고 생각하는 응답자가 미국에서는 5퍼센트에 그쳤지만, 나이지리아에서는 65퍼센트,

인도네시아는 61퍼센트, 인도는 58퍼센트에 이르렀다.[13] 저커버그의 원대한 이상에 대해 '독점화'를 의심하는 데에는 이유가 있는 셈이다. 이는 인터넷이 모두를 위한 연결망인지, 모두를 위한 디지털 세상인지를 근본적으로 질문하게 한다.

물론 이를 반박하며 디지털 낙관론을 펼치는 이들도 많다. 마이크로소프트 설립자인 빌 게이츠는 유발 하라리의 책을 읽고 『뉴욕 타임스』에 쓴 서평에서 '데이터 불평등'에 대한 지적을 이렇게 반박했다.

불평등과 관련한 장이 반가웠지만, '데이터가 가장 중요한 자산으로 땅과 기계를 가리게 될 것'이라는 예측에는 회의적이다. 세계 인구가 100억 명에 육박한 상황에서 땅은 매우 중요할 것이다. 반면에 예를 들어 식량을 재배하거나 에너지를 생산하기 위한 인간 활동의 데이터는 훨씬 더 널리 공유될 것이다. 단순히 정보를 소유한다고 해서 경쟁력을 갖추는 것이 아니다. 그 정보로 무엇을 할지 아는 것이 중요하다.

하라리는 어느 때보다 개인에 대한 정보가 많이 수집되고 있다고 정확하게 지적했다. 그러나 그는 수집되는 데이터의 유형을 구분해 설명하지 않았다. 우리가 사려는 신발의 종류가 무엇인지와 유전적으로 어떤 질병에 걸리기 쉬운지에 대한 데이터는 다르다. 쇼핑 이력과 진료 이력을 수집하는 사람들은 같지 않다. 이 데이터들을 보호하는 장치나 이용하는 방법도 다르다.[14]

게이츠의 시각에서 보면 데이터의 대량 수집과 이용과 보관은 피할 수 없는 미래다. 아니, 이미 다가온 현실이다. 하지만 게이츠의 낙관론에 있는 함정은, 독점 같은 부작용이나 악용 가능성에 대한 해결을 관리 주체의 '의지'에 기댈 수밖에 없다는 점이다. 그도 이를 인정한다. 여기서 다시 민주주의의 문제로 돌아간다. 시민의 힘, 즉 '디지털 자기 결정권'을 통해 관리 주체인 기업과 정부가 공공의 이익과 인권 기준에 맞춰 움직이게 할 수 있을까.

고어 부통령이 주재한 사상 첫 온라인 타운홀 미팅의 마지막 질문은 이것이었다. "연방 정부는 어떻게 부유한 학군과 그렇지 않은 학군에 공정하고 평등하게 인터넷 기술을 전파할 수 있습니까?" 고어는 답했다. "2000년이 시작되기 전에 전국의 모든 학교와 도서관에 인터넷 서비스를 제공할 수 있을 겁니다." 이 말은 지켜진 것 같다. 미국뿐만 아니라 대부분의 나라들에서 학교와 도서관에 인터넷 망이 깔렸거나 깔리고 있다. 하지만 그 네트워크를 이용해 어떤 정보를 어떻게 가르치고 배울지는 사람의 손에 달려 있다. 어느 분야에서든 기술은 그것을 사용하는 사람의 의지에 따라 다르게 진화한다.

"네트워크는 민주주의의 은유"
앨 고어

5부

지구를 위하여

"

……

"

소송을 낸 오랑우탄

산드라

`

법원은 산드라의 손을 들어줬다. 산드라에게 "불법적으로 구금되지 않을 권리"가 있다는 판결이었다. 이는 영장류가 '비인간 인격체'라고 인정한 첫 판결로 기록됐다.

아이의 이름은 산드라. 1986년 동독 로스토크에서 태어났다. 태어났을 때엔 마리사라고 불렸다. 혈통의 절반은 수마트라, 나머지 절반은 보르네오에서 왔다. 로스토크에서 몇 년을 보낸 산드라는 겔젠키르헨Gelsenkirchen이라는 도시로 갔다가 1995년 아르헨티나의 부에노스아이레스로 팔려 갔다. 아홉 살에 벌써 세 번이나 집을 옮겼다.

1999년 산드라가 낳은 딸은 아기였을 때 중국으로 보내졌다. 그 뒤로 산드라는 비나 눈을 맞으며 혼자 앉아 있곤 했다.[1]

산드라(1986~)는 오랑우탄이다. 수마트라오랑우탄과 보르네오오랑우탄을 조상으로 뒀다. 산드라는 옛 동독에서 태어나 9년을 살다가 아르헨티나로 이주해 부에노스아이레스의 팔레르모 동물원에서 20년을 보냈다.

스물아홉 살이 되던 해인 2014년 산드라는 소송을 제기한다. 동물 권리를 위한 활동가들이 산드라를 대변해 아르헨티나 법원에 '인신 보호' 청원을 내고 구금에서 풀려나 신체적 자유를 누리게 해줄 것을 요구했다. 인신 보호는 이유 없이 구금됐을 때 법원에 석방을 청원하는 제도다. 부끄러움을 많이 타는 오랑우탄이 20년 동안 동물원에 갇혀 사람들의 시선을 느끼며 고통에 시달린 것은 명백한 불법 구금이라는 것이 청원의 핵심이었다.

변호인들은 유인원은 인지능력이 충분하고, 사물로 다뤄져서는 안 된다는 논지를 폈다. 또 산드라가 인간과 생물학적으로 동일하진 않지만 감정적으로는 비슷하며, 야생 환경일수록 더 행복감을 느낀다고 했다. 이들은 산드라가 "생물학적으로는 아닐지 몰라도 철학적인 의미에서는 하나의 인격체"라고 주장했다.

법원은 산드라의 손을 들어줬다. 산드라에게 "불법적으로 구금되지 않을 권리"가 있다는 판결이었다. 일간지 『라나시온』에 따르면 이는 영장류가 '비인간 인격체'non-human person라고 인정한 첫 판결로 기록됐다.[2] 변호사 파블로 부옴파드레는 "이 판결은 유인원뿐만 아니라 동물원이나 서커스단, 워터파크와 실험실 등에서 자유를 빼앗기고 부당하게 취급받는, 감정을 지닌 다른 존재들에게도 길을 터줬다"고 평가했다. 이듬해 엘레나 리베라토리 판사는 오랑우탄에게도 육체적·심리적 기본권이 인정된다면서, 생명과 자유를 침해당하지 않아야 한다고 판결했다.[3] 산드라가 동물원을 나와 좀 더 살 만한 곳으로 갈 수 있도록 길을 터준 것이다.

어디로 가는지가 문제였다. 산드라의 거처로 진짜 야생을 비롯한 여러 곳들이 거론됐다. 하지만 사육사들은 평생 동물원에서 산 산드라를 야생에 풀어놓을 수는 없다는 의견이었다. 오랜 논의 끝에 산드라는 2019년 11월 미국 플로리다주 위출라Wauchula의 대형유인원센터에 안착했다. 유인원들의 성소이자 피신처로 불리는 곳이다. 40헥타르 남짓한 보호구역에서 산드라는 오랑우탄, 침팬지 50여 마리와 함께 살고 있다.

모두 서커스단이나 동물원, 실험실, 개인 수집가 등에게서 풀려난 유인원이다.

\

숲의 사람. 말레이어 등에서 오랑우탄은 사람을 뜻하는 '오랑'과 숲을 뜻하는 '우탄'이 합쳐진 말이다. 오랑우탄은 사람의 유전자와 97퍼센트가량 비슷하다. 물에 빠진 사람에게 손을 내밀고, 비가 오면 나뭇잎으로 우산을 만들어 쓰며, 수화를 배우는 등 오랑우탄은 인간의 모습과 많이 닮았다. 국제 환경단체 세계야생생물기금의 자료[4]에 따르면 오랑우탄은 숲에서 '정원사' 역할을 한다. 서식지에서 열매를 따먹고 그 씨를 퍼뜨리기 때문이다.

오랑우탄은 3~5년마다 새끼 한 마리를 낳기 때문에 번식 속도가 느리다. 숲이 베여 서식지가 파괴되고 사냥과 포획 탓에 멸종 위기에 처해 있다. 현재 남아 있는 보르네오오랑우탄은 10만 마리, 수마트라오랑우탄은 1만 3000마리뿐이다. 인도네시아 수도 자카르타에서 자바섬 중부의 작은 도시 세마랑Semarang으로 이동하면 소형 비행기를 타고 보르네오섬으로 이동할 수 있다. 중부칼리만탄Central Kalimantan주의 남쪽에 있는, 임업 외에 이렇다 할 산업이 없는 작은 마을 팡칼란분Pangkalan Bun에서 강을 따라 모터보트를 타고 한참을 내려가면 자바 해협을 사이에 두고 자바섬과 마주보는 탄중푸팅Tanjung Puting의 국립공원에 오랑우탄들이 산다.

　오래전 이곳의 오랑우탄들을 보러 간 적이 있다. 팡칼란분과 탄중푸팅을 잇는 강물은 식물의 뿌리가 썩어 콜라처럼 시커먼 색을 띠고 있었다. 모터보트를 운전하는 안내원은 "잠시라도 모터를 멈추면 근처에 숨어 있던 악어들이 나타난다"고 귀띔했다. 수생식물들이 사람 키보다 높게 자라나 물 위에 둥둥 떠있는 강 풍경은 이색적이라고 표현하기엔 어쩐지 으스스했다. 마치 거인국에 간 걸리버가 된 기분으로 거대한 수생식물 줄기들 틈을 헤치며 찾아간 곳에 비루테 갈디카스 박물관과 오랑우탄 서식지가 있었다. 이름이 좋아 박물관이지, 실제로는 갈디카스가 머물던 통나무집에 사진과 자료 몇 점을 전시한 것이 전부였다. 그 일대가 얼마 남지 않은 보르네오섬 오랑우탄들의 안식처였다.

　야생 오랑우탄의 습성과 위기 상황이 알려진 데에는 캐나다 출신의 오랑우탄 연구자 갈디카스의 공이 크다. 저명한 인류학자 루이스 리키(1903~72)는 세 명의 여성 유인원 학자를 후임으로 양성했는데, 그중 생태 운동가로 더 많이 알려진 제인 구달은 동아프리카 탄자니아의 곰베Gombe 국립공원에서 침팬지들의 생태를 연구했다. 다이앤 포시는 르완다의 열대우림에서 고릴라를 연구하다가 1985년 살해됐다. 포시는 평생의 벗이던 고릴라들의 매장지에 묻혔다.

　나머지 한 명이 갈디카스다. 1971년 사진작가인 남편과 함께 탄중푸팅에 들어가 캠프를 만들고 20년간 오랑우탄 연구를 이어갔다. 캠프 이름은 스승에게서 따온 '캠프 리키'였다. 갈디카스는 이곳에서 밀렵꾼에게 어미를 잃은 오랑우탄의 야생 복귀를 돕는 '재활 훈련'을 했다(지금은 기능을 잃어 생태 관광지로만 남아 있다). 접근하기 쉽지 않은 오지임에도 그곳의 오랑우탄들은 이미 멸종 위기에 몰려 있었다. 관리자들은 "한 해에 국립공원에서 태어나는 새끼도 몇 마리에 그친다"고 했다. 보르네오에서 해마다 화재가 발생하고 사람들의 거주 지역이 이곳을 야금야금 파고들면서 오랑우탄을 계속 위협해 왔다.

갈디카스의 통나무집 앞에는 그곳을 지키는 관리인들에게 먹을 것을 받아먹으면서 인간과 친해진 오랑우탄 몇 마리가 놀고 있었다. 그러나 정작 숲속에서 인간의 가까운 친척들을 찾아보기는 쉽지 않았다. 20미터가 훨씬 넘어 보이는, 비에 젖은 나무 꼭대기에 매달려 있는 오랑우탄 두어 마리가 보였을 뿐이었다. 유독 사람을 꺼리고 수줍음이 많다고 알려진 '숲의 사람'은 쉽게 모습을 드러내지 않았다.

갈디카스는 그곳에서 연구한 결과를 1995년 『에덴의 벌거숭이들』이라는 책으로 펴냈다. 오랑우탄의 세상에 들어가 그들을 연구하는 것은 야생의 서식지를 잃고 위기에 처한 이들을 보호하는 것과 필연적으로 맞닿았다. 갈디카스는 책에 "위험에 처한 다른 종들과 미찬가지로 오랑우탄은 인구의 증가, 개발 계획과 권력 투쟁 그리고 탐욕스러울 뿐 만족을 모르며,

욕망이 있을 뿐 행복을 모르는 무자비한 지구 경제의 무고한 희생자"라고 적었다.

오랑우탄은 서식지인 열대우림이 목재와 농장, 도로와 농업으로 잘려 나가면서 멸종의 위기에 직면했다. 매일 전 세계적으로 4만에서 10만 에이커[162~405제곱킬로미터]에 이르는 열대우림이 파괴되고 있다. 서식지 파괴의 직접적인 결과는 애완용으로 판매하기 위한 어미 오랑우탄 살해와 새끼 생포로 이어진다. 일단 밀림이 파괴되고 오랑우탄들이 '집을 잃고' 나면, 이들의 죽음은 불을 보듯 뻔한 일이다.

멸종으로 치닫는 대형 유인원들을 지켜보는 것은, 점차 황량해지는 지구에서의 우리의 미래를 목도하는 것이나 다름없다. 따라서 우리의 가장 가까운 친척과 이들의 열대 서식지를 구하기 위한 행동에 착수하는 것은, 바로 우리 자신을 구하기 위한 첫발을 내딛는 것이기도 하다.[5]

산드라 같은 오랑우탄들이 원래의 고향을 잃고, 서식지가 아닌 동물원에서 태어나 '거래'된 것은 갈디카스가 책에서 지적했듯이 오래된 일이다. 여러 연구를 통해, 또 최근엔 아르헨티나 법원의 판결 등으로 유인원이 인간처럼 지각 능력이 있는 존재인지를 깨닫고 인정하게 됐으나 그럼에도 오랑우탄이 멸종될 위협은 사라지지 않는다.

다섯 마리 바다거북 가족이 나들이를 마치고 집으로 돌아간다. 기분 좋게 노래를 부르고 영상을 보면서 아빠가 운전하는 차를 타고 간다. 그런데 이 가족이 가는 길이 이상하다. 플라스틱이 둥둥 떠다니고, 석유를 시추하는 드릴이 돌아간다. 배에서 샌 기름 덩어리가 떠다니기도 한다. 어렵사리 집에 돌아왔지만 이웃들은 사라졌다. 지나친 어업으로 산호초는 없어지고 동네는 황폐해졌다. 바로 그 순간 그물이 가족을 덮친다. 그리고 엄마가 사라진다. 다섯이었던 가족은 넷이 되고 아기 거북은 묻는다. "엄마는 어디 갔어요?" 서식지를 잃은 바다거북들이 피켓을 들고 시위를 벌인다. '우리 집을 지켜 주세요!' '바다를 안식처로!'[6]

국제 환경 단체 그린피스가 제작한 애니메이션 〈터틀 저니〉의 내용이다. 이들의 고단한 여정에서 보듯 지금 세계의 생물 일곱 종 가운데 세 가지는 오랑우탄처럼 멸종을 걱정해야 하는 처지다. 1억 년 넘게 지구에서 살아왔지만 불과 200여 년 전부터 인간의 활동 탓에 존재가 사라질 위기에 처한 바다거북들의 사정은 어떨까. 이들에게 가장 큰 위협은 인간의 어업이다. 거북과 그 알은 식용으로 팔린다. 종교의식 때문에 바다거북을 잡는 사람들도 있다. 포획도 문제이지만, 거북이 '부수적인 희생자'가 될 때도 많다. 다른 바다 생물을 잡으려 설치한 그물에 거북이 걸려드는 이른바 바이캐치bycatch도 종종 일어난다. 거북은 헤엄을 치다가도 숨을 쉬려면 물 밖으로 고개를 내밀어야 한다. 이때 새우잡이 그물이나 낚시 바늘에 걸려든다. 거북의 시력으로는 그물이나 바늘을 감지하기 어렵다.

인간의 활동은 거북의 서식지도 파괴하고 있다. 해변으로 돌아가 알을 낳아야 하는 거북에게 바닷가의 리조트와 눈부신 조명, 달리는 차들은 생존을 위협하는 거대한 적들이다. 떠다니는 비닐봉지나 미세 플라스틱 같은 해양 부유물도 치명적이다. 코에 빨대가 꽂힌 거북, 죽은 거북의 배안에서 나온 플라스틱 쓰레기의 영상과 사진이 이제 낯설지 않다.

＼

지구상에서 당장이라도 사라질지 모를 동식물은 얼마나 될까. 세계자연보전연맹은 동식물의 멸종 위기 정도를 조사하고 등급을 매겨 '적색 목록'Red List을 작성한다. 이 목록은 개체가 하나도 남아 있지 않은 '절멸'Extinct, EX부터 아직 평가가 이뤄지지 않은 '미평가'Not Evaluated, NE까지 아홉 가지 등급으로 동식물을 분류한다. 이 가운데 야생에서 절멸할 가능성이 대단히 높은 '위급'Critically Endangered, CR, 야생에서 절멸할 가능성이 높은 '위기'Endangered, EN, 야생에서 절멸 위기에 처할 가능성이 높은 '취약'Vulnerable, VU 등 세 가지 경우를 멸종 위기에 처했다고 본다. 2020년 7월 기준으로 동물, 식물, 곤충, 산호초, 균류

등 12만 372개 종 가운데 멸종 위기에 처한 종은 3만 2441개로 나타났다.[7] 양서류의 41퍼센트, 포유류의 26퍼센트, 겉씨식물의 40퍼센트가 여기에 포함된다.

이들이 사라지지 않게 막으려면 인간이 변화해야 한다. 여러 환경 단체와 국제기구가 행동에 나섰지만 변화는 더디다. 그래서 오랑우탄 산드라를 대신해 소송에 나선 사람들처럼 멸종 위기의 동물을 대신한 소송이 벌어지기도 한다.

2020년 초 중국 후베이성 우한에서 코로나19가 퍼지자 야생동물 시장에서 거래되는 천산갑이 '바이러스 전파의 매개체'로 지목됐다. 사람의 손발톱 성분인 케라틴으로 된 비늘로 덮여 있는 천산갑은 아프리카와 아시아의 열대 지역에 사는 포유류다. 낮에는 나무나 동굴에서 몸을 둥글게 말고 자다가 밤이면 나와 냄새로 벌레를 찾아 잡아먹는 야행성 동물이다. 세계에서 통용되는 이름은 '팡골린'pangolin(말레이어로 '몸을 둥글게 만 동물'이라는 뜻이라고 한다)이지만 긴 혀로 곤충을 잡아먹어 '비늘 개미핥기'scaly anteaters라 부르기도 한다.

2019년 5월 중국에서 멸종 위기 포유동물인 천산갑을 대신해 비정부기구인 '중국 생물다양성 보호와 녹색개발 재단'이 광시성 임업부와 구조센터를 상대로 소송을 냈다.[8] 밀수된 천산갑을 살리지 못한 책임이 당국에 있다는 것이었다. 중국에서는 멸종 위기 동물의 복지와 관련된 첫 소송이었다.

홍콩 『사우스 차이나 모닝 포스트』에 따르면, 2017년 당국은 밀수업자에게서 압수한 천산갑 32마리를 구조센터로 넘겼다. 환경 단체인 재단이 치료를 돕겠다고 제안했으나 구조센터 측은 거부했다. 그러고 나서 두 달 만에 천산갑들이 모두 죽었다. 재단은 "천산갑이 죽으면서 발생한 생태학적 손실을 보상하라"며 직무유기죄로 소송을 제기했다. 반면에 당국은 밀수 과정에서 천산갑들이 스트레스로 죽었을 뿐 직무유기 탓이 아니라고 반박했다.[9]

천산갑의 비늘은 중국에서 한약재로 쓰이면서 비싼 값에 거래된다. '별미'라며 고기를 먹기도 한다. 2019년 한 해에만 20만 마리 가까이 밀거래됐다는 통계도 있다.[10] 이 때문에 천산갑 중 여덟 종 모두가 멸종 위기에 처했다. 환경 단체들은 천산갑 살리기에 나섰고, 2020년 중국은 천산갑을 1급 보호 야생동물로 격상하고 전통 약재 목록에서도 제외했다.

이 경우는 동물을 대신해 사람이 소송한 것이지만, 사람 이외의 자연물이 법의 보호를 받는 대상이 될 수 있을까. 나라마다 판례가 엇갈린다. 아르헨티나에서 산드라는 법인격을 인정받았지만, 미국에서 동물 보호 단체가 낸 비슷한 취지의 소송에서는 동식물의 권리를 인정받지 못한 경우가 많았다.

반면에 동물의 존엄성을 헌법에 명시한 스위스에서는 주마다 동물 담당 변호사를 두고 형사소송 때 동물의 '변호인' 역할을 하도록 한 적도 있다. 2007년부터 3년간 취리히에서 동물 변호사로 활동한 앙투안 괴첼은 영국 『가디언』과의 인터뷰에서 '이 지구의 모든 생명체가 법에 있는 권리를 누려야만 할까'라는 질문을 받고 이런 사례를 소개했다. "19세기 영국에서 어떤 사람이 전갈을 죽게끔 내버려 둔 죄로 기소된 적이 있다. '소에 대한 잔인하고 부적절한 처우를 막기 위한 법률'과 함께 세계 최초의 동물 복지법을 도입한 것은 1822년 영국이었다."

그에 따르면 공리주의로 유명한 영국의 법철학자 제러미 벤담은 무척추동물도 다른 동물들과 공통의 가치를 가져야 한다고 여겼다. 괴첼은 벤담에 동의한다면서, 실험실에서 쓰이는 달팽이와 벼룩조차 "어떤 형태로든 대표돼야 한다"고 말했다. "개별 동물 자체보다 더 중요한 것은 동물을 어떻게 이용해야 하는지에 대한 원칙이다. 우리가 다른 종의 존엄성을 높일 때 우리 자신의 존엄성도 높아진다."[11]

동물의 법적 권리를 인정하는 것은 공동체의 일원으로 함께 살아가는 존재를 인정하는 것이며, 그럴 만한 포용력이 있는 사회가 인간이 살아가기에도 좋은 사회라는 뜻이다. 이 견해에 전적으로 동의하지 않더라도 다른 생명체와 지구를 공유하는 인간이 고민할 지점임은 분명하다.

괴첼은 2012년에 쓴 『동물들의 소송』에서 동물원을 옹호하는 이들이 흔히 내세우는, '동물원이 생물종 보존에 도움이 된다'는 논리를 반박한다. 야생에서 멸종된 동물이 동물원이나 보호 시설의 번식 프로그램을 통해 되살아나는 경우가 없지 않지만, 세계에서 멸종 위기를 맞고 있는 수많은 동물들을 보호할 수는 없다는 것이다.

멸종 위기의 동물을 모두 구하는 것도, 그중 몇 종만 선별해서 동물원에서 번식을 하는 것도 근본적으로 불가능하다. 자신이 속한 나라에 살고 있는 동물들의 서식 환경에 더 많은 관심과 에너지를 쏟고 이들이 사냥이나 오염 혹은 인간의 주거 공간 확대로 인해 생명의 위협을 받지 않도록 보호하는 것이 훨씬 더 바람직한 길이 아닐까.[12]

스페인의 학자이자 사회 비평가였던 호세 안토니오 하우레기와 아들 에두아르도 하우레기가 쓴 『동물들의 인간심판』에는 동물들이 인간을 재판에 회부하는 전복적인 상황이 묘사돼 있다. 동물들을 모욕하고 실험하고 멸종한 죄로 인간이 재판에 회부된 것이다. 부엉이 판사, 코브라 검사, 개 변호사에, 증언자로는 앵무새, 보노보, 돼지, 고양이, 늑대, 거북 등이 나와 인간의 만행을 고발한다. 판결은 다음과 같다.

모든 인간의 머릿속에 꿈을 심어 놓을 것입니다. 악몽입니다. 악몽 속에서는 지금 여기에서 열린 것과 똑같은 재판이 열릴 것입니다. 이 상황을 충실히 재현할 것입니다. 각각의 인간은 발가벗겨진 채로 정글 바닥에서 눈을 뜨게 될 것입니다. 우리의 법에 따라 굴욕을 당하게 될 것입니다. 인간의 건방짐과 동물에 대한 잔인함, 절멸의 위험에 대한 여러 증언을 조용히 듣게 될 것입니다. 그리고 지금의 이런 판결을 듣게 될 것입니다. 인간은 진실 하나하나와 마주하게 될 것이고, 다른 동물들의 생각도 들을 것이며, 처벌의 위협도 느낄 것입니다.

이 판결을 실행하기 위해 모기 공군 중대인 체체파리를 고용할 것입니다. 체체파리 중대는 재판이 필요한 인간을 공격해서 잠재운 뒤 이곳으로 데려올 것입니다. 먼저 대도시에서 시작해서 온 지구로 이 작업을 확산해 나갈 것입니다.[13]

인간 유죄. 어쩌면 당연한 이 판결의 최종 결론은 집행유예로 마무리된다. 인간이 이 시간 이후로 동물의 존엄성을 인정하겠다는 전제로. 이제 '인간의 시간'이다. 〈터틀 저니〉의 바다거북들도 말했다. "과거는 바꿀 수 없지만 미래는 바꿀 수 있잖아요"라고.

"

아프리카는
자신의 태양을 죽인다

"

석유와 싸우다 처형된 오고니

켄 사로-위와

＼

장담컨대 지금 이곳의 모습이 아직 태어나지 않은 세대에게도 되풀이될 것입니다. 어떤 이들은 악당 역할을, 어떤 이들은 비참한 희생자 역할을 이미 떠안았습니다. 스스로를 구할 기회가 남아 있는 이들도 있습니다. 선택은 개인에게 달렸습니다.

우리는 역사 앞에 서있습니다. 나는 평화의 사람, 생각하는 사람입니다. 풍요로운 땅에 살아가는 내 민족의 명예를 떨어뜨리는 가난에 충격받고, 내 민족이 정치적으로 주변화되고 경제적으로 목이 졸리는 현실을 고민하고, 땅과 유산이 파괴되는 데에 분노하고, 부끄럽지 않은 삶을 영위할 권리를 지킬 수 있기를 바라고, 이 나라가 모든 민족 집단을 보호하고 인류 문명에 이바지하는 공정하고 민주적인 체제를 갖추게 만들겠다고 결심하며 나는 나섰습니다. 내 지성과 물질적 자원과 인생 그 자체를, 아무도 훼손하거나 겁박할 수 없는 신념을 위해 모두 바치기로 결심했습니다.

이 재판에 회부된 것은 나와 내 동료들만이 아닙니다. 셸도 심판받습니다. 이 회사는 재판을 피했지만 그 날은 반드시 올 것이며, 지금의 재판이 남긴 교훈이 그때 도움이 될 것입니다. 조만간 이 회사가 니제르 델타에서 벌인 생태 전쟁에 문제 제기가 있을 것이며, 그 전쟁에서 저지른 범죄들은 처벌받을 것입니다. 오고니를 괴롭힌 더러운 전쟁에 대해 그 회사가 벌을 받으리라고 믿습니다.

또한 이 재판에는 셸을 도운 나이지리아 정부와 현재의 통치자들도 회부돼 있습니다. 나이지리아가 오고니에게 했듯이 약하고 혜택받지 못한 이들을 대하는 나라는 외부의 영향력을 물리치고 자유나 독립을 주장할 수 없습니다. 나는 압제와 불의에 저항하기를 꺼리는 사람이 아닙니다. 군대는 홀로 행동하지 않습니다. 정치인, 변호사, 학자, 사업가 등은 군부에 협력하면서도 자신들의 의무를 다할 뿐이라는 주장 뒤에 숨어 있습니다. 사람들은 자기 옷에 묻은 소변을 닦아 내기도 두려워하는 형편입니다.

신이시여, 우리는 모두 재판받고 있습니다. 우리의 행동으로 조국의 위엄을 해치고 아이들의 미래를 위태롭게 했기 때문입니다. 저급한 기준과 이중 잣대에 휘둘리고 거짓을 말하고 공공연히 속이고 불의와 압제를 옹호함으로써, 우리에게는 텅 빈 교실과 형편없는 병원이 남았습니다. 굶주리고 있습니다. 고상한 기준을 말하는 자들의 노예가 된 채로 진실을 추구하고 정의와 자유와 고된 노동을 경배하고 있습니다.

장담컨대 지금 이곳의 모습이 아직 태어나지 않은 세대에게도 되풀이될 것입니다. 어떤 이들은 악당 역할을, 어떤 이들은 비참한 희생자 역할을 이미 떠안았습니다. 스스로를 구할 기회가 남아 있는 이들도 있습니다. 선택은 개인에게 달렸습니다.

니제르 델타의 수수께끼는 막을 내릴 것입니다. 그 의제는 이 재판에서 정해지고 있습니다. 내가 바라듯 평화로운 방법이 이길지는 압제자가 어떤 결정을 내리느냐, 사람들에게 어떤 신호를 보내느냐에 달려 있습니다.

내게 씌운 거짓된 혐의로부터 나는 결백합니다. 바야흐로 결백과 신념을 가지고 나는 오고니와 니제르 델타의 부족들, 나이지리아에서 억압받는 소수민족들이 떨쳐나시시 자신들의 권리를 위해 두려움 없이 평화롭게 싸울 것을 촉구합니다. 역사는 이들의 편입니다. 신은 이들 편에 서있습니다.[1]

오고니는 나이지리아 남서부, 니제르강이 대서양과 만나는 니제르 델타Niger Delta에 사는 토착민이다. 오고니랜드Ogoniland라 불리는 땅의 면적은 1000제곱킬로미터쯤이고, 오고니 주민은 50만 명으로 추산된다.

오고니는 북쪽에 있는 오늘날의 가나 부근에서 내려와 기원전 15세기쯤 니제르 델타에 정착한 듯하다. 이들은 이 비옥한 삼각주 일대에서 농사짓고 가축을 치고 물고기를 낚고 소금과 야자유 교역을 하면서 살아왔다. 오고니는 니제르 델타가 있는 기니만 일대의 다른 부족들과 마찬가지로 부족 특유의 공동체적 통치 구조가 있다. 공동체가 부족장을 지명하고, 협의회가 부족 공동의 일을 결정한다.

유럽 국가들이 서아프리카를 공략하고 현지 주민을 붙잡아 노예무역으로 거래하던 제국주의 시절에도, 상대적으로 고립돼 있던 오고니는 노예화를 피했다. 영국이 나이지리아를 식민지로 만든 것이 1885년이었지만 영국 군인들이 오고니를 처음 접한 것은 20세기 들어서였고, 오고니는 자신들을 무력으로 다스리려는 식민 당국과 영국군에 강하게 저항한 것으로 알려져 있다.

인구 2억 명에 주요 부족만 250개가 넘는 나이지리아에서도 소수집단인 오고니가 세계에 이름을 알린 것은 거대 석유회사 로열더치셸Royal Dutch Shell(이하 셸)에 맞서면서였다. 니제르 델타는 세계적인 유전 지대다. 나이지리아가 독립하기 4년 전인 1956년 영국-네덜란드계 석유 회사인 셸이 유전을 발견했고 2년 뒤부터 채굴에 들어갔다. 1960년 나이지리아가 독립한 뒤에도 셸의 유전 개발과 채굴은 계속됐다.

독립 이후 나이지리아의 정치사는 한국과 비슷하다. 제3세계 독립국들이 대부분 그랬듯, 군부 독재 정권과 쿠데타의 역사가 반복됐다. 1966년부터 1979년까지 군부가 집권했으며 짧은 민간 정부 시기 이후에 1983년 다시 군부가 집권했다. 그해 정권을 잡은 군부 지도자 무함마두 부하리는 2년 만에 이브라힘 바방기다에게 권력을 빼앗겼고, 이 정권이 1993년까지 이어졌다. 이어 또 다른 군부 독재자 사니 아바차가 쿠데타를 일으켜 정권을 잡았고, 1999년 선거에서 민간 정부가 선출될 때까지 군 통치가 계속됐다.

군사정권과 거대 에너지 기업은 이권으로 결탁돼 있었다. 셸이 니제르 델타 땅을 오염시키고 원주민들을 몰아내고 인권 침해를 저질러도 군사정권은 방치하거나 조장했다. 1976년부터 1991년까지 15년 동안 오고니랜드에서 발생한 셸의 기름 누출 사고가 2976건이고 총 누출된 양이 33만 4000킬로리터(210만 배럴)에 이른다는 조사도 있다.[2] 셸이 세계에서 누출시킨 원유의 40퍼센트에 해당하는 양이었다.

2011년 유엔환경계획이 오고니랜드의 200여 개 지점에서 반세기 동안 일어난 환경 파괴의 종합적인 영향을 조사했다.[3] 기름이 새나오고 불길이 번지고 폐기물이 마구잡이로 버려지면서 곳곳이 농사를 지을 수 없는 땅이 되었다. 지하수조차 탄화수소와 벤젠 등 발암물질로 오염돼 있었다. 유엔환경계획은 이런 곳들이 복원되려면 30년은 걸린다고 내다봤다.

＼

켄 사로-위와(1941~95)는 셸의 횡포에 맞서 오고니 생존운동을 이끈 작가이자 환경 운동가였다. 본명은 케눌레 차로-위와인데 뒤에 이름을 바꿨다. 오고니 가정에서 태어났으나 영어 교육을 받았고, 이바단Ibadan 대학을 졸업한 뒤 작가로 활동했다. 사업 수완도 있었고, 텔레비전 프로듀서로 일하며 제법 인기 있는 프로그램을 만들기도 했다.[4] 니제르 델타가 있는 리버스Rivers주 정부에서 잠시 일하기도 했으나 1970년대부터 오고니 자치에 관심을 기울이다 점점 활동가의 길로 들어섰다.

오고니 생존운동의 설립을 주도한 그는 1990년 정치적·경제적 자치를 요구하는 '오고니 권리선언'을 발표했다. 앞으로 오고니랜드를 더럽혀서는 안 되며, 그 땅에 있는 자원을 채취해 얻는 수익은 외국 기업과 연방 정부의 독재자들이 아닌 그 땅의 주민들이 가져야 한다는 내용이었다.

1993년 사로-위와와 동료들은 셸이 새 송유관을 짓는 것을 막기 위한 행동에 나섰다. 그해 셸의 한 송유관에서는 40일 넘게 기름이 새어 나와 대규모 토양오염이 일어났다. 때마침 유엔이 정한 '세계 원주민의 해'였고, 이를 계기 삼아 오고니 전체 인구의 절반이 넘는 30만 명이 평화 시위를 벌였다. 셸과 계약한 건설 회사들의 작업을 중단시키려던 이들을 막아선 것은 군과 무장 경찰이었다. 독재 정권은 유전 개발에 반대하는 오고니 마을 27곳을 공격했다. 1000~2000명이 목숨을 잃었고 살던 곳에서 내쫓긴 이들은 8만 명에 이르렀다.

사로-위와와 동료들은 그 전해 오고니 부족장 네 명을 잔인하게 살해했다는 터무니없는 혐의로 체포돼 교도소에 갇혔다. 재판은 정부와 석유 회사에 맞선 그를 제거하려는 요식행위에 불과했다. 사로-위와가 현장에 있지도 않았으며 범죄와 무관하다는 증거는 아무 의미가 없었다. 세계의 인권 단체와 환경 단체가 억지 재판에 항의했다. 국제앰네스티는 그를 '양심수'로 규정하고 석방을 요구했다. 스웨덴 바른 생활 상Right Livelihood Award 재단은 1994년 그에게 '대안 노벨상'이라고도 불리는 바른 생활 상을 수여했다.[5] 이듬해에는 세계적인 환경 상인 골드만 환경상이 그에게 주어졌다.

하지만 국제사회의 압력도 소용없었다. 사로-위와를 비롯해 '9인의 오고니'Ogoni Nine이라 불린 환경 운동가들에게 군사 법정은 사형을 선고했다. 판결이 확정되고 이틀 뒤인 1995년 11월 10일 석유 수출항인 포트하커트에서 교수형을 당했다.

유엔 조사단은 '사법 살인'으로 규정했다.[6] 처형은 국제적인 공분에 기름을 부었고, 유엔 총회에서 이에 항의하는 결의가 채택됐다. 유럽연합은 항의 성명을 내고 나이지리아에 무기 금수 조치를 취했다. 미국은 나이지리아 주재 대사를 소환하고 군사정권 인사의 미국 입국을 금지했다. 오랜 수감 끝에 남아프리카공화국의 대통령이 된 '인권의 상징' 넬슨 만델라는 국제사회의 이런 흐름을 주도했으며, 영국에 나이지리아의 영연방 회원국 지위를 박탈할 것을 요구해 관철했다.

글머리에 옮긴 것은 사로-위와의 법정 최후진술이다. 쿠바의 옛 지도자 피델 카스트로는 1953년 병영을 습격했다가 붙잡혀 재판을 받을 때 법정에서 "역사가 나를 무죄로 하리라"라는 유명한 최후진술을 했다. "우리는 역사 앞에 서있다"는 사로-위와의 말은 카스트로의 선언을 연상케 한다. 그러나 훗날 '혁명'에 성공해 국가 지도자가 된 카스트로와 달리, 사로-위와는 바라던 길을 걷지 못한 채 삶을 마감했다.

＼

이 편지를 받으면 당신이 분명 놀라겠지요. 하지만 이 아름다운 세상을 떠나면서, 계속 여기서 힘겹게 살아가야 할 당신에게 작별 인사조차 남기지 않을 수는 없었습니다.[7]

1989년 그가 남긴 짧은 글 「아프리카는 태양을 죽인다」는 마치 자신의 운명을 예언하는 듯하다. 소설 같기도 하고 에세이 같기도 한 이 글은 '바나'Bana라는 사람이 옥중에서 '졸'Zole 이라는 여성에게 쓴 편지 형식이다.

간수에게 뇌물을 줬으니 이 편지는 당신에게 전해질 거예요. 저 간수는 아마도 내일은 총을 들고 사형을 집행하기 위해 우리 앞에 서있겠지요. 우리는 그가 시키는 대로 죽음을 향해 걸어갈 겁니다.

…… 목사가 우리의 영혼을 위해 기도할 겁니다. 하지만 그가 기도해야 하는 건 우리를 위해서가 아닙니다. 그는 살아 있는 모든 것들, 매일 고문 같은 삶을 살아야 하는 이들을 위해 기도해야 합니다.

…… 어린아이였을 때 신문에서 읽은 글이 기억납니다. 아프리카의 한 지도자가 죽은 군인의 무덤 앞에서 눈물을 흘리며 이렇게 말했답니다. "아프리카는 자신의 아들들을 죽인다"Africa kills her sons. 무슨 뜻인지 모를 그 말을 오랫동안 곱씹었지만 여전히 나는 그 말을 완전히 이해할 수 없었습니다. 이제 오늘 이 순간, 그 말이 내게 밀물처럼 밀려옵니다. 그의 말을 빌려, 내 무덤의 묘비에 이렇게 새겨 주길 당신에게 부탁합니다. "아프리카는 자신의 태양을 죽인다." 좋은 묘비명 아닌가요? 신비스러우면서도 명확하지요. 아프리카는 태양을 죽인다! 그것이 바로, 이 땅이 검은 대륙이라 불리는 이유입니다.

…… 어두운 감방으로 새어 들어온 빛 속에 있는 듯이 내 마음은 밝습니다. 간수가 열쇠를 찰랑거리며 걸어오는 소리가 들립니다. 열쇠를 구멍에 꽂는군요. 이제 우리를 부르겠지요. 우리의 시간은 끝났습니다. 나의 시간은 만료됐습니다. 사랑을 보냅니다. 안녕.

나이지리아는 아바차가 축출된 뒤 평화적으로 민주화 과정을 일궜다. 아프리카의 인구 대국이자 경제 중심인 이 나라가

혼들렸거나 내전 같은 유혈 사태에 빠져들었다면 대륙 전체에 혼란의 여파가 미쳤을 것이다. 다행히 나이지리아는 민주적인 선거를 폭력 없이 치렀다. 새 헌법에 따라 '제4공화국'이 수립됐으며 1999년 5월 대선의 승자인 올루세군 오바산조가 이끄는 새 정부가 출범했다. 오바산조는 군 장성 출신이었으나 엄연히 '국민이 뽑은' 대통령이었다. 1966년 이후 30여 년에 걸친 군부 통치는 끝났다. 물론 이어진 선거 때마다 부정선거 시비가 일었다. 북부와 남부의 경제적 격차, 북부 이슬람 지역과 남부 기독교 지역 간의 갈등, 니제르 델타에서 나온 석유 수익의 배분을 놓고 벌어지는 여러 주들 간의 갈등과 부패, 2010년대 들어 극심해진 북부 이슬람 극단주의 무장 집단의 테러와 잔혹 행위 등도 계속 남아 있었다.

이 나라의 자산이자 방해물이 바로 석유다. 영국의 개발경제학자 폴 콜리어는 천연자원이 많은 나라들이 가공 없이 자원을 수출하면서 산업 발전은 뒤처지고 부패가 난무하는 것을 가리켜 '자원의 덫'이라 불렀다. 아프리카의 어느 나라보다 자원이 많은 나이지리아는 그 덫에 빠지기 가장 쉬운 동시에, 그 덫에 빠져 허우적거리기엔 자원의 양이나 국가의 규모가 너무 큰 나라다. 오고니를 비롯한 니제르 델타 원주민들은 석유 수익을 북부 주들이 빼앗아 가는 데에 반발해 왔다. 각 주는 연방 정부로부터 석유를 판 돈을 많이 끌어오는 것이 곧 정치력을 인정받는 길이었다. 정치인들은 그 돈으로 자기 부족이나

"아프리카는 자신의 태양을 죽인다"
켄 사로-위와

파벌을 먹여 살리며 권력을 유지했다. 이른바 정실주의다.

그럼에도 이 나라는 갈라지거나 전란에 휩싸이지 않고, 느려도 한 걸음씩 민주주의와 성장을 향해 걸어왔다. 오래전 나이지리아 최대 경제도시인 라고스를 방문했는데, 그 바닷가에는 내륙에서 온 이주 노동자들이 수상 가옥을 짓고 슬럼을 이뤄 살고 있었다. 도심에는 마천루가 치솟고, 외곽의 부촌에는 화려한 빌라가 늘어서 있었다. 빈부 격차나 개발의 불평등이 심각하고, 법치가 제대로 운용되지 않을 때도 있지만, 연방 정부는 오바산조 시절부터 구축해 온 시스템을 통해 석유 수익을 비교적 투명하게 배분하는 데에 성공했다고 평가받는다.

나이지리아인들은 사로-위와의 투쟁을 기억할까. 물론이다. 그들은 잊지 않았다. 라고스의 대형 서점에는 가장 눈에 띄는 곳에 사로-위와의 책들이 진열돼 있었다. 사로-위와는 나이지리아인들에게 군부 정권의 실체를 환기하는 상징이자, 사라지지 않는 얼굴이었다. 독재자는 그를 죽였지만 이후의 민선 정부는 오고니 생존운동의 기념일이 되면 사로-위와를 함께 기리기 위해 대표단을 보낸다. 나이지리아작가협회는 그의 이름을 딴 문학상을 만들었다. 그의 이름을 딴 대학이 생기고 그의 이야기가 담긴 소설과 음악과 연극이 나왔다.

\

독재 정권과 원주민 투사의 이야기 못지않게 다뤄야 할 것은 정부와 결탁해 이권을 챙기고 원주민의 삶터를 빼앗으며 환경을 파괴한 거대 기업이다. 사로-위와의 처형이 세계의 분노를 일으킨 것도, 서방 에너지 기업의 두 얼굴과 이에 맞선 원주민의 목숨 건 투쟁을 상징적으로 드러냈기 때문이다.

2009년 6월 셸은 유전 개발 과정에서 환경 파괴와 인권침해를 일으킨 책임을 인정하고 현지 주민들에게 배상하기로 했다.[8] 셸이 내기로 한 돈은 1550만 달러, 당시 환율로 약 200억 원이었다. 이미 챙긴 이익과 원주민들의 피해에 비하면 한없이 부족하지만, 오고니가 이 작은 승리를 쟁취하기까지도 긴 세월이 흘렀다.

사로-위와 등이 처형당하자 유족들은 미국 뉴욕 법원에 셸을 상대로 배상을 청구하는 소송을 냈다. 미국 국내법인 〈외국인 불법행위 배상청구법〉에 따라 소송을 제기할 수 있다는 점을 활용한 것이다. 셸은 환경 운동가들을 처형한 것은 나이지리아 정부이며 자신들은 관련이 없다고 주장했다.

2001년 그린피스가 "셸이 군에 돈을 댔다"는 증언을 폭로하면서 상황이 반전됐다. 이어 나이지리아군이 사로-위와 등을 체포할 때 셸의 헬기를 타고 밀림에 들어간 사실이 드러났다. 셸이 현지 소송에서 이기려 증인들을 매수한 사실까지 폭로됐다. 2003년 셸 나이지리아 법인은 "고의는 아니었지만 우리의 행동이 현지 분쟁에 영향을 줬을 수 있다"면서 약 8500만 달러를 '개발 기금'으로 냈다.

그러나 셸은 한 번도 환경 파괴나 원주민 인권침해에 대한 책임을 온전히 인정하지 않았다. 뉴욕 법원에서 합의한 뒤에도 셸은 "소송을 끝내기 위해서일 뿐 모든 책임을 인정하는 것은 아니다"라고 했다. 셸은 여전히 나이지리아에서 석유를 채굴하고 있고, 환경 피해 복구나 석유 이익의 환원 같은 약속을 충실히 이행하지 않고 있다.[9]

환경 파괴와 소송도 여전히 이어지고 있다. 2008년 오고니랜드의 보도Bodo라는 곳에서 두 건의 대규모 원유 누출이 일어났다. 현지 주민 1만 1000명은 2012년 영국 런던 고등법원에 셸을 상대로 배상을 요구하는 소송을 냈다. 나이지리아 환경운동가 네 명과 국제 환경 단체 '지구의 벗'은 별도로 네덜란드 법원에 비슷한 소송을 제기했다. 2013년 1월 네덜란드 법원은 셸이 니제르 델타 오염에 부분적으로 책임이 있다고 판결했다. 2015년 1월 셸은 보도 원유가 새나간 책임을 인정하고 8300만 달러를 환경 복구 비용으로 내기로 합의했다.[10]

환경 피해 외에 사로-위와 등을 처형한 책임을 둘러싼 법정 싸움도 진행 중이다. '9인의 오고니' 가운데 한 명인 바리넘 키오벨은 네덜란드 헤이그 법원에 셸의 책임을 인정해 달라며 소송을 냈다. 셸은 네덜란드 법원에 재판할 권한이 없다고 맞섰으나, 2019년 5월 법원은 재판 관할권이 인정된다고 판결했다. 이 외에도 수많은 재판이 계속되고 있다.[11]

"

우리가 환경의 관리인입니다

"

나무들의 어머니

왕가리 마타이

＼

처음에 그린벨트 운동은 나무를 심는 활동이었습니다. 민주주의와 평화를 이야기하지는 않았지만, 민주적인 공간이 없다면 환경을 둘러싼 문제들을 해결할 수 없다는 점이 곧 명백해졌습니다. 그래서 나무는 궁극적으로 민주주의 투쟁의 상징이 됐습니다.

아프리카의 케냐. 견고한 가부장제와 식민 지배의 잔재가 여전하던 1960년대, 한 여학생이 600명의 고교 졸업생을 선발해 해외 유학을 지원하는 프로젝트에 뽑혀 미국으로 떠났다. 캔자스에서 생물학을 공부했고 과학도로 성장했다. 5년 만에 케냐로 돌아오며 그는 '미리엄'이라는 세례명 대신 '왕가리'라는 전통 이름을 살리고 아프리카의 전통대로 아버지의 이름인 '무타'를 뒤에 붙이는 방식을 택해 '왕가리 무타'로 이름을 정했다. 케냐 최초의 여성 교수가 됐고, 정치 지망생 남편과 결혼했다.

1960~70년대 빈국에서 태어난 여성의 성공담처럼 들릴지 모르지만 여기서 끝이 아니었다. 여성에게 배타적인 환경 탓에 생물학과가 아닌 수의학과에서 연구를 시작했다. 남편과 이혼한 뒤 '고집 세고', '많이 배운' 여성이라는 악담에 시달렸다. 국회의원에 출마하고 싶었으나 기득권 세력의 견제로 좌절됐다. 그런 그에게 나무가 남았다.

나무를 심어 땅을 비옥하게 하고 여성의 자립 기반을 만드는 것. 단순한 듯하면서도 힘이 센 이 프로젝트를 케냐에서 시작했고, 아프리카 여성 최초로 노벨 평화상을 수상했다. 케냐인들이 마마 미티, 즉 '나무들의 어머니'라고 부르는 왕가리 무타 마타이(1940~2011)다.

숲은 모든 생물의 서식지이자, 지속 가능한 지구의 핵심인 생물 다양성을 지탱한다. 이산화탄소를 흡수해 기후변화를 줄인다. 숲을 없앨수록 온실효과가 늘어나지만, 숲이 파괴되는 작업 과정에서 생겨나는 온실가스도 만만찮다. 그린피스에 따르면 이때 발생하는 온실가스는 인간이 배출하는 전체 온실가스의 12퍼센트에 이른다. 자동차와 비행기, 선박 같은 운송 수단이 내뿜는 양과 비슷하다. 잘 알려지지 않은 사실이다.[1]

아프리카에서 숲이 갖는 의미는 더 크다. 아프리카 야생동물보호재단이 2015년 펴낸 자료를 보면 세계 숲의 17퍼센트가 아프리카에 있다. 아프리카 중서부 적도 부근에 있는 4억 5000만 헥타르의 콩고분지는 아마존에 이어 세계에서 두 번째로 큰 열대우림이다. 사하라 이남 아프리카에 살고 있는 인구의 65퍼센트는 연료와 식량을 숲에 의존한다. 문제는 이 지역의 나무들이 세계 평균과 비교해 네 배나 빠르게 베이고 있다는 것이다.[2]

동아프리카에 위치한 케냐는 반半건조 지대의 사바나에 아름다운 초원이 드넓게 펼쳐져 있다. 케냐와 탄자니아 국경 지대에 걸쳐져 있는 마사이 마라Maasai Mara-세렝게티Serengeti 일대는 '동물의 왕국'으로 유명한 대초원이다. 콩고분지처럼 규모가 크지는 않지만 케냐에도 열대우림이 있다. 수도 나이로비 북쪽에는 해발고도 1400~1600미터 고지대에 위치한 카카메가Kakamega 우림과 아베다레 협곡Aberdare Range 우림이, 인도양에 면한 동부 항구도시 몸바사 근처에는 아라부코 소코케 Arabuko Sokoke 숲이 펼쳐져 있다.

천연자원이 거의 없어 에코 투어리즘과 환경 보전에 큰 관심을 쏟아붓고 있는 케냐는 비교적 숲이 잘 보호되는 편이었으나 인구가 늘고 도시화가 진행되는 것까지 피할 수는 없었다. 기후변화까지 겹쳐 초원 숲 지대에 가뭄이 늘었다. 특히 3700만 헥타르에 달하는 케냐의 숲은 사람들이 거주하지 않는 대규모 우림 지역 덩어리가 아니라, 초원에 군데군데 섞여 있어서 인간의 침범에 취약하다.[3]

갑자기 모든 것이 명백해졌다. 환경이 망가져 위협을 받는 건 목축업자들만이 아니었다. 나와 내 아이들과 학생들, 나의 동료인 시민들과 내 나라 국민 전체가 대가를 치르고 있었다. 환경 붕괴의 징후와 그 원인이 된 남벌과 제초, 지속 불가능한 농사, 토양 손실 간의 연관성은 자명했다. 무언가 근본적이고 즉각적인 대책이 필요했다.

'그렇다면 어디 보자. 내가 뭘 해야 하지?' 그러자 이런 생각이 떠올랐다. '나무를 심으면 어떨까?' 나무는 여성들이 영양이 풍부한 음식을 지을 수 있도록 땔감을 공급해 줄 것이다. 여성들은 나무로 울타리를 만들고 소나 염소들의 여물을 만들 것이다. 나무는 인간과 동물에게 그늘을 내주고, 물이 범람하지 않게 지키고, 토양의 결속력을 유지해 줄 것이다. 과일나무라면 과일도 공급하겠지. 또한 새와 작은 동물들이 돌아오게 해서 땅을 달래 줄 것이고 그 동물들이 땅의 생명력을 되찾게 할 것이다. 이것이 그린벨트 운동이 시작된 배경이다.[4]

케냐의 망가진 숲을 되살리자는 것이 왕가리 마타이의 그린벨트 운동이었다. 마타이가 이 운동을 시작한 것은 1977년으로 거슬러 올라간다. 마타이는 농촌의 여성들에게 묘목을 주고 심게 했다. 정부에서 일하는 삼림관은 전문가가 필요하다며 반대했지만 마타이는 굴하지 않았다. 묘목이 자라면 운동 본부에서 여성들에게 소액을 지급하며 동기를 부여했다. '배우지 못한' 여성들도 나무를 가꿀 수 있다는 것을 보여 주는 성공 사례들이 하나씩 쌓여 갔다. 나무를 심을수록 토양에 좋았고 방풍림 역할을 했으며 지역을 아름답게 가꿨다.

운동의 취지가 알려지자 유엔환경계획, 노르웨이 숲협회, 유엔여성자립기금 등의 지원금이 들어왔다. 1980년 마타이가 케냐 여성위원회의 위원장이 되면서 운동은 더욱 확대됐다. 몇 년이 지나자 나무 벨트가 1000곳 남짓 생겼고 600개의 마을 공동체에서 종묘장이 운영됐다. 2000년대 들어 마타이의 캠페인으로 심어진 나무는 모두 3000만 그루에 이르렀다.

마타이의 나무 심기 운동이 독재 정권에 맞선 정치 투쟁으로 이어진 계기는 케냐 정부가 수도 나이로비의 우후루 공원 Uhuru Park을 개발해 60층 높이의 빌딩을 짓는 '케냐타임스미디어'Kenya Times Media Trust 건설 계획을 추진하면서였다. 1989년 도시의 녹색 심장인 이곳에 고층 건물을 짓는 계획을 알게 된 사람이 마타이에게 제보했다. 장기 집권 독재자 다니엘 아랍 모이(1924~2020) 대통령의 치적을 과시하는 기념물을 건립하고 주변 지역을 무분별하게 개발한 탓에 이미 공원이 많이 잠식된 터였다.

모이의 독재 치하에서 마타이는 공원을 파괴하는 개발에 맞서 '공개 호소'라는 투쟁 방식을 택했다. 언론에 편지를 썼다. 대통령에게, 시와 지방위원회에, 환경부 장관에게, 유엔 등 국제기구에도 보냈다. 정부는 처음에는 무시하더니, 마타이의 호소에 반향이 일자 '개발은 경제발전을 위한 획기적인 계기가 될 것', '건설에 반대하는 이들은 무지하기 때문'이라고 비난하기 시작했다.

이어 정부는 그린벨트 운동을 사이비 캠페인으로 몰아갔으며 마타이가 이혼한 여성임을 들어 추잡하고 불온하다는 소문을 퍼뜨렸다. 마타이의 싸움은 국제 무대로 옮겨 갔다. 미국과 유럽의 정치인과 언론인, 자선가 등에게 공개서한을 보내 지원을 호소했다. 마타이는 2006년 펴낸 『위대한 희망』에서 이렇게 회고했다.

나는 다시 한번 더 그들에게 개발도상국의 현실을 알아줄 것을 호소했다. 개발도상국의 사람들은 타임스미디어라는 복합 건축으로 상징되는 종류의 파괴적인 개발에 관해 알지도 못하거니와, 안다고 해도 그것을 중지시킬 수 없다는 것, 선진국에 있는 사람들에게처럼 해명을 들을 기회도 주지 않고 정부가 임의로 개발을 진행한다는 사실을 말이다.[5]

마타이가 지적했듯이, 나무를 심고 공원의 녹지를 지키는 행동은 단순히 환경을 지키는 일로 그치지 않았다. 독재 정권이 토지를 이용하는 방식은 그린벨트 운동이 앞세운 환경의 가치와 크게 충돌했다. 정권이 국유지나 공유지를 개발하고, 나눠 갖고, 자본을 끌어들이는 동안 사람들의 삶은 더 피폐해졌다. 권력과 이어진 소수의 기득권층이 개발의 혜택을 누리는 반면, 그 피해는 취약한 사람들에게 돌아갔다. 우후루 공원을 파내 '아프리카 최고층 빌딩'을 포함한 복합 산업 단지를 짓는 일은 정부 계획에 따르면 2억 달러의 외국 돈을 빌려 이뤄질 예정이었고,[6] 이는 결국 국민들이 짊어질 '빚'이었다.

따라서 독재 정부의 개발 정책에 맞서는 일은 그 무엇보다 '정치적'이었다. 미국 학자 나물룬다 플로렌스는 마타이의 삶을 다룬 책에서 "마타이는 이 싸움을 통해 정치의 영역으로 들어섰다"고 설명한다.[7] 모이 정부와 궤를 같이하는 의회에서는 마타이가 '시민들의 의견을 대변하지 않는다'면서 비난했고, 영국 정부에 공원 개발을 막아 달라고 호소한 것을 들며 '옛 식민 종주국에 빌붙는다'고 공격했다. 그린벨트 운동을 통해 국제적으로 알려진 마타이를 '케냐 국민에 반하는, 케냐의 전통에 반하는' 사람으로 몰아가기도 했다. 하지만 정작 영국 자본과 결탁한 것은 개발을 주장하는 이들이었다. 복합 건물 단지 건설을 이끌고 있던 케냐타임스는 주요 언론사 가운데 하나로, 소유자는 영국 기업가 로버트 맥스웰이었다. 마타이는 정부·의회뿐만 아니라 언론과도 싸워야 했다.

사실 독재 정부는 마타이가 케냐 여성위원회 위원장이 되지 못하도록 이미 전부터 정치적 압력을 가했고 끊임없이 견제했다. 물리적 위협도 행사했다. 우후루 공원 싸움이 한창 진행되는 동안 당국은 마타이의 그린벨트 운동 사무실을 폐쇄하고 내쫓았다. 그러나 마타이의 싸움은 이미 케냐 사회의 분위기를 바꾸고 있었다. 환경 파괴를 막는 것이 독재 정권에 대한 저항과 이어져 있고, 억압에 맞선 시민들의 싸움이 사회적 정의로 향해 가는 과정이라는 것을 점점 더 많은 이들이 이해하기 시작했다.

1992년 케냐타임스미디어 건설 계획이 취소됐지만 '각성한 시민들'의 목소리는 더욱 커져 갔다. 2004년 노벨 평화상 시상식에서 노벨 위원회는 "국내외적으로 정치적 억압에 관심을 환기한 특별한 활동의 공로를 인정했다"고 했다. 마타이는 수상 뒤 노벨 강연에서 이렇게 말했다.

처음에 그린벨트 운동은 나무를 심는 활동이었습니다. 민주주의와 평화를 이야기하지는 않았지만, 민주적인 공간이 없다면 환경을 둘러싼 문제들을 해결할 수 없다는 점이 곧 명백해졌습니다. 그래서 나무는 궁극적으로 민주주의 투쟁의 상징이 됐습니다.

시민들은 광범위한 권력 남용에 도전했습니다. 전국에 '프리덤 코너' 같은 곳이 많이 생겨났습니다. 양심수 석방과 평화로운 민주주의 이행을 요구하고자 나무를 심었습니다. 그린벨트 운동을 통해 수천 명의 시민들이 행동에 나섰고, 변화를 위해 힘을 모았습니다. 그들은 공포와 무력감을 극복하는 법을 배웠고, 민주적 권리를 지키기 위해 움직였습니다.[8]

마타이가 언급한 '프리덤 코너'Freedom Corner는 1990년대 초반 모이 대통령의 독재에 항의하다 잡혀간 청년들의 어머니들이 석방을 요구하며 농성하던 곳이다. 1978년 집권한 모이는 2002년에서야 24년 철권통치의 막을 내리고 물러났다. 특히 1990년대 케냐에서는 정치적 충돌과 부족 간 충돌에 따른 혼란이 벌어졌고 2000여 명이 목숨을 잃었다. 마타이는 1992년 2월 이 어머니들과 함께 침낭을 들고 우후루 공원에 모여, 청년들이 풀려날 때까지 농성했다. 이들은 공원 한쪽에 '프리덤 코너'라는 표지를 세웠다. 사흘 동안 수백 명이 모였다. 경찰의 최루탄에 어머니들은 옷을 벗어 가며 저항했다. 마타이는 피를 흘리며 쓰러졌다. 경찰이 프리덤 코너에 바리케이드를 쳤으나 비폭력 저항운동은 그해 내내 이어졌다.

한 나라의 환경은 그곳의 거버넌스를 반영합니다. 훌륭한 거버넌스 없이 평화는 없습니다. 거버넌스가 열악한 나라들에는 환경을 보호하는 법이 제대로 갖춰지지 않아 쉽사리 분쟁이 생깁니다.

마타이는 노벨 강연에서 "환경 파괴의 원인을 알게 될수록 좋은 거버넌스의 필요성을 깨달았다"고 말했다. "민주적 지배 구조를 포용하고, 인권을 보호하며, 환경을 보호"하는 일은 함께 이뤄져야 한다고 했다. 동시에 그 거버넌스에 반드시 포함해야 할 여성들의 목소리를 강조했다. 거버넌스, 민주주의, 인권, 환경, 그리고 삶의 질. 이 모두는 이어져 있으며 '나무 심기'라는 작은 행동은 앞서 말한 대로 이 고리들을 잇는 중요한 매듭이었다.

아프리카 전역에서, 여성들은 땅을 경작하고 가족을 먹여 살리는 일차적인 관리인입니다. 그래서 그들은 환경 피해를 가장 먼저 인식합니다. 우리와 함께 일한 여성들은 이제는 기본적으로 필요한 것들도 구할 수 없게 됐다고 되뇌곤 했습니다. 환경이 나빠졌고, 상업적인 농업이 도입돼 가내 식량 작물 재배를 대체했기 때문입니다. 국제무역이 수출 가격을 통제해 합리적이고 공정한 소득을 보장받을 수 없었습니다.

나무 심기는 여성들이 파악한 기본적인 욕구 중 일부를 충족하기 위한 자연스러운 선택이었습니다. 우리는 3000만 그루가 넘는 나무를 심어 연료와 먹거리와 피난처와 소득을 제공하고 아이들의 교육과 가정의 요구를 뒷받침했습니다. 고용을 창출하고 토양을 개선했습니다. 참여를 통해 여성들은 그들의 삶, 특히 가족 내에서의 지위를 얻었습니다.

처음에 그들은 문제를 해결할 방법은 다른 곳에 있다고 믿었습니다. 자신들의 요구를 충족하는 문제가 잘 관리된 환경에 달려 있다는 사실도 깨닫지 못했습니다. 환경이 악화되면 희귀한 자원을 사이에 둔 쟁탈전이 일어나 가난해지고 심지어 분쟁으로 귀결된다는 사실을 몰랐습니다. 국제 경제 협정의 부당함도 몰랐습니다.

우리는 시민교육 프로그램을 개발했고, 거기서 사람들은 개인적인 행동과 환경이나 사회의 문제들을 연결할 수 있게 됐습니다. 이 과정에서 참가자들은 자신들이 해결책의 일부분이라는 사실을 깨달았습니다. 숨은 능력을 자각하고 관성을 극복하고 행동에 나설 힘을 얻었습니다. 자신들이 환경의 관리인이자 수혜자라는 사실을 인식했습니다.[9]

＼

마타이는 2011년 난소암으로 세상을 떠났다. 케냐뿐만 아니라 세계가 '나무를 심은 사람' 왕가리 마타이를 기억하고 있다. 나이로비 가톨릭국제개발기금의 조지프 카비루는 이렇게 마타이를 추모했다.

그녀는 부패에 겁 없이 반대했다. 케냐 당국에는 가시 같은 존재였다. 기후변화 이슈라면 마타이는 세계에서 가장 힘센 지도자들 앞에서도 진실을 이야기했다. 마타이가 복잡한 환경 문제를 선명하게 짚는 순간에도 사람들에게 보여 준 진실된 웃음, 자신이 자라난 숲을 살리겠다는 맹렬한 의지를 나는 영원히 기억할 것이다. 세계에 영감을 준 마타이는 나의 영웅이자 진정한 케냐의 전사였다.[10]

마타이의 그린벨트 운동은 숲을 지키고 가꾸는 동시에, 삶을 되살리고 억압과 파괴에 맞서려는 수많은 이들에게 영감을 줬다. 독일의 환경 운동가 펠릭스 핑크바이너도 그중 하나다. 1997년생인 핑크바이너는 "나무는 기후변화에 맞설 가장 중요한 동맹입니다"라는 마타이의 말에 감명받아 초등학교 4학년 때인 2007년에 '지구를 위한 나무 심기'라는 단체를 만들었다. 핑크바이너의 호소로 세계에 수백만 그루가 심어졌으며 이제 이 단체는 남극대륙을 제외한 모든 곳으로 캠페인을 확장하고 있다.

2011년 2월 아직 어린 소년이던 핑크바이너는 유엔 총회에서 "아이와 어른, 부자와 가난한 사람 할 것 없이 모두가 나무 1조 그루 심기 캠페인에 나서자"고 연설했다.[11] 그 자리에 마타이도 있었다. 회의장에서 두 사람이 포옹을 나누는 장면은 세대와 지역, 인종과 성별을 넘어선 지구를 위한 연대를 보여 줬다.

유엔도 나무 심기 캠페인을 지속적으로 벌이고 있다. 중동과 아프리카에서는 사막화야말로 큰 이슈다. 나무를 심으면 장기적으로 기후변화를 늦추는 데에 도움이 될뿐더러 당장 주민들을 위협하는 토양침식을 막을 수 있다. 중동 지역의 환경 이슈를 다루는 단체인 '녹색의 예언자'는 이 지역에서 가장 중요한 것은 '물'이며, 사막화를 막으려면 나무 심기가 중요하다고 강조한다.[12]

전쟁과 핍박 속에서 희망의 나무를 심는 이들도 있다. 시리아 북부 로자바Rojava는 쿠르드족이 많이 사는 곳이다. 원래 나무가 울창한 지역이었지만, 독재 정권이 쿠르드족을 탄압하기 위해 사막화 전략을 쓰면서 메마른 땅이 됐다. 내전을 거치며 버려진 포탄 조각 같은 금속 쓰레기와 기름, 화학약품이 땅을 오염시켰다. 이를 되돌리기 위해 주민들은 나무 심기를 선택했다. 마을을 살리고 미래 세대에게 희망을 주기 위해 '로자바를 다시 푸르게'라는 나무 심기 운동을 펼치고 있다. 이는 풍력발전, 농업용수 재활용 등과 같은 재생 가능한 에너지 프로젝트와 연계해 이뤄지기도 한다.[13]

"우리가 환경의 관리인입니다"
왕가리 마타이

> **"**
> # 그때 우리는 여기에
> # 없을 것입니다
> **"**

최전선에서 보내는 구조 신호

몰디브

세계에 알리고 싶습니다. 만약 세계가 기후변화에 대해 제대로 인식하지 못하면 몰디브에서 어떤 일이 일어날지 말입니다. 몰디브는 전선의 맨 앞에 서있는 국가입니다. 그렇지만 몰디브만의 문제가 아닙니다. 나머지 모든 세계에도 해당하는 문제입니다. 오늘 몰디브를 구하지 못하면 내일 세계를 구하지 못할 것입니다.

인도에서 400킬로미터쯤 떨어진 인도양에 면적 298제곱킬로미터, 강화도만 한 섬나라가 있다. 인구는 40만 명이 채 안 되지만 코로나19로 여행이 멈추기 전에는 매년 세계에서 100만 명이 이곳을 찾았다. 연중 내내 바닷가에서 즐거움을 누릴 수 있으면서도 기온이 30도를 넘지 않는 그야말로 최적의 휴양지이기 때문이다. 1000개가 넘는 섬들로 이뤄진 이 나라의 이름은 그 자체가 '섬'을 가리킨다.

천혜의 옥빛 바다, 따뜻한 날씨. 문제는 이 나라 섬들의 평균 해발고도가 2미터 정도에 그친다는 것이다. 완만한 지형이 뭐가 문제냐고 할지 모르겠지만 속 모르는 소리다. 빙하가 녹고 해수면이 올라가면 이 나라는 아예 물에 가라앉아 버릴 수 있다. 수몰의 위기감이 수십 년째 감도는 나라, 신혼여행지로 한국에서도 인기가 많은 몰디브 이야기다.

2008년 몰디브의 모하메드 나시드 대통령과 모하메드 와히드 부통령, 그리고 장관 11명이 다이빙 수트를 입고 산소통을 등에 진 뒤 장비를 챙겨 모터보트에 올랐다. 수도 말레에서 20분가량 떨어진 푸른 산호초 지리푸시Girifushi에 도착한 대통령과 각료들은 일제히 바다로 뛰어들었다.

세계에서 아름답기로 유명한 다이빙 지점, 산호초 틈으로 헤엄치는 물고기들 사이로 모래 바닥에 책상이 놓여 있다. 그 위에 하얀 플라스틱 문서판이 올려져 있다. 문서 제목은 「최전선에서 치는 SOS」. 나시드 대통령이 방수 펜으로 그 위에 서명한다. 회의는 30분 정도 진행됐고 관리들은 수신호를 주고 받았다. 회의를 위해 장관들은 두 달 동안 스쿠버 훈련을 받았다. 나시드 대통령은 회의를 마치고 물 밖으로 올라와 말했다.

세계에 알리고 싶습니다. 만약 세계가 기후변화에 대해 제대로 인식하지 못하면 몰디브에서 어떤 일이 일어날지 말입니다. 몰디브는 전선의 맨 앞에 서있는 국가입니다. 그렇지만 몰디브만의 문제가 아닙니다. 나머지 모든 세계에도 해당하는 문제입니다. 오늘 몰디브를 구하지 못하면 내일 세계를 구하지 못할 것입니다.[1]

물속에서는 아무도 이야기할 수 없었지만, 나시드 대통령의 말처럼 "가끔은 침묵이 중요하다. 그것이 소리 내어 말하는 것보다 실제 훨씬 더 많은 이야기를 해주기도 한다".

\

2008년 몰디브에서는 '역사적인' 정권 교체가 이뤄졌다. 여섯 차례 연임하며 철권통치를 펼친 마우문 압둘 가윰 대통령을 그해 대선에서 40대의 민주화 운동가 나시드가 꺾었다. 여러 차례 투옥되며 가윰 정권을 비판한 나시드 대통령이 취임하자마자 역점 사업으로 선언한 것은 기후변화 대응이었다. 세계 최초의 수중 각료 회의는 그 노력을 가장 상징적으로 보여 준 장면이었다.

이 바닷속 각료 회의는 2009년 12월 덴마크 코펜하겐에서 열릴 예정이던 유엔기후변화협약 제15차 당사국 회의를 앞두고 세계의 주의를 환기하려고 준비한 이벤트였다. 나시드 대통령은 기자회견에서 '만약 코펜하겐에서 합의를 이루는 데에 실패하면 어떻게 되느냐'라는 질문을 받고 "우리 모두는 죽게 될 것"이라고 대답했다. "대기 중 이산화탄소 농도를 (현재의 400피피엠ppm에서) 350피피엠으로 못 줄이면 지구 기온은 1.5도 상승할 것이고, 그때 우리는 여기에 없을 것입니다."

결과적으로 유엔 회의에서 코펜하겐 협정이 도출됐지만 모든 나라를 포괄하는 결의에 이르지는 못했다. 유럽은 적극적으로 나섰고 당시 출범 첫해였던 미국 버락 오바마 행정부가 기후변화를 부인하던 이전 정부의 입장에서 선회해 동참을 선언했으나 주요 탄소 배출국들의 구체적인 감축 목표를 담는 데에는 실패했다. 미국은 여전히 미온적이었고 중국이나 인도 같은 거대 개도국들은 탄소 감축 요구가 이미 발전한 나라들의 '사다리 걷어차기'라는 주장에서 물러서지 않았다.

나시드 대통령이 물러난 뒤에도 몰디브의 외침은 처절했다. 2017년 모하메드 아심 외교장관은 유엔에서 이렇게 말했다.

오늘날 우리는 교차로에 서있습니다. 오랜 전쟁과 새로운 갈등 사이, 우리가 알고 있는 것과 두려워하는 것 사이, 변화의 필요성과 늘어나는 인류의 요구 사이에 끼어 있습니다. 세상은 더 살기 좋은 곳이 되어야 합니다. 그리고 우리가 함께 직면한 문제들에 대해 집단 지성을 통해 구체적 해결책을 마련해야 합니다.

기후변화보다 더 큰 위협은 없습니다. 1987년 몰디브가 처음 해수면 상승에 대해 이야기했을 때 그 과학적 논리는 새로웠고, 상대적으로 덜 알려진 위협이었습니다. 1989년 몰디브는 작은 국가들과 해수면 상승을 논의하는 첫 국제회의를 열었습니다.

이제 기후변화의 위협은 실질적입니다. 예측 불가능한 날씨, 더 자주 발생하는 강도 높은 자연재해, 전례 없는 기온 등은 예외라기보다는 일반적인 것이 되었습니다. 몰디브를 포함한 섬나라들이 이런 충격에 따라 가장 먼저 황폐해질 것입니다. 그러나 우리만이 아닙니다. 기후변화는 여러분이 믿든 믿지 않든 세계의 다른 나라에서도 현실이 되고 있습니다. 기후변화와 지속 가능한 개발, 해양 보호는 한때의 유행이나 눈요깃감이 아닙니다. 행동하지 않으면 인류의 발전과 번영, 삶이 희생될 것입니다. 이제 의심하고 외면할 때가 아닙니다. 허비할 시간이 없습니다. 행동할 시간입니다.[2]

흔히 18세기 산업혁명 이후로 인간의 활동이 대기에 큰 영향을 끼쳤다고 말한다. 2018년 국제원자력기구의 보고서에 따르면 1951년부터 2010년까지 인간 활동 때문에 발생한 지표면의 평균온도 상승분은 0.5~1.3도로 나타났다. 이런 추세에서 2050년까지 온실가스량이 눈에 띄게 감소하지 않는다면, 2100년까지 지구 온도가 1.5도 이상 높아질 수 있다는 것이 보고서의 관측이다.[3] 이렇게 지구의 온도가 높아지는 것을 지구온난화라 부른다. 기후변화는 온난화 현상을 포함한 포괄적인 개념이다. 지구의 평균기온은 높아지지만 혹서나 혹한처럼 극단적인 날씨, 야생 동식물의 개체나 서식지가 바뀌는 상황, 해수면 상승 등 다양한 변화들이 여기에 포함된다. 『내셔널 지오그래픽』은 전문가들을 인용해 지구 곳곳에서 일어나고 있는 기후변화의 현상들을 다음과 같이 정리했다.[4]

◇ 빙하가 세계, 특히 양 극지방에서 녹고 있다. 여기에는 산악빙하, 남극대륙과 그린란드를 덮고 있는 빙하, 북극 해빙海氷도 포함된다. 빙하가 녹으면서 바다의 높이가 높아진다. 해수면은 매년 3.2밀리미터 상승해 왔는데 그 속도가 최근 몇 년 동안 빨라지고 있다.

◇ 기온이 올라가면서 야생 동식물의 서식지가 바뀐다. 남극의 얼음이 녹자 아델레 펭귄의 서식지 가운데 서쪽 반도의 90퍼센트는 사라졌다. 나비, 여우와 고산식물은 고도가 더 높은 서늘한 지역으로 옮겨 갔다.

◇ 평균 강수량은 늘었지만 일부 지역에서는 가뭄이 극심해 산불, 작물 손실, 식수 부족 등의 위험이 증가하고 있다.

◇ 모기, 진드기 등 해충과 해파리가 번성한다.

이미 일어나고 있는 일들의 규모도 어마어마하지만, 앞으로 온난화가 이어진다면 이번 세기 후반에는 더 극적인 변화가 일어날 것으로 예상된다.

◇ 해수면이 26~82센티미터 높아질 것이다.
◇ 허리케인 등 폭풍의 위력이 더 강해지고 홍수와 가뭄도 잦아질 것이다.
◇ 세계 담수의 4분의 3을 저장한 빙하가 녹으며 담수 전체의 양이 줄어들 것이다.
◇ 지카 바이러스나 말라리아처럼 모기를 매개로 한 질병이 늘어날 수 있다.
◇ 북극곰이 멸종할 수 있고, 몇몇 생물종은 더 북쪽으로 이동할 것이다.

먼 미래의 이야기가 아니다. 오스트레일리아 정부는 2019년 그레이트배리어리프(대환호초) 주변에 사는 설치류 브램블 케이 멜로미스Bramble Cay Melomys가 멸종됐다고 발표했다.[5] 작은 갈색 쥐처럼 생긴 멜로미스는 파푸아뉴기니와 가까운 토레스 해협의 모래섬에 살았는데, 2009년 이후로는 발견되지 않았다. 오스트레일리아 정부는 인간이 만들어 낸 기후변화 때문에 멸종되었다고 적시했다. 기후변화로 해수면이 올라가면서 브램블 케이 멜로미스의 서식지가 휩쓸려 갔다는 것이다. 마다가스카르 동쪽의 모리셔스섬에 살았던 거대한 새 도도는

섬에 착륙한 상인들과 선원들이 남획해 사라졌고, '인류의 행위 탓에 절멸된 것이 확인된 최초의 생물종'으로 알려졌다. 오스트레일리아 정부의 발표로, 브램블 케이 멜로미스는 '인류가 일으킨 기후변화에 따라 멸종했다고 기록된 최초의 포유류'가 됐다.

북극곰도 '기후변화 희생자'의 상징이다. 미국 알래스카에서 러시아의 시베리아까지, 북극권 전역에서 북극곰이 줄어들고 있다. 북극곰의 집이자 길이고 사냥터인 해빙은 지구 기온이 올라가면서 나날이 얇아져 가고, 먼바다까지 사냥을 나가지 못해 먹이가 줄어든다. 이대로라면 2100년에는 북극에서 흰곰을 볼 수 없을지 모른다. 캐나다 토론토대 연구팀이 2020년 7월 『네이처 기후변화 저널』에 실은 연구 결과다.[6]

세계야생생물기금은 현재 야생에 살고 있는 북극곰 수를 2만 2000~3만 1000마리로 추정한다. 잘 알려진 대로 북극곰은 해빙 지대에 살면서 얼음판 사이로 올라오는 물개 따위를 잡아먹는다. 그러나 여름에도 얼음이 덮여 있는 북극 바다의 면적은 1981년부터 2010년 사이에 13퍼센트 줄었다. 얼음 두께가 얇아지고 봄여름 얼음이 녹아 버리는 곳이 늘면서 곰이 사냥하기가 갈수록 어려워진다.

북극곰은 다 자라면 몸무게가 350~680킬로그램에 이른다. 극한의 기후에 적응해 온 이들은 몇 달 동안 먹지 않아도 몸에 비축해 놓은 지방을 소진하며 생존할 수 있다. 하지만 새끼를 낳고 키우는 어미 곰들의 영양 상태가 나빠지고 새끼 곰들이 자라지 못하면 마릿수가 줄어들게 마련이다.

환경 단체와 과학자들의 관찰에 따르면 북극곰은 북극권 전역에서 크게 19개 무리를 이루고 있다. 과학자들이 그중 13개 무리를 조사해, 집단 규모가 유지되려면 필요한 열량 수요를 계산했다. 지금처럼 북극 온도가 더 올라가면, 이번 세기 말에 19개 무리가 모두 사라진다는 결론이 나왔다. 『뉴욕 타임스』의 표현을 빌리면 "북극곰이 굶어 죽는 것"이다. 좀 더 '온건한' 시나리오, 즉 온실가스 배출량이 2040년 무렵 최대치에 이른 뒤 줄어든다고 가정해 시뮬레이션을 해봐도 무리의 대부분이 사라졌다. 북극곰의 생존은 얼음판에 달렸고, 얼음판의 운명은 지구 온도가 올라가는 데에 달렸다. 지금까지 국제사회가 논의해 온 것보다 훨씬 더 강력하고 극적인 조치를 취하지 않는 한 북극곰에게는 미래가 없다. 남쪽 바다의 산호와 설치류부터 북쪽 바다의 거대한 곰까지, 인류가 만들어 낸 변화는 온갖 생물종에게 재앙을 불러일으키고 있다.

＼

사람도 결국 피해자가 된다. 몰디브의 수중 회의를 '쇼'라고 치부하기는 어렵다. 2019년 유엔 산하 '기후변화에 관한 정부 간 협의체' 보고서에서 전문가 패널은 최초로 "몇몇 섬나라가 거주 불가능uninhabitable해질 수 있다"고 명시했다.[7] 투발루, 키리바시, 마셜제도 등 태평양 섬나라의 지도자들은 이미 여러 차례 세계를 향해 행동에 나설 것을 촉구했다.

인구 1만 1000명, 세계에서 네 번째로 작은 나라 투발루는 기후변화 때문에 사라지는 첫 번째 국가가 될 가능성이 가장 높다고 손꼽힌다. 투발루의 아홉 개 섬 가운데 두 개가 해수면보다 낮게 가라앉을 판이다. 『가디언』이 전한 주민들의 목소리를 들어 보자.[8]

바다가 모래를 먹고 있어요. 예전에 모래가 저 멀리까지 뻗어 있었죠. 헤엄치러 가면 바다의 밑바닥도, 산호도 보였어요. 지금은 모든 것이 희뿌옇고, 산호는 다 죽었습니다. 투발루가 가라앉고 있어요.
_레이투 프랭크

사람들 때문에 이런 일이 일어나고 있다고, 특히 다른 나라 사람들 때문에 지금 이런 상황이 됐다고 들었어요. 그게 너무 슬퍼요. 큰 나라들이 우리를 존중하고, 우리의 삶도 중요하게 여겨 주기를 바랄 뿐입니다.
_나우살레타 세타니

투발루 사람들은 3000년 전 사모아와 통가 등 주변 섬들에서 이주해 간 것으로 추정된다. 섬 아홉 개 중 여덟 곳에 사람이 살고 있으며, 투발루라는 이름은 '함께 서있는 여덟'이라는 뜻이라고 한다. '우리의 삶도 중요하게 여겨 달라'는 투발루 사람들을 지구의 '더 큰 나라' 사람들은 이대로 바닷속에 가라 앉히고 마는 걸까.

한동안 투발루 사람들을 이웃한 오스트레일리아나 뉴질랜드, 피지 같은 곳들로 이주시키는 방안이 거론됐다. 세계 최초로 기후변화 때문에 자발적으로 '폐국'을 한 나라가 될 거라는 얘기도 나왔다. 하지만 2013년 에넬레 소포아가 총리는 자국민을 다른 나라로 이동시키는 것은 선택지가 아니라고 못 박았다.

그것은 스스로 패배하는 길입니다. 투발루를 위해 태평양의 여론, 그리고 세계의 여론을 움직여 각국 의회가 일종의 도덕적 의무를 따르게 하는 것이 올바른 길이라고 믿습니다. …… 투발루 밖으로 옮겨 간다고 해서 기후변화 문제가 해결되지 않습니다. …… 이 상황을 일으킨 세계 전체가 부끄러워해야 합니다. 투발루를 더 매력 있고 아름다운 섬으로 만들 시간이, 투발루의 다음 세대가 살아갈 수 있는 섬으로 만들 시간이 아직 남아 있다고 믿습니다.[9]

\

2015년 프랑스 파리에서 열린 기후변화협약 당사국총회에서는 코펜하겐의 결의를 조금이나마 개선해 당사국 모두에게 온실가스 감축 의무를 부과했다. 하지만 지구 기온 상승 폭을

1.5도 아래로 막자는 제안은 부결됐고 '2도 이내'로 방어하자는 선에서 봉합됐다. 그나마도 미국 도널드 트럼프 행정부가 탈퇴를 선언하면서 파리 협정의 미래는 불안해졌다.

당장 바닷물에 잠길 위기를 맞은 나라뿐만 아니라 세계의 미래 세대가 짊어질 부담이 점점 커지고 있다. 뜨거워지는 지구에서 앞으로 살아가야 하는 젊은 세대의 위기감이 큰 것은 당연하다. 스웨덴의 10대 소녀 그레타 툰베리가 등교 거부 운동을 통해 환경 보호의 중요성을 역설하고 나선 것도 그런 위기감 때문이었다. 툰베리는 2019년 유엔 기후행동 정상회의 연설에서 어른들을 향해 "어떻게 감히 그럴 수 있습니까"라는 말을 반복하며 분노를 표현했다.

우리가 여러분을 지켜보고 있습니다. 이건 정말 아닙니다. 제가 이 자리에 있으면 안 되지요. 저는 대서양 건너 나라의 학교에 있어야 합니다. 그러나 여러분은 공허한 말로 제 꿈과 어린 시절을 빼앗아 갔습니다.

그나마 저는 운이 좋은 편입니다. 사람들이 고통받고 있습니다. 죽어 가고 있습니다. 생태계 전체가 무너지고 있습니다. 우리는 대멸종의 시작에 서있습니다. 그럼에도 여러분이 할 수 있는 말은 돈과 끝없는 경제 발전이라는 동화가 전부입니다. 어떻게 감히 그럴 수 있습니까? 지난 30여 년 동안 과학은 분명히 말해 왔습니다. 그런데 어떻게 외면할 수 있었나요? 그리고 이 자리에 와서 충분히 행동했다고 말할 수 있나요? 정치와 해결 방안이 아무 데에서도 보이지 않는걸요. 여러분은 우리의 말을 듣고 있다고, 절박함을 이해한다고 합니다. 아무리 슬프고 화가 나도 저는 그 말을 믿고 싶지 않습니다. 정말 이해하면서도 행동하지 않는 거라면 여러분은 악마와 마찬가지일 것입니다. 그래서 그렇게 믿고 싶지 않습니다.

미래 세대가 여러분을 지켜보고 있습니다. 우리를 실망시킨다면 결코 용서하지 않을 겁니다. 여기까지입니다. 세계가 깨어나고 있습니다. 변화는 여러분이 원하든 원치 않든 다가오고 있습니다.[10]

툰베리는 매주 금요일 학교에 가는 대신에 '미래를 위한 금요일'이라는 이름으로 기후변화 대응을 촉구하는 시위를 했다. 유엔 총회 연단에 서기 위해 탄소를 내뿜지 않는 태양광 요트를 타고 대서양을 건넜다. 그는 어른들에게 '배신자'라고 용감하게 외친다. 스스로의 말처럼 학교에서 공부해야 하는 학생이지만 마음 편히 공부만 할 수 없을 만큼 지구가 망가지고 있어 직접 나섰다. 미래는 어른들이 아니라 자기 세대의 것이기에. 2019년 『타임』은 툰베리를 '올해의 인물'로 선정했고,[11] 국제앰네스티는 '양심 대사 상'Ambassador of Conscience Award을 수여했다.[12]

그해 유엔 총회는 '툰베리와 미래 세대의 총회'였으며 기후행동 정상회의에서 발언하는 도널드 트럼프 대통령을 무대 뒤에서 쏘아보던 툰베리의 눈빛이 화제가 됐다. 10대 소녀의 외침에 70대 미국 대통령은 비아냥대고 조롱하는 것으로 응답했다. 돈벌이에만 관심을 갖고 평생을 살아온 세계 최강대국의 지도자와 미래를 이끌 여성 환경 운동가의 대결은 웃지 못할 코미디였다.

절박감은 각성과 행동을 이끌어 냈다. 툰베리에게 용기를 얻고 영감을 받은 세계의 10대들이 "무능한 기성세대를 못 믿겠다", "우리의 미래를 빼앗지 말라"며 기후변화에 무감각한 정치인들을 꾸짖고 나섰다. 2019년 9월 환경 단체 '350.org'가 주최한 세계적인 시위에서 이들의 활동이 두드러졌다.[13]

미국 콜로라도주 덴버의 하벤 콜먼은 툰베리의 활동에 감명받아 숲 황폐화를 막을 대책을 묻는 서한을 지역 관료들에게 보냈고 콜로라도주 의회 앞에서 툰베리처럼 등교 거부 시위를 했다. 2019년 3월에는 미국 곳곳에서 열린 청소년들의 기후변화 파업을 주도했다.[14] 알렉산드리아 비야세노르는 고향인 캘리포니아주를 덮친 최악의 산불 사태로 천식을 앓게 되면서 환경 문제에 관심을 가졌고 뉴욕으로 이사한 뒤 유엔 본부 앞 등교 거부 시위를 주도했다.[15] 비야세노르는 '어스 업라이징'이라는 환경 단체를 만들어 미국 청소년들의 목소리를 모으고 있다. 그는 툰베리 등 15명의 10대 활동가들과 함께, '아동 권리 조약'에 따른 의무 사항을 지키지 않았다며 독일·프랑스·브라질·아르헨티나·터키 정부를 유엔에 제소하기도 했다. 이 국가들이 30년 전 국제사회가 합의한 온실가스 배출을

"그때 우리는 여기에 없을 것입니다"
몰디브

줄이지 않아 아동들의 건강권을 침해한다는 것이다.[16]

태국의 랄린 사티탄사른은 일회용 비닐봉지 금지 운동에 앞장서고 있다. '릴리'라는 애칭으로 불리는 그는 해변의 비닐 쓰레기에 놀라 지방 관료들에게 대책을 촉구하는 서한을 보냈고 쁘라윳 짠오차 총리에게 면담을 요구하기도 했다. 거대 유통업체 센트럴그룹이 2019년 6월 비닐봉지 지급 정책을 중단한 데에 릴리의 운동이 영향을 미쳤다는 평가를 받았다.[17] 나이지리아의 20대 청년 운동가 아데니케 올라도수는 온실가스 저감 캠페인을 벌이고 있다.[18] 우간다의 환경 운동가 바네사 나카테는 기후변화로 가장 큰 피해를 입는 아프리카에서 대응을 촉구하기 위해 '라이즈 업'이라는 단체를 만들었고 정부에 대책을 요구하며 단식투쟁을 했다. 2020년 코로나19가 퍼지자 나카테는 인간의 환경 파괴가 전염병을 확산시키고 있다며 세계의 각성을 거듭 촉구했다.[19]

＼

미국에서도 그린 뉴딜Green New Deal을 말하는 정치인이 생겨났다. 2018년 최연소 하원 의원이 된 알렉산드리아 오카시오-코르테즈는 환경과 경제, 불평등 해소 정책을 묶은 법안을 제출했다. 10년 안에 전체 에너지 소비를 재생에너지로 충당하고, 극한의 날씨를 포함한 기후변화에 대처하기 위해 지역사회 프로젝트나 인프라에 투자하며, 제조업과 농업, 운송 분야에서 온실가스 배출을 줄인다는 목표가 담겼다. 이를 위해 1930년대 대공황 시절의 뉴딜에 버금가는 정부 투자가 필요하며, 그 과정에서 양질의 일자리를 만들 수 있다는 게 핵심 논리다. 재원은 부유층 증세로 확보하자는 제안도 담았다.

오카시오-코르테즈와 환경 단체 '선라이즈 무브먼트' 청년 회원들은 법안 통과를 위한 특위 설치를 요구하며 하원 민주당 원내 대표실 앞에서 시위를 벌이기도 했다. 기후변화에 대응하는 문제는 단순히 환경을 위한 일에 그치지 않으며 사회경제적 불평등과 지역 간 불균형을 줄이는 효과적인 대안이 될 수 있다고 이들은 주장한다.

이보다 10년쯤 전인 2009년 유엔의 한 보고서[20]는 지구를 구하기 위한 새로운 마셜플랜을 제안한 적이 있다. 냉전 시기 공산주의의 확산에 맞서 유럽을 지원한 미국의 마셜플랜에서 아이디어를 얻은 것으로, 기후변화 충격을 완화할 수 있도록 매년 세계 생산액의 1퍼센트에 해당하는 5000억 달러를 개발도상국에 지원하자는 내용이다. 지구의 평균온도가 1도 올라가면 개도국의 성장률은 2~3퍼센트씩 줄어들 것이라고 보고서는 지적한다. 지금처럼 지구의 온도가 올라간다면 부국들도 개도국도 성장을 지속할 수 없으므로 세계적인 규모의 투자와 정책적 개입이 필요하다는 이 제안에는 청정에너지 개발과 기술제휴 등도 포함된다.

이 제안은 실현되지 않았다. 오랫동안 기후변화 문제를 제기해 온 작가이자 활동가인 나오미 클라인은 2019년 말 트위터에 "정확히 10년 전 에보 모랄레스[볼리비아 대통령]의 협상단이 유엔 기후정상회의에서 '지구를 위한 마셜플랜'을 제안했다"며 "그 아이디어가 지금은 '그린 뉴딜'로 불리고 있다. 만약 그때 그의 말을 들었더라면 세상은 지금 화염에 휩싸이지 않았을 것"이라고 썼다.

수없이 경고음이 울렸지만 세상이 극적으로 변할 조짐은 보이지 않는다. 그래서 10대 학생들이 시위에 나섰고 팻말을 들었다. "'행성 B'planet B[21]는 없다. 우리의 미래를 불태우지 말라. 집은 이미 불타고 있다." 툰베리는 이렇게 말했다. "비상사태를 비상사태로 취급하지 않으면 해결할 수 없다. 지금 집에 불이 붙은 것처럼 행동해야 한다. 왜냐하면 정말 집에 불이 났기 때문이다."

집은 불타고 있다. 나오미 클라인의 말처럼 "아직 여러 방면에서 대다수 사람들이 고통을 겪고 있는 경제 모델을 바꿀, 100년에 한 번 있는 기회가 왔다".[22]

에필로그

왜 어떤 말들은 잘 들리고, 어떤 말들은 잘 들리지 않을까. 이유는 자명하다. 말을 하는 사람이 세상을 좌지우지할 권력이 있고, 이해관계에 영향을 줄 경제력이 있으며, 그 자체로 아이콘인 유명인이기 때문이다. 그와 반대로 세상에는 말하고 싶어도 말하지 못하는 수많은 이들이 있다. 작은 목소리나마 들리게 하려고 그들은 몸부림쳐 왔다. 어떤 가톨릭 사제는 징병 서류에 불을 질렀고, 몰디브의 총리는 수중 내각 회의를 열었고, 10대 환경 운동가는 매주 등교 거부를 하며, 남미의 원주민들은 시위를 벌였다.

우리는 들리지 않는 목소리를 듣고 싶었다. 여성, 이주민, 원주민, 성 소수자 등 목소리를 내고 싶어도 그럴 기회를 잡기 쉽지 않은 사람들과 평화, 민주주의, 자유, 평등, 공생 등 당연시되지만 지켜지지 않는 가치들을 말하고 싶었다. 그 방식으로 국제 이슈를 택했다. 진실과 아픔, 투쟁과 설득, 때로는 거짓과 선동을 담은 이야기들을 통해, 우리가 놓쳐 온 세계사의 현장을 돌아보는 동시에 그것들이 전하는 메시지에 주목해 보고 싶었다.

되도록 날것 그대로의 '목소리들'에 집중했다. 말하고 싶은 이들에게 마이크를 들이대듯 생생한 이야기를 전하고 싶었다. 연설이나 법정 진술, 성명, 인터뷰 등 그들이 던진 말을 따라 가면서 그에 얽힌 역사적인 사실과 현재를 엮는 방식으로 과거와 현재를 넘나들려 노력했다.

1부는 평화를 외치는 목소리들이다. 평화가 사라진 세계에서 얼마나 많은 이들이 고통받는지, 얼마나 야만적인 일들이 일어나는지, 평화를 쟁취하기 위해 누가 어떤 목소리를 냈는지를 들어보고 싶었다. 2부는 소수자의 이야기를 담았다. 사라져 가는 원주민과 소수민족의 이야기에 귀 기울여 볼 수 있을 것이다. 3부에서는 시대와 국가, 분야를 초월해 민주주의를 고민했다. 여성 참정권을 쟁취하면서, 독재 정권에 맞서 싸우면서 터져 나온 목소리들이 사회에 남긴 울림을 되짚었다. 4부는 인종, 빈부, 성별, 국적을 넘어 하나의 공동체로서 더 나은 세상을 꿈꾸는 이들의 목소리를 전하려 했다. 마지막 5부에서는 지구의 미래를 고민하는 목소리를 공유하고자 했다. 앞으로도 함께 살아갈 지구의 미래에 대해 한 번쯤 떠올릴 기회가 되길 바란다.

글을 쓸수록 우리는 알게 됐다. 이 책에 담지 못한 수많은 목소리들이 아직도 많다는 것을. 속상하기도 했다. 화면과 지면, 인터넷을 채우고 넘치는 여러 소식 사이에 소외된 이들의 이야기는 끼어들지 못할 것 같아서. 그렇다고 절망하진 않는다. 듣는 이가 없어도 계속 말해 온 이들의 용기에서, 타협하지 않는 강인함에서, 물러서지 않는 끈질김에서 앞으로도 계속 이어질 희망을 보았기 때문이다.

"사람의 목소리는 빛보다 멀리 간다." 중국 작가 위화가 쓴 에세이의 한국어판 제목이다. 위화에게 마오쩌둥만을 연상케 했던 '인민'이라는 단어가, 톈안먼 광장을 가득 채운 사람들을 보고 다른 의미로 변화했듯 가장 빠른 빛마저도 사람의 목소리를 당해 내진 못한다. 아직 들리지 않은 사람의 말을 앞으로도 계속 기록해 갈 이유는 충분하다.

후주

1부
평화를 외치다

\

"이 나라는 우리 손에 달렸습니다"
리마 보위

1 리마 보위가 2004년 7월 30일 미국 위스콘신주 밀워키에서 열린 기독교
행사에 참석해 연설한 내용이다.
http://web.archive.org/web/20040918093124/http://www.elca.org/liberia/ne
ws/gbowee-gme2004.html
2 이하 같은 연설.
3 흑인 노예해방 운동과 여성 참정권 운동을 펼친 미국의 여성운동가로,
노예해방 운동가들의 네트워크인 '지하철도'를 통해 남부의 흑인 수백 명을
북부로 탈출시켰다. 남북전쟁 때에는 직접 연합군(북부군) 편에서 무장 공격에
나서기도 했다.
4 "Liberia's orator, Leymah R. Gbowee Independence Day speech".
http://www.youtube.com
5 *Liberian Observer*, "Liberia: The speech that moved the nation
Forward"(2019/07/30).
6 The Nobel Prize, "Leymah Gbowee: Nobel lecture"(2011/12/10).
7 이슬람 보수파들이 다른 남성과 관계를 맺었거나 심지어 대화를 나눴다는
이유만으로 집안의 여성을 살해하는 악습. 씨족의 우두머리나 아버지, 오빠 등
가족 내 남성 구성원들이 '공동체·가족의 명예를 더럽혔다'는 이유로 여성을
살해하는 것을 가리킨다.

"전쟁에 반대하는 파업을 하십시오"
헬렌 켈러

1 *Marxists Internet Archive*, "Strike against war".
2 뒤에 '평화와 자유를 위한 국제여성연맹'으로 이름이 바뀌었다.
3 20세기 초반을 풍미한 전함으로, 영국 해군이 처음 개발해 제1차 세계대전 때 연합군과 동맹군 양 진영에서 주력 전함으로 쓰였다.
4 *Marxists Internet Archive*, "Strike against war".
5 Charles Dickens, *American Notes for General Circulation*(Chapman and Hall, 1850).
6 *The Attic*, "Helen Keller's moment".
7 미국의 사회주의자들은 보통 민주사회주의자, 사회민주주의자로 불리곤 한다. 19세기 후반 미국에는 미국사회민주당과 미국사회주의노동자당이 있었는데, 1901년 미국사회주의노동자당에서 갈라져 나온 일부와 미국사회민주당이 합쳐져 미국사회당이 만들어졌다.
8 1970년대 초반 좀 더 중도 쪽으로 이동하면서 사회민주주의당으로 이름을 바꿨고 USA사회당으로 다시 개명했다.
9 *Marxists Internet Archive*, "Why I became an IWW".
10 미국 뉴욕의 맨해튼섬과 롱아일랜드 사이를 흐르는 강.
11 *Marxists Internet Archive*, "Strike against war".
12 같은 연설.

"이 전쟁은 여기서 끝낼 것입니다"
대니얼 베리건

1 *Democracy Now!*, "Holy outlaw: Lifelong peace activist Father Daniel Berrigan turns 85"(2006/06/08).
2 *National Catholic Reporter*, "The Catonsville Nine 40 years later"(2008/05/20).
3 *Zinn Education Project*, "May 17, 1968: Catonsville Nine burn draft records".
4 CNN, "Vietnam War fast facts"(2020/04/12).
5 *VnExpress*, "Vietnamese survivors remember My Lai massacre with horror

and confusion"(2018/03/15).

6 하워드 진 지음, 유강은 옮김, 『달리는 기차 위에 중립은 없다』(이후, 2002), 243~244쪽.

7 *Smithsonian magazine*, "Over a quarter-million Vietnam War veterans still have PTSD"(2015/07/22).

8 *Democracy Now!*, "Holy outlaw: Lifelong peace activist Father Daniel Berrigan turns 85".

9 *The New York Times*, "Daniel J. Berrigan, defiant priest who preached pacifism, dies at 94"(2016/04/30).

10 하워드 진, 『달리는 기차 위에 중립은 없다』, 255~256쪽.

"아랍의 시는 손가락에서 흘러나온 눈물"
니자르 카바니

1 *Critical Muslim*, "Poem: Footnotes to the Book of the Setback".

2 영어로는 'Islamic State of Iraq and the Levant' 혹은 'Islamic State of Iraq and al-Sham'라고 쓴다. 'Sham'과 'Levant'는 모두 '동방'을 뜻하는 말이다. 이들은 2015년 '이슬람국가 수립'을 선포하고 난 뒤 공식적으로 'Islamic State'라는 명칭을 주장했고 한국 언론도 '이슬람국가'IS라고 표기했다. 하지만 이는 이들의 주장을 인정해 주는 것으로 받아들여질 수 있기에 영어권에서는 약칭을 'ISIS' 혹은 'ISIL'로 적은 경우가 많다. 아랍권에서는 'ISIS'의 로마자 표기인 'al-Dawla al-Islamiya fil Iraq wa al-Sham'을 줄인 다에시Daesh/Daish라 부른다.

3 Human Rights Watch, "Attacks on Ghouta: Analysis of alleged use of chemical weapons in Syria"(2013/09/10).

4 UN, "Report of the United Nations mission to investigate allegations of the use of chemical weapons in the Syrian Arab Republic on the alleged use of chemical weapons in the Ghouta area of Damascus on 21 August 2013"(2013/09/16).

5 라픽 샤미 지음, 유혜자 옮김, 『1001개의 거짓말』(문학동네, 2002), 158쪽.

6 현대 아랍 세계가 형성되기 전까지 유럽에서 '아시아'라 부른 것은 바로 이 지역이었다.

7 *Al Jazeera*, "If these images don't change Europe, what will?"(2015/09/15).

[8] UNHCR, "Syrian refugees transform used tents into vibrant works of art"(2015/04/16).

[9] *The New York Times*, "Nizar Qabbani, sensual Arab poet, dies at 75"(1998/05/01).

[10] *The Independent*, "Obituary: Nizar Qabbani"(1998/05/05).

[11] "I am with terrorism". https://allpoetry.com/I-Am-With-Terrorism

[12] AP, "Syrian poet Nizar Qabbani dies"(1998/04/30).

[13] *The New York Times*, "Nizar Qabbani, sensual Arab poet, dies at 75".

[14] "The jasmine scent of Damascus".
https://www.nizariat.com/poetry.php?id=519

[15] "A lesson in drawing". https://allpoetry.com/A-Lesson-In-Drawing

"우리의 실수로 세계가 대가를 치렀습니다"
미하일 고르바초프

[1] C-SPAN, "River of time and imperative of action"(1992/05/06).

[2] 폴란드어로는 'Szczecin'이다. 폴란드 북서쪽에 위치한 도시로 독일과 국경을 접하고 있다. 제2차 세계대전 중 독일과 소련의 전투가 벌어졌고, 1980년대에는 공산당에 반대하는 민주화 운동이 일어났다.

[3] 슬로베니아와의 국경 근처에 있는 이탈리아 동쪽의 항구도시이다. 지중해로 통하는 요충지로 두 차례 세계대전을 거치며 지배 세력이 계속 바뀌었다.

[4] NATO, "The sinews of peace by Winston S. Churchill"(1946/03/05).

[5] C-SPAN, "River of time and imperative of action"

[6] The Orwell Foundation, "You and the atom bomb".

[7] 마이클 돕스 지음, 허승철 옮김, 『1991: 공산주의 붕괴와 소련 해체의 결정적 순간들』(모던아카이브, 2020), 177쪽.

[8] *The New York Times*, "The Malta Summit: Transcript of the Bush-Gorbachev news conference in Malta"(1989/12/04).

[9] The Nobel Prize, "Mikhail Gorbachev: Acceptance speech"(1990/12/10).

[10] 1972년 미국과 소련이 체결한 조약. 새로운 미사일방어MD 시스템 개발을 금지하고, 대륙간탄도탄 발사 기지는 수도에서 최소 1300킬로미터 떨어진 곳에 두되 이를 방어하기 위해 제한적으로 MD 시스템을 배치하도록 했다. 2002년 미국이 파기했다.

[11] National Security Archive, "The Reykjavik file".

[12] Pew Research Center, "In Russia, nostalgia for Soviet Union and positive feelings about Stalin"(2017/06/29).

[13] *Foreign Policy*, "Could Mikhail Gorbachev have saved the Soviet Union?"(2016/12/21).

[14] *The New York Times*, "Mikhail Gorbachev: A new nuclear arms race has begun"(2018/10/25).

2부
나는 마이너리티

\

"들러리로 밀려나는 것을 거부합니다"
잭 패튼

[1] SBS(Special Broadcasting Service), "Remembering indigenous leader Jack Patten"(2017/03/18).

[2] Australian Human Rights Commission, "Bringing them home"(1997/04).

[3] 같은 글.

[4] 같은 글.

[5] NSW Office of Environment & Heritage, "Cootamundra Aboriginal girls' home".

[6] Australian Human Rights Commission, "Bringing them home".

[7] 같은 글.

[8] *Time*, "This is why Australia has 'National Sorry Day'"(2015/05/25).

[9] Parliament of Australia, "Apology to Australia's indigenous peoples"(2008/02/13). http://www.australia.gov.au

[10] Australian Human Rights Commission, "Face the facts: Aboriginal and Torres Strait Islander peoples".

[11] *The Guardian*, "Closing the Gap doomed to fail without Aboriginal people's input, leaders say"(2020/02/12).

[12] SBS, "Remembering Indigenous leader Jack Patten".

[13] *The Guardian*, "Notable speeches by Indigenous Australians: 'We refuse to

be pushed into the background'"(2016/01/25).

14 ABC, "Nothing is impossible to those who see the invisible"(2013/11/14).

"내가 말하는 이유"
나디아 무리드

1 나디아 무라드 지음, 공경희 옮김, 『더 라스트 걸』(북트리거, 2019), 156쪽.

2 *La Libre*, "La sixieme nuit, j'ai ete violee par tous les gardes. Salman a dit: 'Elle est a vous, maintenant'"(2015/02/23).

3 Human Rights Council, "'They came to destroy': ISIS Crimes Against the Yazidis"(2016/06/15).

4 나디아 무라드, 『더 라스트 걸』, 10~11쪽.

5 Human Rights Watch, "Slavery: The ISIS rules"(2015/09/05).

6 UN, "Report on the situation of human rights in Rwanda submitted by Mr. René Degni-Ségui, Special Rapporteur of the Commission on Human Rights, under paragraph 20 of resolution S-3/1 of 25 May 1994"(1996/01/29).

7 Amartya Sen, "More than 100 million women are missing", *The New York Review of Books*(1990/12/20).

8 Committee on Development, "Gendercide: The missing women?"(2012/03).

9 *Mirror*, "India gang rape victim's father: I want the world to know my daughter's name is Jyoti Singh"(2013/01/09).

10 *Clarín*, "A pesar de las campanas, los femicidios no bajan y crece la crueldad"(2017/02/22).

11 『여성신문』, 「세계는 '페미니스트 혁명' 중」(2016/10/26).

12 CNN, "Murder of 7-year-old girl in Mexico fuels anger and protests over brutal killings"(2020/02/19).

13 UN Women, "Generation equality action pack, November 2019: Generation equality stands against rape".

14 나디아 무라드, 『더 라스트 걸』, 389쪽.

15 IPU, "Women in National Parliaments"(2019/02/01).

16 World Economic Forum, "Global gender gap report 2020".

17 *The Guardian*, "Jess Phillips reads out list of 120 women killed by men in past year"(2016/03/08).

"경제 발전이라는 거짓말"

막시마 아쿠냐

1 *New Internationalist*, "I will never give up my land"(2016/07/01).

2 The Goldman Environmental Prize, "Máxima Acuña: 2016 Goldman Prize recipient".

3 Amnesty International, "Peru: Peruvian authorities put an end to the criminalization of defender Máxima Acuña"(2017/05/03).

4 UN Permanent Forum on Indigenous Issues, "Who are indigenous peoples?".

5 The World Bank, "Indigenous peoples"(2019/09/24).

6 Amnesty International, "Indigenous peoples".

7 UN, "United Nations declaration on the rights of indigenous peoples".

8 The World Bank, "Indigenous Latin America in the twenty-first century".

9 존 헤밍 지음, 최파일 옮김, 『아마존: 정복과 착취, 경외와 공존의 5백 년』(미지북스, 2013), 581쪽.

10 *Jacobin*, "An indigenous reconstruction in Brazil"(2018/05/03).

11 Global Witness, "Defending tomorrow"(2020/07/29).

12 *Jacobin*, "An indigenous reconstruction in Brazil".

13 APIB, "Nota de resposta a colitiva de imprensa do governo federal sobre a COVID-19 em comunidades e povos tradicionais"(2020/06/14). https://apiboficial.org

14 Sebastião Salgado e Lélia Wanick Salgado, "Lélia e Sebastiao Salgado: Ajude a proteger os povos e indígenas da Amazônia do Covid"(2020/06/24). https://www.avaaz.org

15 The World Bank, "Indigenous Latin America in the twenty-first century".

16 장 지글러 지음, 양영란 옮김, 『빼앗긴 대지의 꿈』(갈라파고스, 2010), 215쪽.

17 BBC, "Morales inaugural speech: Excerpts"(2006/01/22).

18 "Acuerdo de Los Pueblos: Conferencia Mundial de los Pueblos sobre el Cambio Climático y los Derechos de la Madre Tierra"(2010/04/22). http://cmpcc.org

19 *Huck*, "For indigenous people, COVID-19 is only the latest battle: A view from Brazil"(2020/04/28).

"투표권이 아니면 총알입니다"
맬컴 엑스

1 1941년 제임스 파머, 조지 하우저, 제임스 로빈슨 등이 중심이 되어 결성한 인종주의 반대 운동 단체.

2 이 글의 인용문은 모두 다음 연설이다. Malcolm X, "The ballot or the bullet"(1964/04/03). http://www.edchange.org

3 흑인 20만 명이 운집한 민권운동 행진.

4 『경향신문』, 「[흑인 총격사망 소요 확산 미 퍼거슨시를 가다] 흑과 백, 그들이 보는 세상은 너무도 달랐다」(2014/08/20).

"저는 여러분 앞에 서있습니다"
아이누

1 北海道アイヌ協会, 「国連総会記念演説」. https://www.ainu-assn.or.jp

2 창립 당시의 명칭은 '홋카이도우타리협회'北海道ウタリ協会였다.

3 『共同通信』, 「北海道のアイヌ 10年余で4割減 実態反映せず」(2018/08/27).

4 Nikkei Asia, "Russian Ainu leader calls for greater respect"(2017/03/03).

5 데이비드 스즈키·쓰지 신이치 지음, 이한중 옮김, 『강이, 나무가, 꽃이 돼 보라』(나무와숲, 2004), 144쪽.

6 Jessica M. Shadian, The Politics of Arctic Sovereignty: Oil, Ice, and Inuit Governance(Routledge, 2015); The New York Times, "Arctic people meet and ask Rights Bill"(1973/11/26).

7 IITC, "The Declaration of Continuing Independence, June 1974".

8 UN, "Index to proceedings of the Economic and Social Council, 1971". https://library.un.org

9 UN, "United Nations Declaration on the Rights of Indigenous Peoples".

10 Kiyoteru Tsutsui, Rights Make Might: Global Human Rights and Minority Social Movements in Japan(Oxford University Press, 2018).

11 Michael Weiner, Japan's Minorities: The Illusion of Homogeneity(The University of Sheffield/Routledge Japanese Studies Series, 2009).

12 Kiyoteru Tsutsui, Rights Make Might.

13 国会会議録, 「第107回国会 衆議院 本会議 第7号 昭和61年10月21日」.

https://kokkai.ndl.go.jp

14 Kiyoteru Tsutsui, *Rights Make Might.*

15 〈아이누 문화의 진흥 및 아이누의 전통 등에 관한 지식의 보급 및 계발에 관한
법률〉アイヌ文化の振興並びにアイヌの伝統等に関する知識の普及及び啓発に関する法律, 〈아이누
사람들의 자긍심이 존중되는 사회를 실현하기 위한 시책 추진에 관한
법률〉アイヌの人々の誇りが尊重される社会を実現するための施策の推進に関する法律.

16 일본 국가지정문화재 데이터베이스. https://kunishitei.bunka.go.jp

17『朝日新聞』,「"先住民族であるアイヌの人々…"新法に明記,
万感の声」(2019/04/19).

18 아이누어로 '감사합니다'라는 뜻.

3부
민주주의를 요구한다

╲

"내 행동의 힘을 깨달은 순간"
메건 마클

1 *marie claire*, "Meghan Markle's United Nations Ad is more relevant now than
ever: Her empowering 2015 video has resurfaced"(2018/08/08).

2 힐러리 클린턴, 「여성의 권리는 인권」(1995/09/05). 주한미국대사관 사이트.

3 UN Women, "Facts & figures".

4 같은 글.

5 Mark Twain, "Votes for women"(1901/01/20).

6 *Town & Country*, "Meghan Markle just gave a powerful speech about
feminism in New Zealand"(2018/10/28).

7 참정권을 뜻하는 'suffrage'에 여성을 뜻하는 접미사 '-ette'를 붙인 말.

8 20세기 초 영국에서 시행된 법으로, 죄수가 병에 걸리면 일시적으로 풀어 주는
것을 가리킨다. 서프러제트 운동가들은 체포되면 감옥에서 단식 농성을
했는데, 정부는 운동가들이 감옥에서 사망하지 않도록 풀어 줬다가
건강해지면 다시 잡아들였다. 운동가들은 정부를 고양이에, 자신들을 쥐에
비유해 임시 석방제를 '고양이와 쥐 법'이라고 불렀다.

9 *The Guardian*, "Great speeches of the 20th century: Emmeline Pankhurst's

Freedom or Death"(2007/04/27).

10 "November 13: Emmeline Pankhurst delivers 'Freedom or Death' speech in Hartford". https://todayincthistory.com

11 UN Women, "Women in politics: 2020".

12 UN Women, "Emma Watson: Gender equality is your issue too"(2014/09/22).

13 *Evening Standard*, "Emma Watson on style priorities, fashion as a feminist issue and why now, at 25, she is only just feeling comfortable in her own skin"(2015/11/30).

"저는 사형 선고를 받은 사람입니다"
베니뇨 '니노이' 아키노

1 "The undelivered speech of Senator Benigno S. Aquino Jr. upon his return from the U.S., August 21, 1983"(1983/08/21), https://www.officialgazette.gov.ph

2 신체 자유를 보장하기 위한 법적 제도의 하나다. 라틴어 'habeas corpus'에서 유래한 용어로, 사람을 구금할 때엔 이유를 명시하고 법원의 허가를 받아야 한다는 원칙을 가리킨다. 한국의 헌법과 〈형사소송법〉에도 적용되는 원칙이다.

3 Rappler, "Duterte: 'Ex-soldier and president' Marcos deserves Libingan burial"(2016/08/07).

4 *The Philippine Star*, "Lawmakers want to rename NAIA to Paliparang Pandaigdig ng Pilipinas"(2020/06/25).

"역사는 우리의 것"
살바도르 아옌데

1 군 장성 출신으로, 1973년 쿠데타 때부터 1990년 물러날 때까지 군사 조직에 가까운 준 경찰 조직 카라비네로스Carabineros를 이끌었다.

2 "Salvador Allende's last speech". https://en.wikisource.org

3 아옌데가 집권할 무렵 칠레 군 합참의장을 지낸 장군. 군부와 정치가 서로 간섭하지 못하도록 분리하는 '슈나이더 독트린'을 선언해 군부가 정치에

개입하는 악순환을 끊고 민간 정부를 정착시키려 애썼다. 하지만 납치 위협 끝에 암살됐다. 그의 죽음 이후 군부 내에서 피노체트와 같은 우익 '정치군인'들이 득세했으며, 결과적으로는 아옌데 정부가 전복됐다. 아옌데와 함께 칠레 민주주의의 굴절을 상징하는 인물 가운데 하나다.

4 *Granma*, "The death of a president who lives on"(2018/09/13).

5 *The New York Times*, "He died giving a voice to Chile's poor. A quest for justice took decades"(2018/11/18).

6 "The Church in the service of personal, community and transcendent liberation". http://www.romerotrust.org.uk

7 같은 강론.

8 〈바티칸 뉴스〉, 「교황, "성 오스카 로메로 대주교는 모든 가톨릭 신자가 순교자, 증거자여야 한다고 말씀하십니다"」(2018/10/15). https://www.vaticannews.va/ko.html

9 "The Final Homily of Archbishop Romero". http://www.romerotrust.org.uk

"날씨가 아닌 시대의 기후를 살펴야 합니다"
루스 베이더 긴즈버그

1 미국의 페미니즘 운동가이자 언론인.

2 U.S. Government Publishing Office, "Nomination of Ruth Bader Ginsburg, to be Aassociate Justice of the Supreme Court of the United States: Hearings before the Committee on the Judiciary United States Senate(1993/07/20~23)". https://www.govinfo.gov

3 하버드대 로스쿨에서 출간하는 잡지.

4 "Frontiero v. Richardson, Oral Argument(1973/01/17)". https://www.oyez.org/cases/1972/71-1694

5 남북전쟁 뒤인 1868년 노예 출신 흑인과 그 후손의 권리를 보장하기 위해 미국 헌법 13조, 14조, 15조가 개정됐다. 그중 보편적 시민권을 보장한 14조는, 미국에서 태어났거나 귀화한 사람은 모두 미국에 사는 시민이며 모든 주에서 시민으로서 권리를 누려야 하고 생명과 자유 또는 사유재산의 권리를 인정받고 법의 보호를 받아야 한다는 점을 명시하고 있다.

6 "Duren v. Missouri, Oral Argument(1978/11/01)". https://www.oyez.org/cases/1978/77-6067

7 *Columbia Magazine*, "Without precedent: Ruth Bader Ginsburg honored at law school"(Spring 2012).

8 *The Christian Science Monitor*, "Zimmerman jury of peers is jury of (mostly white) women"(2013/06/20).

9 흔히 '어퍼머티브 액션'Affirmative Action이라 부르는 적극적 우대 정책으로, 역사적으로 차별받아 온 소수집단이나 여성의 교육과 고용을 늘리는 조치들을 가리킨다.

10 "United States v. Virginia, Syllabus". https://www.oyez.org/cases/1995/94-1941

11 "Ledbetter v. Goodyear Tire and Rubber Company, Opinion Announcement(2007/05/29)". https://www.oyez.org/cases/2006/05-1074

12 아이린 카먼·셔나 크니즈닉 지음, 정태영 옮김, 『노터리어스 RBG』(글항아리, 2016), 11쪽.

13 "Constitutional law with Justice Ginsburg: Michigan students engage with Supreme Court legend"(2015/02/09). https://www.law.umich.edu

14 한국의 경우 노무현 대통령 때인 2004년 김영란 대법관이 '최초의 여성 대법관'이 되었다. 2020년 현재 대법관 13명 중 여성은 세 명이고, 모두 문재인 정부 들어 2017년 이후 임명됐다.

15 C-SPAN, "Justice Ruth Bader Ginsburg remarks at Georgetown Law Center"(2016/09/07).

"톈안먼 광장의 잃어버린 영혼들에게"
류샤오보

1 The Nobel Prize, "Liu Xiaobo: Nobel lecture"(2010/12/10).

2 Reuters, "Nobel Peace Prize given to Liu Xiaobo in absentia"(2010/12/10).

3 「零八宪章」. http://www.2008xianzhang.info

4 Human Rights Watch, "China: Widow of Nobel laureate feared 'disappeared'"(2017/07/20).

5 조슈아 웡 지음, 함성준 옮김. 『나는 좁은 길이 아니다』(프시케의숲, 2020), 193쪽

6 Richard C. Bush, "A requiem for the City of Hong Kong"(2019/11/18). https://www.brookings.edu

7 OXFAM, "Hong Kong inequality report"(2018/09/25).
https://www.oxfam.org

8 Government of the Hong Kong Special Administrative Region, "Hong Kong poverty situation report 2017"(2018/11). 中華人民共和國香港特別行政區 政府 扶貧委員會 https://www.povertyrelief.gov.hk

9 *South China Morning Post*, "It's NOT the economy, stupid: Hong Kong lawmakers and laymen say goodies won't cool political heat or desire to protest"(2019/08/16).

10 中国劳工通讯. https://clb.org.hk

11 Tim Pringle, "A solidarity machine? Hong Kong labour NGOs in Guangdong", SOAS University of London(2017/05/26).
https://eprints.soas.ac.uk/24209

12 모리스 마이스너 지음, 김수영 옮김, 『마오의 중국과 그 이후』(이산, 2004), 708쪽.

13 *The New York Times*, "Workers' activism rises as China's economy slows. Xi aims to rein them in"(2019/02/06).

14 *South China Morning Post*, "Li Wenliang: Chinese academics call for justice for Coronavirus whistle-blower"(2020/02/08).

15 中国数字时代,「许章润: 愤怒的人民已不再恐惧」(2020/02/04).
https://chinadigitaltimes.net

16 CNN, "Chinese academic who criticized leader Xi Jinping allegedly fired from top university"(2020/07/14).

17 Joshua Wong, *Unfree Speech: The Threat to Global Democracy and Why We Must Act, Now*(Penguin Random House, 2020).

4부

더 나은 세상으로

\

"30루피로 가족을 먹여 살려요"

찬드니 칸

1 YourStory, "The girl from the slums who first held a pencil at age 10 is now

helping slum children rewrite their future"(2018/03/01).
https://yourstory.com

2 The World Bank. "Data: India". https://data.worldbank.org/country/
india?view=chart

3 캐서린 부 지음, 강수정 옮김, 『안나와디의 아이들』(반비, 2013), 35~36쪽.

4 같은 책, 36쪽.

5 같은 책, 128쪽.

6 같은 책, 141쪽.

7 World Population Review, "Mumbai population 2020".
https://worldpopulationreview.com

8 Deepa Narayan et al., *Can Anyone Hear Us?: Voices of the poor*(World Bank
Publications, 2000), pp. 47~48.

9 콩, 밀, 타마린드, 알팔파 등을 말려서 갈아 만든 인도식 시리얼. 빵이나
요리를 만들 때 쓴다.

10 Robert Chambers et al., *Crying Out for Change: Voices of the poor*(World
Bank Publication, 2000), p. 31.

11 DoSomething, "11 facts about global poverty".
https://www.dosomething.org

12 디프테리아Diphtheria·파상풍Tetanus·백일해Purtussis의 약자로, 이 병에 대한
백신을 모아 넣아 때 접종한다.

13 Transparency International. https://www.transparency.org/country/IND#

14 인도 동부 해안의 주州로, 2011년 이름이 오디샤주로 바뀌었다.

15 Deepa Narayan et al., *Can Anyone Hear Us?*, p. 93.

16 *The Wall Street Journal*, "India's poor hurt more by
corruption"(2012/12/10).

17 *The Shillong Times*, "Hazare expands ambit of his crusade, to fight for
farmers also"(2011/08/21).

18 캐서린 부, 『안나와디의 아이들』, 323~324쪽.

19 Reuters, "India's poor, hammered by Coronavirus lockdown, fear for
future"(2020/03/24).

20 *Hindustan Times*, "When Covid-19 enters India's slums"(2020/03/23).

21 World Poverty Clock. https://worldpoverty.to

22 The Brookings Institution, "The start of a new poverty narrative".

[23] *The Washington Post*, "India is no longer home to the largest number of poor people in the world. Nigeria is" (2018/07/11).

[24] 아비지트 바네르지·에스테르 뒤플로 지음, 이순희 옮김, 『가난한 사람이 더 합리적이다』(생각연구소, 2012), 366쪽.

[25] YourStory, "The girl from the slums who first held a pencil at age 10 is now helping slum children rewrite their future".

"기억하는 것은 끝나지 않을 책임입니다"
앙겔라 메르켈

[1] Deutsche Welle, "Merkel visit to Nazi concentration Camp Dachau angers critics" (2013/08/21).

[2] Reuters, "Merkel says Germans can never forget death camp horrors" (2015/05/03).

[3] BBC, "Auschwitz visit: Angela Merkel says Germany must remember Nazi crimes" (2019/12/06).

[4] "View West German Chancellor Willy Brandt's visit to Poland where he signed the Treaty of Warsaw and his historic visit to the Warsaw Ghetto memorial, 1970". https://www.britannica.com

[5] 벨라루스 출신의 옛 소련 작가로, 제2차 세계대전 때 나치에 맞서 파르티잔 활동을 했다. 1970년대 말 그라닌과 함께 『봉쇄의 책』을 썼다.

[6] Deutscher Bundestag, "Remembrance of the victims of National Socialism(2014)" (2014/01/27). https://dbtg.tv/cvid/3078280

[7] Nunca Más, "Nunca Más(Never Again): Report of Conadep(National Commission on the Disappearance of Persons) - 1984". http://www.desaparecidos.org/nuncamas/web/english/library/nevagain/nevagain_001.htm

[8] "Statement by Nelson Mandela on receiving Truth and Reconciliation Commission Report" (1998/10/29). http://www.mandela.gov.za

[9] 김가영, 「제2차 세계대전에 관한 독일과 일본 역사교과서의 비교 분석: 전쟁에 대한 기억과 반성」, 『역사교육연구』 2016년 3월.

[10] 재레드 다이아몬드 지음, 강주헌 옮김, 『대변동: 위기, 선택, 변화』(김영사, 2019).

11 안병직 외, 『세계의 과거사 청산: 역사와 기억』(푸른역사, 2005), 70쪽.

12 Auschwitz-Birkenau State Museum, "Anniversary quote: 'We have a dark premonition because we know'". http://auschwitz.org

13 Ruptly, "Germany: Merkel opens Holocaust 'Survivors' exhibition on 75th anniversary of Auschwitz liberation"(2020/01/22).

"빼앗긴 이들의 이름을 말합시다"
저신다 아던

1 사망자 수는 이후 총 51명으로 늘었다.

2 아랍어의 인사말. 평화를 기원한다는 뜻이지만 '안녕하세요' 정도의 인사로 쓰인다.

3 마오리족의 전통 춤.

4 마오리어로 'Tātou'는 '우리'를 가리킨다.

5 Guardian News, "Jacinda Ardern's full Christchurch speech: Let us be the nation we believe ourselves to be". https://www.youtube.com

6 VOA News, "New Zealand PM Ardern wears Hijab, says humbled by support at Mosque". https://www.youtube.com

7 Newshub, "'The nation that discovers the cure': Jacinda Ardern's anti-racism speech sparks standing ovation"(2019/03/29).

8 New Zealand Foreign Affairs & Trade, "Prime Minister Jacinda Ardern's House statement on Christchurch mosques terror attack"(2019/03/19).

9 France Diplomacy, "Christchurch Call: One year Anniversary – Joint statement by Emmanuel Macron and Jacinda Ardern"(2020/05/15).

10 Stats NZ, "2018 census". https://www.stats.govt.nz/2018-census

11 RNZ(Radio New Zealand), "Maori names for North and South Island approved"(2013/10/10).

12 BBC, "Why Ardern's Maori cloak, worn to meet the Queen, delighted New Zealand"(2018/04/20).

13 *Time*, "A year after Christchurch, Jacinda Ardern has the world's attention. How will she use it?"(2020/02/20).

14 *The Conversation*, "Is there a 'feminine' response to terrorism?"(2019/04/19).

15 브레이크는 노동당 청년 캠프를 급습해 테러 공격을 저질렀고 77명이 숨졌다.

16 "Subtitled speech by Prime Minister Jens Stoltenberg to the victims of the 2011 Norway attacks". https://www.youtube.com

17 Reuters, "One year after mosque massacre, New Zealand is fighting rising hate"(2020/03/11).

"약을 못 구해 죽는 사람은 없어야 합니다"

이종욱

1 인체면역결핍바이러스Human Immunodeficiency Virus, HIV에 감염돼 나타나는 질병이 후천성면역결핍증Acquired Immunodeficiency Syndrome, AIDS(에이즈)이다.

2 공식 명칭은 '유엔 HIV/에이즈 합동프로그램'Joint United Nations Programme on HIV/AIDS이다. 에이즈 확산을 막고 저개발국 감염자들의 치료를 돕기 위해 1994년 만들어진 기구로 스위스 제네바에 본부가 있다.

3 WHO, "World AIDS Day"(2003/12/01). https://www.who.int/dg/lee/speeches/2003/wad_zambia/en

4 UNAIDS, "Global HIV & AIDS statistics: 2020 fact sheet".

5 WHO, "World AIDS Day".

6 폴 파머 지음, 김주연·리병도 옮김, 『권력의 병리학』(후마니타스, 2009), 99~100쪽.

7 teleSUR, "UK solidarity campaign calls for Nobel Peace Price[Prize] for Cuban doctors"(2020/06/28).

8 WHO, "Dr Lee Jong-wook: Biography".

9 IPS(Inter Press Service), "HIV/AIDS: Despite criticism WHO says '3 by 5' achievable"(2004/07/10).

10 MSF(Médecins Sans Frontières), "Infectious diseases high on agenda under new WHO leadership"(2003/09/01).

11 WHO, "A tribute to Dr Lee Jong-wook, Director-General of WHO"(2006/05/22).

12 UNAIDS, "How AIDS changed everything - MDG6: 15 years, 15 lessons of hope from the AIDS response"(2015/07/14).

13 bilaterals.org, "Thai Human Rights Commission criticises FTA with

US"(2007/01).

¹⁴ TWN(Third World Network), "Thailand uses compulsory licence for cheaper AIDS drug"(2006/12/06). https://www.twn.my

¹⁵ GlobalData, "Gilead's Remdesivir faces pricing and generic challenges, says GlobalData"(2020/06/28). https://www.globaldata.com

¹⁶ WHO, "WHO strategic technical advisory group on the Global Malaria Programme: Introductory speech"(2006/05/19).
https://www.who.int/dg/lee/speeches/2006/malaria_advisory_team/en

¹⁷ 같은 글.

"네트워크는 민주주의의 은유"
앨 고어

¹ 독일의 아우토반에 빗대 '인포반'infobahn이라고도 한다. 빌 클린턴 미국 행정부의 출범과 함께 앨 고어 부통령이 주창한 개념으로, 인터넷을 통해 세계가 초고속 통신으로 연결되는 것을 가리킨다.

² "The CompuServe Information Service: Transcript of Vice President Al Gore in Convention Center"(1994/01/13).
https://clintonwhitehouse1.archives.gov

³ We Are Social, "Digital 2019: Global internet use accelerates"(2019/01/30).

⁴ "Remarks as delivered Vice President Al Gore: International telecommunications union"(1994/03/21).
https://clintonwhitehouse1.archives.gov

⁵ 같은 연설.

⁶ 페이스북, 「인터넷 연결은 인간으로서의 당연한 권리인가?」.
https://www.facebook.com

⁷ facebook Engineering, "Building a transformative subsea cable to better connect Africa"(2020/05/13). https://engineering.fb.com

⁸ Pew Research Center, "Nearly one-in-five teens can't always finish their homework because of the digital divide"(2018/10/26).

⁹ Human Rights Watch, "Closing the 'digital divide' critical in COVID-19 response"(2020/03/25).

10 『경향신문』, 「코로나가 들춘 디지털 가난」(2020/03/03).

11 CNN, "The country where hundreds of thousands of people haven't heard of Covid-19"(2020/06/24).

12 유발 하라리 지음, 전병근 옮김, 『21세기를 위한 21가지 제언』(김영사, 2018), 129쪽.

13 *Quartz*, "Millions of Facebook users have no idea they're using the internet"(2014/02/09).

14 *The New York Times*, "What are the biggest problems facing us in the 21st century?"(2018/09/04).

5부
지구를 위하여

"......"

산드라

1 Deutsche Welle, "Orangutan leaves Argentina zoo for new life as 'nonhuman person'"(2019/09/27).

2 *La Nacion*, "Fallo. Conceden un hábeas corpus a una orangutana"(2014/12/21).

3 CNN, "Sandra the orangutan, freed from a zoo after being granted 'personhood,' settles into her new home"(2019/11/09).

4 WWF(World Wildlife Fund), "Orangutan".
https://www.worldwildlife.org/species/orangutan

5 비루테 갈디카스 지음, 홍현숙 옮김, 『에덴의 벌거숭이들』(디자인하우스, 1996), 605~606쪽.

6 Greenpeace UK, "Turtle Journey: The crisis in our oceans".
https://www.youtube.com

7 IUCN, "Red List: Summary statistics".
https://www.iucnredlist.org/resources/summary-statistics#Summary%20Tables

8 中国生物多样性保护与绿色发展基金会, "CBCGDF sues Department of

Forestry of Guangxi for pangolin's inadequate rescue: On the failure of Guangxi Wildlife Rescue Center to perform its duties".

9 *South China Morning Post*, "Eco groups sue Chinese Forestry Department for failing to save smuggled pangolins"(2019/05/07).

10 WWF, "Pangolin". https://www.worldwildlife.org/species/pangolin

11 *The Guardian*, "The lawyer who defends animals"(2010/05/05).

12 앙투안 F. 괴첼 지음, 이덕임 옮김, 『동물들의 소송』(알마, 2016), 177~178쪽.

13 호세 안토니오 하우레기·에두아루도 하우레기 지음, 김유경 옮김, 『동물들의 인간심판』(책공장더불어, 2017), 218쪽.

"아프리카는 자신의 태양을 죽인다"
켄 사로-위와

1 "Trial speech of Ken Saro-Wiwa". https://en.wikisource.org

2 Friends of the Earth International, "A journey through the oil spills of Ogoniland"(2019/05/17).

3 UNEP, "Environmental assessment of Ogoniland: Site factsheets, executive summary and full report"(2011/08/01).

4 *The New York Times*, "Enugu Journal: 30 million Nigerians are laughing at themselves"(1987/07/24).

5 The Right Livelihood Foundation, "Ken Saro-Wiwa / Movement for the survival of the Ogoni people".

6 *The Guardian*, "Finally it seems as if Ken Saro-Wiwa, my father, may not have died in vain"(2015/11/10).

7 Ken Saro-Wiwa, "Africa kills her sun". https://medium.com/@adasol/africa-kills-her-sun-by-ken-saro-wiwa-acc43ed4a1af

8 Reuters, "Shell, Nigerian families settle suit for $15.5 million"(2009/06/09).

9 The Right Livelihood Foundation, "Ken Saro-Wiwa / Movement for the survival of the Ogoni people".

10 Reuters, "Timeline: Shell's operations in Nigeria"(2018/09/23).

[11] Amnesty International, "Nigeria: 2020 could be Shell's year of reckoning"(2020/02/10).

"우리가 환경의 관리인입니다"
왕가리 마타이

[1] 그린피스, 「삼림파괴가 기후를 악화시킨다」(2016/04/18).
[2] African Wildlife Foundation, "Get the scoop on deforestation in Africa"(2015/04/22).
[3] CIFOR(Center for International Forestry Research), "A review of Kenya's national policies relevant to climate change adaptation and mitigation: Insights from Mount Elgon"(2014).
[4] 왕가리 마타이 지음, 최재경 옮김, 『위대한 희망』(김영사, 2011), 230~231쪽.
[5] 같은 책, 356쪽.
[6] The New York Times, "Plan for Sun-Hogging Tower angers Kenyans"(1986/11/26).
[7] Namulundah Florence, Wangari Maathai: Visionary, Environmental Leader, Political Activist(Lantern Books, 2014).
[8] The Nobel Prize, "Wangari Maathai: Nobel lecture"(2004/12/10).
[9] 같은 글.
[10] The Guardian, "Farewell Wangari Maathai, you were a global inspiration — and my heroine"(2011/09/26).
[11] UN, "Children call at the UN for a common fight for their future: Felix Finkbeiner is speaking". https://www.youtube.com
[12] Green Prophet, "UN fulfills Green Mission to tree plant in Middle East"(2009/06/14).
[13] Independent, "Here's why we're planting trees in northern Syria"(2018/07/08).

"그때 우리는 여기에 없을 것입니다"
몰디브

[1] "Maldives holds world's first underwater Cabinet meeting"(2009/10/17).

https://presidency.gov.mv/Press/Article/633

[2] "Statement by his excellency Dr. Mohamed Asim, Minister of Foreign Affairs of the Republic of Maldives"(2017/09/23).
https://gadebate.un.org/sites/default/files/gastatements/72/mv_en.pdf

[3] IAEA, "Climate change and nuclear power 2018".

[4] *National Geographic*, "Effects of global warming".
https://www.nationalgeographic.com/environment/global-warming/global-warming-effects

[5] *The Sydney Morning Herald*, "'Our little brown rat': First climate change-caused mammal extinction"(2019/02/19).

[6] Nature Research, "Fasting season length sets temporal limits for global polar bear persistence"(2020/07/20).

[7] NPR(National Public Radio), "'We need support': Pacific Islands seek help and unity to fight climate change"(2019/10/05).

[8] *The Guardian*, "'One day we'll disappear': Tuvalu's sinking islands"(2019/05/16).

[9] RNZ, "Relocation for climate change victims is no answer, says Tuvalu PM"(2013/09/03).

[10] *The Guardian*, "Greta Thunberg condemns world leaders in emotional speech at UN"(2019/09/23).

[11] *Time*, "2019 Person of the Year: Greta Thunberg".

[12] Amnesty International, "Greta Thunberg and Fridays for Future receive Amnesty International's top honour"(2019/09/16).

[13] nature, "Why young climate activists have captured the world's attention"(2019/09/18).

[14] The Climate Reality Project, "Climate Reality leader Haven Coleman talks today's youth climate strike"(2019/03/15).

[15] *The New Yorker*, "New York's original teen-age climate striker welcomes a global movement"(2019/09/21).

[16] Earth Uprising, "Why teen climate activist Alexandria Villaseñor is suing the world for violating her rights"(2019/09/23).

[17] Global Voices, "Lilly Satidtanasarn, the 12-year-old taking on plastic pollution in Thailand"(2019/10/04).

[18] *The Guardian*, "'The crisis is already here': Young strikers facing climate apartheid"(2019/09/19).

[19] International Women's Forum, "In the lead: Climate activist Vanessa Nakate"(2020/04/22).

[20] UN, "UN report proposes new Marshall Plan to promote development and save the planet"(2009/09/01). https://news.un.org

[21] 대안이라는 의미의 '플랜 B'plan B라는 단어에서 착안해 지구 이외의 대안이 되는 행성은 없다는 뜻.

[22] *The Guardian*, "'We have a once-in-century chance': Naomi Klein on how we can fight the climate crisis"(2019/09/14).

참고문헌

• 단행본

나디아 무라드 지음, 공경희 옮김. 2019. 『더 라스트 걸』. 북트리거.
데이비드 스즈키·쓰지 신이치 지음, 이한중 옮김. 2004. 『강이, 나무가, 꽃이 돼 보라』. 나무와숲.
라픽 샤미 지음, 유혜자 옮김. 2002. 『1001개의 거짓말』. 문학동네.
마이클 돕스 지음, 허승철 옮김. 2020. 『1991: 공산주의 붕괴와 소련 해체의 결정적 순간들』.
　　모던아카이브.
모리스 마이스너 지음, 김수영 옮김. 2004. 『마오의 중국과 그 이후』. 이산.
베르나르 앙리 레비 지음, 김병욱 옮김. 2014. 『아메리칸 버티고』. 황금부엉이.
비루테 갈디카스 지음, 홍현숙 옮김. 1996. 『에덴의 벌거숭이들』. 디자인하우스.
아비지트 바네르지·에스테르 뒤플로 지음, 이순희 옮김. 2012. 『가난한 사람이 더 합리적이다』.
　　생각연구소.
아이린 카먼·셔나 크니즈닉 지음, 정태영 옮김. 2016. 『노터리어스 RBG』. 글항아리.
안병직 외. 2005. 『세계의 과거사 청산. 역사와 기억』. 푸른역사.
앙투안 F. 괴첼 지음, 이덕임 옮김. 2016. 『동물들의 소송』. 알마.
앨 고어 지음, 이창주 옮김. 2000. 『위기의 지구』. 삶과꿈.
왕가리 마타이 지음, 최재경 옮김. 2011. 『위대한 희망』. 김영사.
유발 하라리 지음, 전병근 옮김. 2018. 『21세기를 위한 21가지 제언』. 김영사.
장 지글러 지음, 양영란 옮김. 2010. 『빼앗긴 대지의 꿈』. 갈라파고스.
재레드 다이아몬드 지음, 강주헌 옮김. 2019. 『대변동: 위기, 선택, 변화』. 김영사.
조슈아 웡 지음, 함성준 옮김. 2020. 『나는 좁은 길이 아니다』. 프시케의숲.
존 헤밍 지음, 최파일 옮김. 2013. 『아마존: 정복과 착취, 경외와 공존의 5백 년』. 미지북스.
캐서린 부 지음, 강수정 옮김. 2013. 『안나와디의 아이들』. 반비.
폴 파머 지음, 김주연·리병도 옮김. 2009. 『권력의 병리학』. 후마니타스.
하워드 진 지음, 유강은 옮김. 2002. 『달리는 기차 위에 중립은 없다』. 이후.
효세 안토니오 하우레기·에두아루도 하우레기 지음, 김유경 옮김. 2017. 『동물들의 인간심판』.
　　책공장더불어.
Joshua Wong. 2020. *Unfree Speech: The Threat to Global Democracy and Why We Must*

Act, Now. Penguin Random House.

Kiyoteru Tsutsui. 2018. *Rights Make Might: Global Human Rights and Minority Social Movements in Japan.* Oxford University Press.

• 영상

〈루스 베이더 긴즈버그: 나는 반대한다〉RBG(2018)

〈불편한 진실〉An Inconvenient Truth(2006)

〈터틀 저니〉Turtle Journey(2020)

• 정기간행물 및 온라인 매체

『가디언』*The Guardian*

『경향신문』

〈교도통신〉共同通信

『내셔널 지오그래픽』*National Geographic*

『뉴욕 타임스』*The New York Times*

〈더 컨버세이션〉*The Conversation*

『라나시온』*La Nacion*

『라리브레』*La Libre*

『라이베리안 옵저버』*Liberian Observer*

〈바티칸 뉴스〉*Vatican News*

『사우스 차이나 모닝 포스트』*South China Morning Post*

『아사히신문』朝日新聞

『알 하야트』*Al Hayat*

『여성신문』

〈쿼츠〉*Quartz*

『클라린』*Clarín*

『타임』*Time*

『포브스』*Forbes*

『힌두스탄 타임스』*Hindustan Times*

찾아보기

• **인명**(소수집단 및 일부 비인간 존재 포함)

• 기관 및 단체명